1918年に制作されたが公開されなかったセミ・ドキュメンタリー作品『映画の作り方』より
上
ン

上／最晩年の未刊作『フリーク』（本文345ページ参照）の模型を持つチャップリン。下／ヒロインを演じる三女ヴィクトリア

中公文庫

チャップリン

作品とその生涯

大野裕之

中央公論新社

はじめに

チャーリー・チャップリン。

山高帽にチョビ髭《ひげ》、だぶだぶのズボンにドタ靴とステッキというお馴染みの扮装で、世界中を笑いと涙の渦《うず》に巻き込んだ不世出の喜劇王。

映画の中の「放浪紳士チャーリー」は、一〇〇年以上前に誕生したキャラクターなのに、誰もが知っていて、どこにもいないはずなのに、誰もが身近に感じている。

時代も国も超えて、今も子供から大人まであらゆる人々を、卓越した身体芸で笑顔にして、その哀愁に満ちた姿で涙をあふれさせ、鋭い社会批評で問題を提起し続けている。

どんな言葉を使っても形容しきれないほど偉大で、偉大という言葉を使いたくないほどみんなから親しまれ愛されている。やはり、チャップリンのような存在は他にはいない。

しかし、有名すぎる存在ゆえの不幸か、チャップリンをめぐっては多くの誤解も存在する。神格化されたエピソードから根拠のないゴシップまで。戦前のナチスや冷戦期のアメリカで捏造された人格攻撃の名残りもある。

年々発見される新事実をもとに、チャップリンのファンには新しいチャップリン像を、初めてチャップリンに触れる人にはその魅力を伝えたいと思って、二〇〇五年に『チャップリン再入門』（NHK出版）という本を書いた。

二一世紀になったばかりの当時、チャップリンの代表作のデジタル修復が始まり、美しくよみがえったチャップリン作品のリバイバル上映が各国で行なわれた。とりわけ、『独裁者』（一九四〇年）が二〇〇二年にフランスで、新作映画並みの一五〇館で再公開され、堂々週間四位の興行収入を記録したことは大きな話題となった。

『再入門』の出版から一二年。その間、チャップリン作品のデジタル修復は進み、それまで傷だらけのぼやけたフィルムで上映されていた初期作品もクリアな映像に復元された。二〇一〇年には、幻の出演作『泥棒を捕まえる人』（一九一四年）が発見され、二〇一六年にはスイスの旧チャップリン邸が博物館となってオープンした。日本においては、『ライムライト』（一九五二年）の世界初の舞台化が実現し、高い評価を得た。チャップリンはたえず話題を提供し続けているだけでなく、新しい展開をも見せている。

この間、研究は進み、数々の新事実を織り交ぜて書いたはずの『チャップリン再入門』

もすっかり古い本となってしまった。あらためて、最新の研究成果をもとに、チャップリンの素晴らしさを伝えたいと思っていたところ、今回筆をとる機会を得た。

さっそくチャップリンと彼の作品の世界へと、読者の皆さんと入っていくことにしたい。それこそ、映画を見るように楽しんでいただければ幸いだ。

目次

チャップリン　作品とその生涯

チャップリンが、秘書の高野虎市に贈った「放浪紳士」のポートレート。1916年12月30日付

この男というのは実に複雑な人間なんですね。浮浪者かと思えば紳士でもある。詩人、夢想家、そして淋しい孤独な男。それでいて、いつもロマンスと冒険ばかりもとめている。

——チャーリー・チャップリン

チャップリンの誕生

ケニントン・ロードを歩く

『チャップリン自伝』（新潮文庫、以下、『自伝』）は、ロンドン南部のケニントン・ロードに点在するパブに、スター芸人たちが立ち寄る華やかな姿を、幼いチャップリンがうっとりと見とれていた少年時代の回想から始まる。チャップリンが幼少期を過ごしたケニントン・ロードは、ビッグ・ベンやピカデリー・サーカスなど、観光客に馴染みのウェスト・エンド地区とはテムズ川を挟んで対岸に位置する地域だ。二一世紀に入ってから、交通の便の良さとヴィクトリア時代の面影を残す町並みが評価されて、流行に敏感な世代が住む街となったが、チャップリンが生まれた一九世紀末は貧民街だった。

一九九三年、当時一八歳だった私は、地下鉄のケニントン駅を降りて、地図を頼りに歩き始めた。当時、そこはまだ労働者街で、おしゃれな店もなく、決して裕福な地区ではないことははっきりと見て取れた。だが、鬱屈した雰囲気はない。和やかな人々の表情に心地よさを感じていると、しばらくして旧ランベス・ワークハウス（貧民院）の建物に辿り着いた。

旧貧民院の建物は、今は映画博物館になっている。門を入ってすぐ左側の建物は、かつて貧民院への入所者を消毒する場所だった。天井を見上げると、まだシャワーのノズルが残っていた。幼いチャップリン兄弟と母ハンナがここで服を脱がされて消毒のシャワーを浴びさせられたのかと想像すると、心が痛んだ。当時貧民院では、家族といえども男女別々の棟に入れられて、会えるのは週に一回だった。

旧貧民院を離れて、ケニントン・パークへと向かった。一八九八年八月一二日の金曜日、ランベス・ワークハウスに収容されていたチャップリンの母ハンナは、ノーウッド救貧法学校に入れられていた息子のシドニー、チャールズと三人で申し合わせて退院手続きをとる。それが、ばらばらに収容されていた三人が顔を合わせる唯一の手段だった。

その日退院した母ハンナと息子たちはケニントン・パークで久しぶりに丸一日を一緒に過ごした。兄シドニーが手に入れた九ペンスで、サクランボとお茶と薫製ニシンとケーキを買って分けて食べ、新聞紙を丸めたボールでキャッチボールをして、親子水入らずの時間を楽しんだのだった。夕方に母ハンナが「ちょうどお茶の時間に間に合った」と冗談を

母ハンナ・チャップリン

言いながら貧民院に戻って、再び入院したいと告げたとき、係員はかんかんになって怒った。だが、この日は兄弟にとって一生忘れ得ない楽しい思い出として残るだろう。

ケニントン・パークで、約一世紀前の親子水入らずの情景に思いを馳せた後、チャップリンが父と住んでいたケニントン・ロード二八七番地に向かって路地を歩き始めた。最初、場所がわからず近くにいたペンキ職人に道を聞いた。彼は仕事の手を休めて、一〇分間ほど一緒に歩いてくれて、目的地に着いたときに強いロンドン訛りでこう言った。「ほら、ここがロンドンの生んだ一番出来のいい息子の家だ」。忘れられない言葉である。その後、そのフラットの横にあるパブ「ローバック」を訪れ、そこに三週間ほど居候させてもらった。チャップリンを愛する地元の人々の温もりが嬉しかった。

この街で、チャップリンはどんな少年時代を送ったのだろうか。

極貧の幼年時代

チャールズ・スペンサー・チャップリンは、一八八九年四月一六日火曜日の夜八時に、ロンドン南部のランベス地区で生まれた。父チャールズ、母ハンナはともにミュージック・ホールの芸人だった。なお、チャップリンはユダヤ人だったという俗説が根強くあったが、公的な記録に基づいて四代遡《さかのぼ》っても父母双方の家系にユダヤ人はいない。ただ、母方の祖母がロマ（いわゆるジプシー）で、チャップリンはそのことを生涯誇りにしていた。

当時のことなので、出生記録の類は残っていないが、本人は『自伝』にランベス地区の「ウォールワスのイースト・レインで生まれた」と記している。チャップリン研究の世界的権威であるデイヴィッド・ロビンソンは、その記述こそ正真正銘ウォールワスの住人だった証拠であると述べている。というのも、地図上ではその通りは「イースト・ストリート」と呼ばれ、イースト・レインと呼ぶのは生粋の地元民に限られるからだ。

のちにもっともメディアを騒がせた一人となる彼の名前がはじめて新聞に出たのは、赤ん坊チャールズの出生を知らせる業界紙だ。「チャールズ・チャップリンの妻（旧名リリー・ハーレイ）に美しい男子誕生」との記事中には、「四月一五日」に誕生したとある。誤植なのかどうか、今となってはわからないが、本人は四月一六日を誕生日として、その日にお祝いしていた。

近年に至るまで、「チャップリンの本名と出生地は不明」などというデマがメディアを賑わせることがある。それらデマの出処は、一九二〇年代以降のナチス・ドイツや、冷戦期のアメリカの反共プロパガンダである。そのことについては、後ほど詳述したい。

生まれた頃は一家の暮らし向きは比較的良かったが、ほどなくして暗転した。二歳のときに両親は離婚。母は貧困のあまり精神に異常をきたして入院。父は酒が原因で死んだ。幼いチャップリンと異父兄のシドニーは狭い屋根裏部屋と貧民院とを行き来し、時には路上で寝るという極貧の幼少時代を送った。当時のケニントン地区は、五歳になるまでに子供達の三分の一が命を落としてしまうほどの最貧困地区だった。実のところ、チャップリンに関していえば、貧困地区から身を立てて世界的大スターとなったという奇蹟以前に、この地区で浮浪児にまで身を落としながら、生き延びたということがすでに奇蹟的というべきなのだ。『キッド』（一九二一年）に描かれた世界は、そんなチャップリン自身の少年時代の体験に基づいているからこそ、見るものの胸をうつ。

少年時代の記憶で、のちの映画製作に強い影響を与えたこんなエピソードがある。ある日、屠場に連れていかれる羊のうち一頭が逃げ出した。羊は、通りを無茶苦茶に走り回り、追う人も躓《つまず》いたり転んだりと大騒ぎで、幼いチャールズも笑ってばかりいた。だが、やがて捕まって荷車に戻されてしまうと、突然悲劇的な現実がクロース・アップされてきた。幼いチャールズは母に、「あの羊、みんな殺されるよ！」と泣きながら訴えた——ドタバタ喜劇と裏腹な悲劇的現実。このときの記憶が後年の作品の基調になったとチャップリンは『自伝』のなかで回顧している。

母ハンナ

芸人一家に生まれたチャップリンが舞台に憧れを持つようになったのは自然なことだっ

た。チャップリン自身も五歳の時に、舞台上で突然声の出なくなった母に代わってミュージック・ホールの初舞台を踏んだ。可愛い子供が歌い踊りはじめたので、たくさんの投げ銭が飛んできた。チャーリー少年が思わず、「お金を拾ってからまた続けます」と言ってしまったことで一層客は湧いた。喉の弱かった母ハンナのしゃがれ声まで真似て笑いをとったのは、子供が無意識のうちにやってしまったこととはいえ残酷な挿話だ。

『自伝』では、その夜がチャップリンの初舞台で母ハンナの最後の舞台となったと書いているが、近年の研究ではその後もかなり遅くまで母ハンナは細々とではあるが舞台に立っていたことがわかっている。『自伝』の記述は極めて正確で、チャップリンは自分の人生について事実でないことをドラマチックに語る人ではなかったので、おそらく、母がその後も時おり舞台に出ていたことを知らなかったものと思われる。チャップリンも少年俳優として巡業公演をしていたので、自分がロンドンを留守にしているあいだに母がなにをしているのか知らなかったのだろう。

母ハンナは三人の子供を授かり、子供たちに細やかな愛情を注いで貧苦の中でも懸命に育てたが、一方でその父親は全員違うという奔放な女性でもあった。『自伝』には、ハンナが幼いチャーリーを寝かしつけた後、舞台の仕事に行っていたと書いているが、本当は他の男性のもとに通っていたことを息子は知らなかった。一時は幼い兄弟を育てながら他の男性とも生活を持っていたこともあるハンナは聖母ではなかったかもしれない。しかし、チャップリン兄弟は、母のことを心から愛していた。「まれに見る美人というほどではないが、わたしたちにとっては、すばらしいおふくろだった」（『自伝』）。母は屋根裏部屋でミシンを踏んで息子たちとの生活費を稼ぎながら、時おり昔の舞台衣装を着ては子供達のためにかつての出し物を演じて見せた。チャップリンは母を世界一の物真似芸人と呼んだ。

母は、また、道行く人を面白おかしく描写しては子供達を笑わせ、その間幼い兄弟は空腹を忘れた。〈笑い〉が生きて行くために、衣食住と同じぐらい必要なものであることを、チャップリンは幼少期に身を持って知ったのだ。

母ハンナは「いつも周囲の風に染まぬように心がけ、家族の言葉づかいにも注意深く心を配り」、ぼろをまとっていても上品であるように教えた。チャップリン作品のなかの、「放浪者にして紳士でもあるチャーリー」は少年時代に生まれたとも言える。

心から愛していた母が、貧困から精神に異常をきたしたと聞いたときの幼いチャールズのショックはいかばかりだっただろう。ある時、チャールズは、路上で近所の子供達に「君のお母さん、頭がおかしくなったよ。みんなの家のドアをノックしてはね、子供たちの誕生日のプレゼントだって、石炭のかけらを配って歩いたんだよ」（『自伝』）と聞かされる。最愛の母を病院に連れていった辛さ。ロンドンの公文書館には、幼いチャールズが精神病院の係員からの質問に答えている書類が残る。「死んでいる人の名前ばかり口にし、窓からそういう人たちの姿が見えると言って、いもしない人間に話しかけたりしています」（一九〇三年五月九日付「貧民精神異常者の収容命令書」より）と、チャールズ少年が気丈に答えているのを読むといたたまれない気持ちになる。

その後、母の精神の発作が落ち着いたとき、「おまえがもしおいしいお茶の一杯でも飲ませてくれていたら、病気になどならなかったろうにねえ」とつぶやいたことは、生涯心の痛みとして残った。これ以降、ハンナの精神障害は完治することはなかった。

父チャールズ　少年俳優チャーリー　そして兄シドニー

幼いチャップリンが初めて本格的に職業舞台人としてデビューしたのは、子供の木靴ダンス・グループ「エイト・ランカシャー・ラッズ」に加入した九歳のときのことだ。父チャールズの縁を辿ってのことだった。チャップリンの幼少時代を語る時、父のことはどうしても影が薄くなりがちだが、舞台の仕事を紹介してくれたほか、幼いチャップリン兄弟は、母の入院中に、父と暮らしたこともある。

母は、父のことを「ナポレオンに似た美男子だった」と懐かしく思いながら、酒癖の悪さを罵《ののし》っていた。チャップリンは母の愛憎を通じて父を近くに感じていた。最後の思い出は、死ぬ直前で顔がむくんだ父とケニントン・ロードのパブ「スリー・スタッグス」でばったり出会い、最初で最後のキスをしてくれたことだ。父が酒に溺れて死んだため、チ

父チャールズ（左上）、兄シドニー（右上）、ミュージック・ホールのヒット曲ポスター（右下）

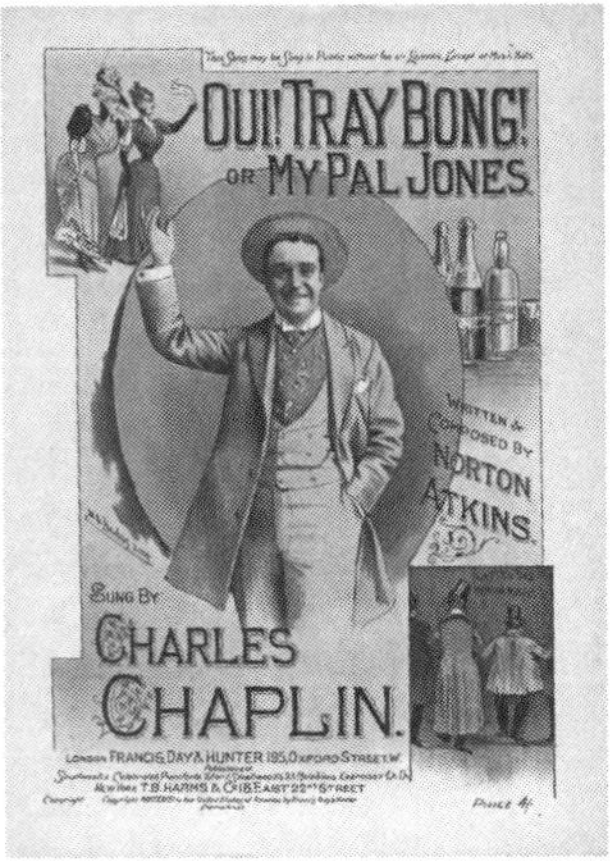

ャップリンはお酒をたしなむことはあっても生涯深酒することはなかった。余談だが、チャップリンの遺志をついで、今もチャップリン映画とそのキャラクターは酒会社のCMには使用できない。

一四歳の時に、『シャーロック・ホームズ』のビリー少年役を演じた。新聞でも高く評価され少年時代の当たり役として三年間にわたり巡業公演などで演じた。この作品は、ミュージック・ホールの「寸劇」ではなく、正統派の芝居（「正劇」）の舞台だった。チャップリンのルーツがイギリスの大衆舞台であるミュージック・ホールであることは間違いないが、少年期に正劇の舞台で演技の訓練を積んでいたことも指摘したい。大衆演劇から高尚な舞台に至るまで、さらには歌にダンスと、様々なパフォーマンスを体得していたことが、監督・脚本はもちろん作曲や振り付けまで行なったワンマンの天才チャップリンの礎となった。

あまり学校に通えず、少年時代はまだ文字が読めなかったチャーリーのかわりに台本を読んでくれたのは、兄シドニーだった。四歳上の異父兄は、チャーリーにとって頼もしい存在だった。一時期は、船のラッパ手として出稼ぎに出て、家計を支えた。

その後、兄シドニーも舞台の道を歩み、当時英国ミュージック・ホール界の雄カーノー劇団に入団した。シドニーの推薦で、チャップリンも一八歳のときに入団した。カーノー劇団は、ミュージック・ホールの出し物のなかでも、とりわけ「スケッチ」と呼ばれる寸

７歳の頃のチャップリン（前から３列目、左から３人目）。ちなみに、当時のイギリスでは、貧しい子供たちは、写真の時だけ襟を借りた。そう思って見るとどの子供の襟も妙に目立っている。そして、どうやら幼いチャーリーは襟をつけていない

劇ジャンルを得意とした。この劇団で、めきめきと頭角を現したチャップリンは、「マミング・バーズ」「恐れ知らずのジミー」などの寸劇で次々と大役を演じていった。

劇団の後輩にのちにローレル＆ハーディのコンビで一世を風靡するスタン・ローレルがいる。彼によると、カーノー劇団の特徴とは際限なくリハーサルを繰り返して正確なリズムで笑いを生み出すことで、それを完璧にこなしたのがチャップリンだった。

その頃、チャップリンは初恋を経験する。一九歳のときに、同じ舞台に出演中だった一五歳の駆け出し女

15歳の頃のチャップリン（前列中央）

優へティ・ケリーに恋をした。初めてのデートで、舞い上がってしまったチャップリンは「君は僕のネメシスだ」とよく意味のわからないことを口走ってしまい（ネメシスとはギリシア神話に出てくる、人に罰を与える女神だが、その説明を聞くと余計に意味がわからないし、いずれにせよ初デートで言うものではない気がする）、相手を閉口させてしまった。その後も急に結婚の話をしてみたり、相手の気持ちを探るために冷たく振舞ったりして困惑させてしまい、そんなわけで、わずか合計四回のデートだけで二人の関係は終わりをつげた。お互いにうまく思いを伝えられないまま別れてしまったことで、チャップリンは後々までこの初恋の傷を引きずることになる。

こうして見ると、最愛の母を助けられなかった悔恨、初恋の女性に思いを告げられなかった傷、華やかな舞台のスターの座から転落して酒に溺れた父の思い出、そして貧しい中でも〈笑い〉で生き延び、舞台の道を歩んだこと――才能のルーツをすべて生い立ちに求めるようないい加減なことは言わないが、それでも少年時代の経験にのちのチャップリン映画のテーマのいくつかが見出せると言える。

帝国の娯楽　ミュージック・ホール

ここで、チャップリンのルーツとも言うべきミュージック・ホールについて触れておきたい。

ミュージック・ホールの起源は、飲食店の余興として行なわれていた歌や踊りである。そのような、いわば「出し物付きの酒場」から「ミュージック・ホール」へと発展していったきっかけは「劇場法」の制定であった。一八四三年に制定されたこの法律で、演劇を目的とする劇場と歌舞スペースのある飲食店とははっきりと区別され、前者は宮内長官の管理のもとに演劇上演のためのライセンスが認められる代わりに喫煙・飲酒は禁止となり、後者では喫煙・飲酒が許される代わりに台詞（ダイアログ）を含む劇が禁止された。簡単に言ってしまうと、この法律は「演劇をする場所でお酒を売ってはいけない」という内容で、風紀の乱れを厳しく取り締まるものだった。

そこで、チャールズ・モートンという実業家が、一八五二年に（チャップリンが生まれ育った）ランベス地区に「カンタベリ・ミュージック・ホール」を建設して、演劇ではなく、歌にダンス、寸劇や奇術などの「見世物」を、酒とともに安価で労働者に提供する施設を作った。これがミュージック・ホールの始まりである。

ミュージック・ホールは、映画が誕生するまでイギリスの大衆娯楽の主役だった。当時本格化した印刷技術によって歌の歌詞カードが印刷・販売され、ヒット曲のサビの部分は歌詞カードを持った観客たちが一緒に歌った。その意味では、映画やレコード以前の複製芸術の原型でもある。

ちなみに、当初ミュージック・ホールで歌われていた歌の多くは、農村で農作業の合間に歌われていた歌（バラッド）にその起源を持っていた。農村で歌われていた伝承バラッドが、都市の労働者階級向け施設で歌われ、その歌詞は大量に印刷され安価で供給された。すなわち、ミュージック・ホールの成立は、産業革命による農村から都市への人口移動、イギリスの都市労働者階級の成立と密接に関連していた。

さて、「労働者のための安価な娯楽」であるミュージック・ホールについて、誤解しやすい点が二つあるので注意しておきたい。

「シャーロック・ホームズ」のビリー少年を演じるチャップリン

一つは、「安価な大衆娯楽」という言葉から、「場末の小劇場」のようなものを想像してしまいがちだが、実際のところ、ミュージック・ホールは豪華な大劇場であることが多かった。現在、ロンドンでミュージカルや芝居が上演されている大劇場は五七あるが、そのほとんどがもともとはミュージック・ホールである。

例えば、イングリッシュ・ナショナル・オペラの本拠地で、二〇〇〇人余りを収容する「ロンドン・コリシアム」。この大劇場も、もとはミュージック・ホールだ。席につくと、プロシーニアム（舞台面の額縁）の上部にある大理石でできた三頭だて獅子車の彫刻の立派さに驚くことだろう。当時の経営者たちは、「風紀を乱す」との批判をかわすために、出し物だけではなく劇場の品格を大切にし、豪華絢爛《けんらん》な建築物を競って建てていったのだ。

もう一つは、ミュージック・ホールは「労働者のための娯楽」といっても、決して労働者たちの階級意識の芽生えに寄与するような場所ではなかったという点だ。

ミュージック・ホールで好まれた歌は、例えば露土戦争（一八七七〜七八）の際に「ロシアにコンスタンチノープルを渡してなるものか！」と威勢よく歌った『バイ・ジンゴ！』

など、保守的な内容のものが多かった。労働者たちの不満を逸らし、彼らに大英帝国の一員であることを自覚させる場としてミュージック・ホールはあった。これら「帝国主義的なテーマ」は、のちのチャップリン映画にはでてこない。保守的な大衆舞台で育ったにもかかわらず、映画では常に弱者の視点で作品を作り続けた。この点についてはのちにあらためて触れることにする。

実は、ミュージック・ホールは、シェイクスピアなどの「正劇」の保護のために、（時代によって異なるが）「演目の長さは三〇分以内、登場人物は五人以内」などと法律で決められていた。それゆえに、短い時間と少人数の舞台でお客の心をつかむ演技術が求められた。チャップリンが、ミュージック・ホールの、別名"Karno's Speechless Army"（カーノーの台詞のない兵隊）とも呼ばれるこの劇団で、厳しい演劇的訓練を受けていたことは重要な事実である。

イギリスからアメリカへ

一九一〇年一〇月、チャップリンは、カーノー劇団の一員としてはじめてのアメリカ巡業公演に出た。階級社会のイギリスでは、自分のような無教養な人間は、先が知れている――新大陸に大きな夢を抱いての渡米だった。

カーノー劇団でのチャップリン。1912年（前列右から３人目）

ところで、『自伝』には舞台での失敗の思い出がたくさん出てくる。

例えば、一九〇七年秋、フォレスターズ・ミュージック・ホールでの出来事。一八歳の若き俳優チャップリンのテスト公演だった。うまくいけば、主役級のコメディアンとして認められる大切なステージだ。ところが、チャップリンは、そこがユダヤ人地区だったにもかかわらず反ユダヤ的なギャグを含む出し物をしてしまい、公演は見事に失敗した。

その数年後の、ロンドンの超一流劇場であるオックスフォード・シアター。生まれてはじめて自分の名前が番付の真っ先に大きく載った公演だった。出し物は手慣れた『フットボール試合』。だが、このときは直前に喉頭炎にかかってしまい、声が出ずに大失敗した。

『自伝』ではこれらの失敗が克明に描写されている。これを出版した七五歳に至るまで、チャップリンは舞台での失敗の思い出を悪夢として覚えていたのだ。

さて、アメリカ巡業公演の初日も失敗だった。「イギリスでは爆笑もの」のギャグがまったく受けないのである。「客たちは溢れるような楽しいイギリス喜劇を見ながら、冷たく、笑い声ひとつ立てないのだ」（『自伝』）。『自伝』には、何事においてもテンポの早いニューヨークの街に面喰らう様子も記されている。チャップリンは、母国イギリスとアメリカとの違いに大きく戸惑ったようだ。

人気劇団だったカーノー劇団は、大英帝国の植民地をはじめ、フランスなど各国で巡業公演を行なっていた。若い頃に、多くの国に巡業し、それぞれの風土の違い、笑いの感覚の違いを肌で感じながら修業をしていたことは、のちに映画界入りしたチャップリンが「国境を越える笑い」を獲得するために大いに役立った。

そうして、一九一三年、チャップリンが二四歳のとき、カーノー劇団での二度目のアメリカ巡業公演に参加していた最中に、大きな転機が訪れることになる。

カーノー劇団のアメリカ巡業公演のポスターの前で

〈放浪紳士チャーリー〉の誕生

キーストン時代――スクリーン・デビュー

一九一三年五月一二日、カーノー劇団の二度目のアメリカ巡業公演の途中、チャップリンは一通の電報を受け取る。「貴劇団にチャフィン、あるいはそれに似た名前の俳優がおられるならば連絡されたし」。ひょっとしたら、ニューヨークに住む大伯母のウィギンズ夫人が亡くなって莫大な遺産が転がりこんだのかも知れないと胸を躍らせながら、チャップリンはニューヨークに向かった。

しかし、彼の落胆したことに、電報の送り主であるケッセルとバウマンは、ニューヨーク・モーション・ピクチュアなる映画会社の社長だった。曰く、「傘下のキーストン映画社のスター俳優フレッド・メイスが抜けたので、君と契約したい」。

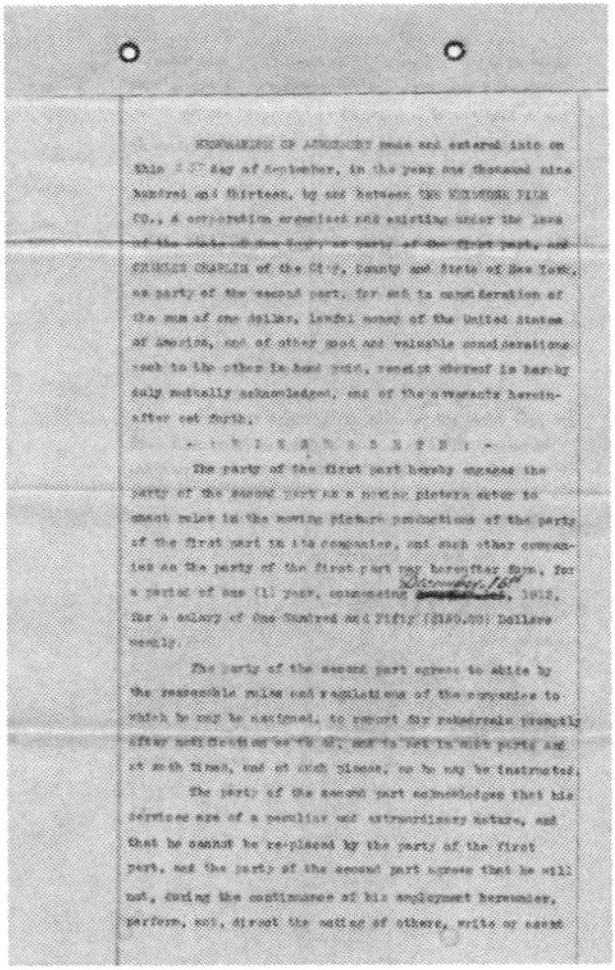
MEMORANDUM OF AGREEMENT made and entered into on this [illegible] day of September, in the year one thousand nine hundred and thirteen, by and between THE KEYSTONE FILM CO., a corporation organized and existing under the laws of the State of New York, as party of the first part, and CHARLES CHAPLIN of the City, County and State of New York, as party of the second part, for and in consideration of the sum of one dollar, lawful money of the United States of America, and of other good and valuable considerations each to the other in hand paid, receipt whereof is hereby duly mutually acknowledged, and of the covenants hereinafter set forth,

-W I T N E S S E T H:-

The party of the first part hereby engages the party of the second part as a motion picture actor to enact roles in the moving picture productions of the party of the first part in its companies, and such other companies as the party of the first part may hereafter form, for a period of one (1) year, commencing December 16th, 191[illegible], for a salary of One Hundred and Fifty ($150.00) Dollars weekly.

The party of the second part agrees to abide by the reasonable rules and regulations of the companies to which he may be assigned, to report for rehearsals promptly after notification so to do, and to act in such parts and at such times, and at such places, as he may be instructed.

The party of the second part acknowledges that his services are of a peculiar and extraordinary nature, and that he cannot be re-placed by the party of the first part, and the party of the second part agrees that he will not, during the continuance of his employment hereunder, perform, act, direct the acting of others, write or assist

チャップリンがキーストンと結んだ契約書

その頃のチャップリンは、ちょうど、カーノー劇団での巡業公演生活に飽きてきたところだった。劇団のスターとして卓越した演技力で客席を湧かせていたが、階級社会のイギリスでは自分のような下層階級出身だと出世にも限りがある。実のところ、新しいメディアである映画には以前から興味があり、カーノー劇団の全作品を映画化しないかと劇団に提案したほどだった。その上、キーストンから提示された週給一五〇ドルと言えば、カーノー劇団の二倍のサラリーだったので、今すぐにも飛びつきたい話だった。

しかし、はやるこころを抑えて、まずは「週給二〇〇ドル以下では無理ですね」と言ってみたのが、チャップリンらしい。極貧の幼少時代を過ごしたせいか、抜け目ない金銭感覚を持ち合わせていたのだ（とはいえ、直後に吹っかけ過ぎたかと心配になる）。結局、週給一五〇ドル、三ヶ月後から一七五ドルで落ち着いた。堅実なチャップリンらしく、どちらかが一方的に契約解除を通告できる条項を削除した後に、九月二五日にサインをした。

長年慣れ親しんだカーノー劇団を離れるのは辛いことだった。二〇年間イギリスの大衆娯楽舞台の世界に身を置いてきたチャップリンにとって、それは故郷を離れるも同然だった。一一月二九日のカンザス・シティのエンプレス劇場での最後の舞台の後、仲間に酒を振る舞って、物陰で一人泣いた。

ところで、キーストン映画社はどのようにしてチャップリンを発見したのだろうか？キーストンの映画監督・プロデューサーのマック・セネットは、恋人で主演女優のメイベル・ノーマンドとともに、カーノー劇団のニューヨーク公演『イギリスのミュージック・ホールの一夜』を見たのがきっかけだとしている。しかし、天才的なほら吹きたるセネットゆえ、あまり信憑性はない。より信頼のおける情報としては、一九一三年当時ロス・アンジェルスのパンテージ劇場で壁画を描くアルバイトをしていたT・K・ピーターズなる人物の回想によると、ニューヨーク・モーション・ピクチュアの重役ハリー・エイトキンが噂を聞きつけてカーノー劇団を見に来たのが最初とのことだ。他にも諸説あるのだが、いずれにせよ、カーノー劇団の全米公演中に複数の映画関係者が興味を持つほどにチャップリンは注目されていたようだ。

劇団を離れたチャップリンは、一二月初旬にロス・アンジェルスに入る。以前立ったことのあるエンプレス劇場に芝居を見に行ったところ、偶然セネットに会った。チャップリンが若いことに、セネットが不安そうな表情を浮かべたのを見逃さずに、老《ふ》けづくりは得意だと答えた。

その翌日に初めてキーストン撮影所に向かった。しかし、ちょうどお昼時でキーストン・コップス（キーストン映画でおなじみの喜劇警官集団で、彼らが雲霞《うんか》のごとく登場して追いかけっこを展開するのがキーストン喜劇の真骨頂だった）が集団で撮影所から出てきたのを見て怖じ気づいてしまい、三〇分ほど辺りをうろついて、そのままホテルに戻ってしまった。

チャップリンは劇団時代から内向的な性格のため変人扱いされていた。もの静かに難しい本を読みふけり、ろくに遊ばず貯金に励み、かと思えば突如高価な一張羅を着込んで周囲を驚かせる。そんな予測のつかない行動をする英国人が、快活なアメリカの映画の世界でやっていけそうにもなかった。そのまた翌日も撮影所の前まで行ったが、やはりホテルに戻ってきてしまった。とうとう、三日目に、セネットから「なぜ来ないのか」と電話がかかってきたので、ようやく踏ん切りがついた。

初めて訪れた撮影所は「万国博覧会のようだった」とチャップリンは回想している。ちょうどその時は、三つのセットがあり三組同時に撮影が行なわれていた。サイレント映画時代は、音が録音されないので、撮影風景はにぎやかなものだった。撮影中も監督は大き

キーストンでの第1回出演作「成功争い」。右端がチャップリン

な声で指示を出し、スタッフも陽気に笑い通し。感心しながら見ていると、「カット!」の声で俳優たちが急に演技をやめた。映画が「コマギレ式に作られる」ことをチャップリンは初めて知った。

チャップリンはキーストンに来てからの九日間、何をするでもなく撮影の様子を見学して過ごした。ようやく一〇日目になってデビュー作となる『成功争い』の撮影に参加する。記録によると、チャップリンとキーストンとの契約は一九一三年一二月一六日に始まり、『成功争い』の撮影は翌日一二月一七日に始まっている。一九一四年二月二日に公開された記念すべき第一作目は、女性と特ダネを争う男二人のドタバタ喜劇。チャップリンは、後年のトレードマークとなるチョビ髭ではなくドジョウ髭に洒落もののフロックコートという扮装でペテン師を演じた。

チャップリンと教えられずに見ると、単なるキーストン流のドタバタであり、喜劇王出演第一作ということ以外に特筆すべきものはない（それだけで十分歴史的な価値はあるのだが）。それでも、ステッキの使い方や、チャップリンのライヴァル役を演じているヘンリー・レアマン（監督も兼ねている）が小銭を差し出し、チャップリンは自尊心から一旦は遠慮するものの、レアマンが手を引っ込めようとするとあわてて貰うところなど、細部にチャップリンらしい演技が散見される。また、当時のアメリカ喜劇では悪者は悪者らしく大げさに誇張した演技をしていたが、チャップリン演じるペテン師は悪事の遂行のために人の同情を買い、また慇懃に善人を装い娘の興味を引く。アメリカのドタバタ喜劇に、役柄の「性格」「動機づけ」を持ち込んだとも言える。チャップリンとレアマンが並んで演技をしているところを見ると、二人のパントマイムの技術の差は歴然としている。かのペテン師は、何を考えていて、どんな気持ちを隠しているのか、初公開から約一世紀たった今見ても十分に伝わってくるのだ。

しかし、チャップリンはこのデビュー作には不満だった。完成版を見て、監督と編集者によって、自分のギャグがたくさんカットされたことを知り、大いに落胆したのだ。それでも、批評家たちはこの新人の技量に驚き、「本作で、厚かましくも粋な詐欺師を演じた才能ある俳優は、第一級の喜劇役者だ」として、その「天賦の才」を賞賛した（『ムーヴ

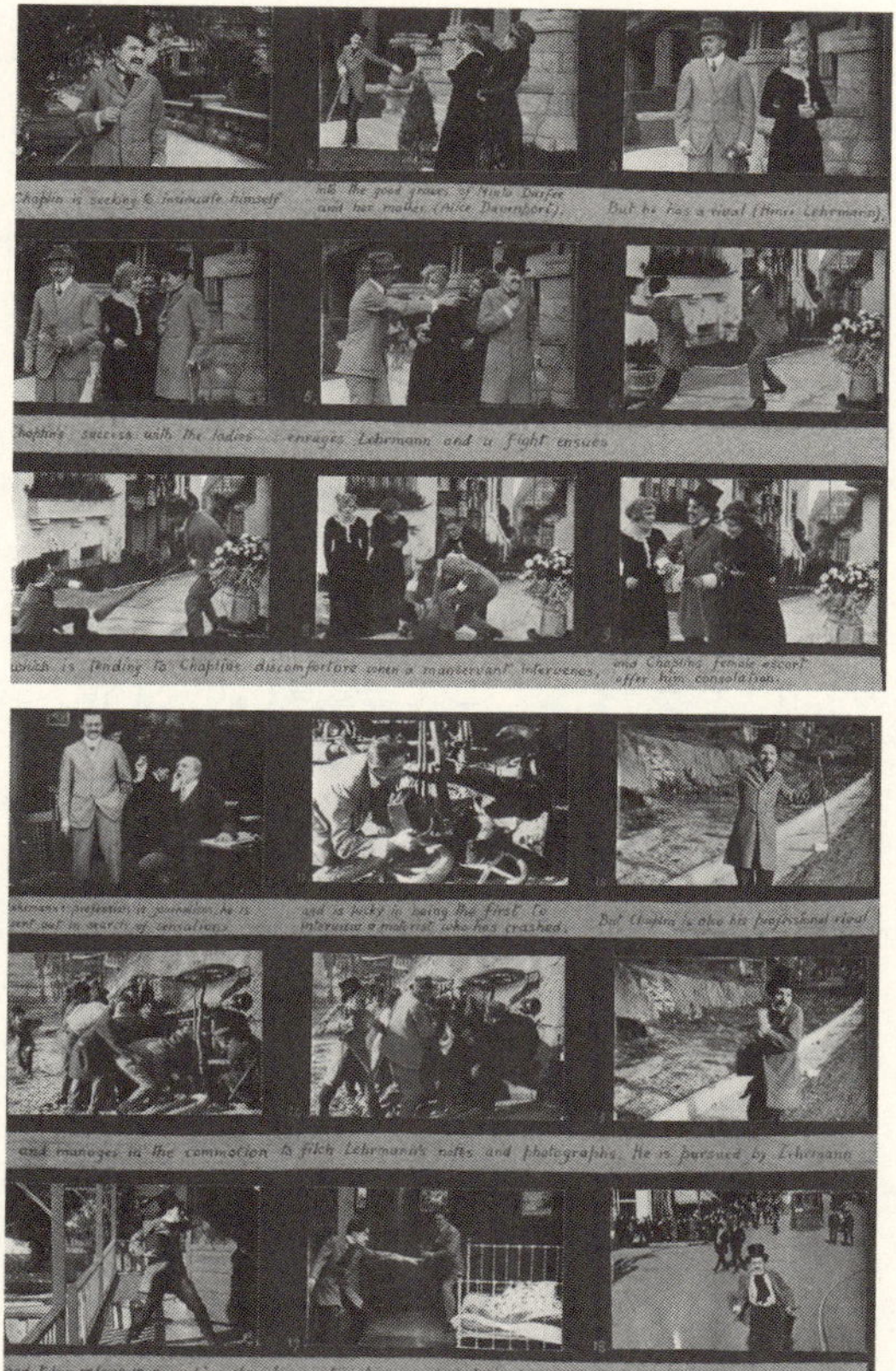

1930年代にチャップリンのフィルモグラフィを作成したことでも知られる英国映画協会の技師H・D・ウェイリーが作った「キーストン・アルバム」の『成功争い』のページ。ウェイリーからプレゼントされたこのアルバムをチャップリンは大事に保管していた

イング・ピクチュア・ワールド』誌、一九一四年二月号)。

監督のヘンリー・レアマンは、元々市電の車掌をしていたのを、「フランスのパテ社で働いていた」と偽り映画界入りする。「アメリカ映画の父」と称される監督のD・W・グリフィスは彼の嘘を見破り、面白がってパテ・レアマンと呼んだ。レアマンは、チャップリンのデビュー作を監督したことと、数年後に当時大人気だったコメディアンのデブ君ことロスコー・アーバックルの俳優生命を終わらせた強姦殺人事件の裁判で、チャップリンもキートンも「アーバックルはそんなことをするはずがない」と証言するなか、アーバックルに決定的に不利になる証言をしたことで、映画史にその名を残している。

ところで、チャップリンが映画会社と契約をした一九一三年と、映画デビューをした一九一四年は、世界史にとって極めて重要な年号だ。一九一三年に、アメリカでT型フォードの大量生産がいよいよ本格化し、アメリカ的な大量生産による産業資本主義が世界を席巻するきっかけとなった。そして、いうまでもなく一九一四年には第一次大戦が勃発し、ヨーロッパは荒廃する。

つまり、政治的にも経済的にも、世界の中心がヨーロッパからアメリカへと移った節目の年——いわば、本当の意味で二〇世紀が始まった年なのである。

時代が大きく移り変わる年に、チャップリンは、〈一九世紀・帝国・演劇〉のイギリスから、〈二〇世紀・民主主義・映画〉のアメリカへと移民した。まさに、チャップリンこそ、時代の大きな波にもっともうまく乗った男、時流と才能が究極的に一致した存在だった。

扮装の誕生

さて、チャップリンといえば、誰でも頭に思い浮かべる「放浪紳士」のキャラクター——チョビ髭、ドタ靴、山高帽、きつい上着に、だぶだぶのズボンという独特の扮装が生まれたのはいつのことだろうか？

あのおなじみの扮装を、観客が初めて目にしたのは、一九一四年二月七日のこと。この日封切の公開二作目『ヴェニスの子供自動車競走』において、チョビ髭の放浪者がスクリーンに初めて登場した。

しかし、『ヴェニスの子供自動車競走』とその二日後に公開の『メイベルのおかしな災難』と、どちらが先に撮影されたか——すなわち、チャップリンが、どの作品においてあの扮装を初めて着用したのかについては、長年にわたって論争があった。

チャップリン自身は『自伝』のなかで、『メイベルのおかしな災難』で初めて放浪紳士の扮装をしたと回想している。しかし、一九八九年に初期映画研究家ボー・ベルイルント

『ヴェニスの子供自動車競走』演出中のチャップリン

が、当時の天気予報や新聞などから『ヴェニスの子供自動車競走』の撮影日を一九一四年一月一〇日と特定し、『メイベルのおかしな災難』よりも早く撮影されたとして、筆者も『チャップリン再入門』ではその説を採用した。

しかし、画面をよく見ると、『メイベルのおかしな災難』と『ヴェニスの子供自動車競走』とではチャーリーの扮装に若干の違いがあるが、『ヴェニスの子供自動車競走』とキーストンの他の作品とでは衣装に差異があまり見られないこと、『メイベルのおかしな災難』を撮影していたハンス・コーエンカンプの回想、なによりその後、キーストン社関係資料が発見され、それによると『メイベルのおかしな災難』は一月六日から撮影が開始されていることが分かり、そのことが決め手となって、チャップリンが初めて放浪紳士の扮装をしたのは『メイベルのおかしな災難』であるという結論が出た。やはり、チャップリンの回想は正しかったのである。

その歴史的な瞬間とは、一九一四年一月六日——雨の日の午後のことだった。チャップリンは、ホテルのロビーのセットの前にいた。セネットは葉巻をくわえたまま、「なんかここでギャグの欲しいところだな」と言って、チャップリンの方を振り向いて、「おい、なんでもいいから、なにか喜劇の扮装をしてこい」と言った。

「とっさにそんな扮装など思いつくわけもなかった」が、「衣裳部屋に行く途中、わたしはふとだぶだぶのズボン、大きなドタ靴、それにステッキと山高帽という組み合わせを思いついた。だぶだぶのズボンにきつすぎるほどの上着、小さな帽子に大きすぎる靴という、とにかくすべてにチグハグな対照というのが狙いだった」。そして、セネットに若いと言われたことを思い出し、小さな口髭をつけた。

チャップリンは楽屋から出て、「放浪紳士チャーリー」創造のための稽古をする。「中が楽屋になっているほったて小屋から彼が出てきたところが今でも脳裏に焼き付いている。彼は出てきたところであのおなじみの動きの稽古をした——あの歩き方とか、ステッキや帽子とかを使ってね」とその日キャメラをまわしていたコーエンカンプは映画史家のデイヴィッド・ロビンソンに語った。『メイベルのおかしな災難』には、ステッキをくるくる回して、それが自分の顔に当たるお馴染みのギャグも、酔っ払い役の見事な演技も出てくるが、そのとき稽古したのだろう。「そのときもおかしかったって？　滑稽だったさ、新鮮だったからね――それに彼の動作がまた驚きだったね。口元をぴくぴく動かしたり――チョビ髭が効果的なのさ――ステッキを振り回したり――まるでスケートをしているみたいに片足でそこらを動き回ったりとね」。「題名は思いつかないな。思い出そうとはしたんだが。でも彼のシーンは今でもはっきり目に浮かぶ。ホテルのロビーのシーンで、彼は酔っ払いを、帽子とステッキとあの独特の足の運びで演じていた。キャメラをまわしていたのはこの私だったんだよ」。

撮影中、キャメラの後ろには、他のセットの俳優やスタッフまで仕事を放り出して集まって来て、大笑いしていた。当時スターだったフォード・スターリングまでが見に来ているのを見て、チャップリンは成功を確信した。結局、その日撮影した七五フィートものロビーのシーンを、セネットはすべて使うことに決めた。『メイベルのおかしな災難』でロビーのシーンが長いのは、「チャーリー」の誕生にいかにセネットが驚いたかを如実に物語っている。「とにかく思いつきの扮装から一人の人物が生まれたのだった。これだけはどんなことがあってもつづけてやろうと、わたしはそのときその場で決心した」。事実、その後四半世紀にわたって、衣裳をほとんど変えることなく「チャーリー」を演じ続けた。続いて、一九一四年一月一〇日に『ヴェニスの子供自動車競走』が撮影された。記録によると、わずか四五分間でロケは終了した。ロケ地は、ヴェニスのセカンド（現在のメイン）・ストリートとウェストミンスターの角。「ジュニア・ヴァンダービルト・カップ・レース」の様子を捉えたものである。本作の方が『メイベルのおかしな災難』より二日早く公開されたため、「チャーリー」のお馴染みの扮装がアメリカ人の目に触れた最初の作品となった。

『ヴェニスの子供自動車競走』は、子供自動車競走を撮影しているニュース映画のキャメラマンと、そこに映りたくてキャメラの前を行き来する放浪紳士チャーリーとのやりとりだけで成り立っている。このストーリーの単純さゆえに、この作品には、チャップリンが作り出した新しいキャラクターの個性がよく出ている。

キャメラに映りたくて画面にふらふらと現れる放浪者。「出ていけ！」と追い出すキャメラマン。キャメラの前を行き来するチャーリーは、社会秩序からはみ出した存在であり、そのくせ、すました表情や身のこなしは紳士だ。

秩序を乱すやっかい者ではあるが、彼の、キャメラに映りたいという自己主張や虚栄心は万人に共通な感情である――〈放浪者にして紳士〉〈大衆からはみ出す存在でありながら、万人が共感できる存在〉という矛盾に満ちたキャラクター、チャーリーの誕生だ。そんなチャーリーを、キャメラマン＝権力は「出ていけ！」と追い出すのだ。〈大衆の象徴たるチャーリーと権力との闘い〉というテーマが早くも画面に表れているのが興味深い。

また本作において、「煙草を上に放り投げて後ろ蹴り」するチャップリン独特のパフォーマンスが初披露された。

『自伝』では、衣裳をつけメイクをすると、とたんに「人物になりきって」、セットに立ったときには、「すでにはっきり一人の人物が生まれて」、「この男というのは実に複雑な人間なんですね。浮浪者かと思えば紳士でもある。詩人、夢想家、そして淋しい孤独な男。それでいて、いつもロマンスと冒険ばかりもとめている」とセネットに語ったとしている。むろん、このような「放浪紳士チャーリー」の性格が完成するのは、もっと後のことだ。それでも、衣裳をつけた瞬間に、キャラクターの芯となるものをつかんだのだろう。

こうして、一九一四年一月六日に、永遠のキャラクター「放浪紳士チャーリー」の扮装が誕生した。

キーストン

チャップリンはキーストン社の快活さ、マック・セネットの冒険精神にたちまち魅了された。とにかく、何に対しても面白がり、「あの下町の大通りが水びたしだぞ、あれで行こう」などとセネットのちょっとした思いつきから喜劇が生まれるのだった。

チャップリンが、セネット率いるキーストン映画社と契約したことは、非常に重要な、興味深い事実である。というのも、キーストンこそ、非常に「アメリカ的」「映画的」な喜劇であり、「イギリス的」「ミュージック・ホール的」な演技の修業を積んだチャップリンとはまさに正反対の取り合わせだったからだ。

もともとミュージカル・コメディ舞台の売れない役者だったセネットは、一九〇八年に映画会社のバイオグラフ社に入社する。ちょうどその数ヶ月前に、バイオグラフは、D・W・グリフィスを迎え入れたところだった。グリフィスは、二ヶ所で同時に起こっている出来事を交互に編集する「クロス・カッティング」など、現在では当然となっている映像編集技術を発展させ、のちに「アメリカ映画の父」と呼ばれることになる監督である。セネットは、グリフィスのもとで最初は俳優として、のちに監督として修業する。

一九一二年に、ニューヨーク・モーション・ピクチュア社が喜劇専門のキーストン映画社を創設した時、セネットはその経営を任される（セネットによるとケッセルとバウマンから「競馬の借金をチャラにしてやるから、社長をしてくれ」と取引したことになっているが、この話はなんとも嘘くさい）。

セネットは、間抜けな警官が雲霞のごとくあらわれて追いかけっこをする「キーストン・コップス」シリーズを製作し、人気を博した。素早い動き、テンポのいい編集、大勢によるカーチェイスや追いかけっこは、演劇では決してできないものだった。グリフィスの映画的発明を喜劇映画に持ち込んだセネットは、さしずめ「アメリカ喜劇映画の父」ということになるだろう。

ところが、チャップリンはイギリスのミュージック・ホールで、少人数でじっくりと個性を見せる演技を叩き込まれた俳優だった。それゆえ、キーストン流のテンポの早いコメディに不満を持った。「わたしの好みからいえば、追っかけ場面は好きではなかった。つまり、それは俳優の個性をなくすことであり、むろんわたしは映画のことなどほとんど知らなかったが、とにかく個性こそ最高ということだけは、わたしの信念だったからだ」(『自伝』)。数ヶ月の厳しいリハーサルで完璧な演技をつくりあげたカーノー劇団に対して、即興演技で、撮り直しを許さないキーストンのやり方は対照的だった。

チャップリンは、キーストンの監督たちと、演技に対する考えの違いから対立し、一時は解雇寸前まで追い込まれる。だが、ニューヨーク本社からの一通の電報で状況は様変わりした。「チャップリン映画が大当たりしているから、至急もっと彼の作品をよこせ」。大衆は、それまで見たことのなかったチャーリーの個性に魅了され、彼は瞬《また》く間にスター・コメディアンとなったのだ。

チャップリンはアメリカ喜劇映画に、個性と心理的演技を持ち込んだが、逆にキーストンからも編集技術など多くを学んだ。キーストン時代は、イギリス演劇とアメリカ映画の双方からの影響のもと、チャップリンが独自のスタイルを求めて試行錯誤している時期である。

この頃のチャーリーは、他のキーストン映画と同じく、すぐに喧嘩《けんか》を始め、レンガを投げ合って、相手を痛めつけ、女性にいやらしく言い寄るなど、後年の代表作に見られる「心優しいチャーリー」とはかけ離れた残酷な笑いも多く見られる。公園で追いかけっこをしているだけの単純なドタバタ作品も少なくない。

他方、いかにもチャップリンらしい、繊細で的確な心理描写を持つ演技や、『新米用務員』のように、労働者の悲哀を盛り込み、のちのチャップリンの芽生えともなる作品も残している。

なにより、キーストン時代の大ヒット作『チャップリンとパン屋』（一九一四年）に見られるようなアナーキーなまでの若々しさがこの時代の魅力である。

そんなわけで、「デビュー一年目のキーストン社におけるチャップリン作品は、後年の傑作を思わせる作品もあるが、当時のキーストン作品の影響をもろに受けた単純なドタバタ喜劇もあり、玉石混淆である」と片付けられてしまうことが多かった。

しかし、キーストン期のチャップリンの特徴を理解するためには、公開順よりも撮影順に並び替えて、また監督を誰がつとめたか、および、作品の撮影日数を念頭において、次のように分類すると、「チャーリー」の進化の過程が見えてくる。順を追って見ていこう。

(1)一九一三年一二月〜一九一四年三月

デビュー直後の監督たちとの衝突期／『成功争い』から『メイベルの身替り運転』まで

デビュー作などを監督したヘンリー・レアマンとは演技について意見があわず、激しく対立。次に監督を担当したジョージ・ニコルズからは、当時のスター俳優だったフォード・スターリングのような大きな身振りと大袈裟な表情による演技を求められ、衝突を繰り返した。

困り果てたセネットは、監督を始めたばかりのスター女優メイベル・ノーマンドの班に入れるが、「ホースで道に水を撒《ま》け」と指示をしたメイベルに、それなら「まずホースを踏んで水をとめ、筒先をのぞく拍子に、無意識に足が動いて、さっと水が顔にかかるようにしてはどうだ」とチャップリンがギャグを提案したところ、メイベルは激高。セネットも、「とにかく命令に従うか、出て行くか」と迫った。ところが、ニューヨークの本社からの「チャップリン映画をもっとよこせ」という電報で、会社にとどまることになった。

なお、二〇一〇年にコレクターのポール・ギルキがミシガンの骨董《こっとう》市で購入したフィルムのなかから、チャップリンの幻の出演作『泥棒を捕まえる人』（出演四作目）が発見され、大きな話題となった。チャップリンはキーストン・コップスの一員として数シーン出演しており、短い出番ながら個性の光る演技を披露している。

⑵三月下旬から四月初め

監督挑戦期／『恋の二〇分』から『雨に降られて』まで

人気の上昇を背景に自ら監督に挑戦することを許された時期である。記念すべき初監督作品は『恋の二〇分』。撮影は三月一九日から二四日に行なわれた。『総理大臣』では、のちの『伯爵』（一九一六年）や『街の灯』（一九三一年）などに繰り返し登場する「弱者がお金持ちになりすます」というテーマを初めて取り上げ、階級社会における人間の虚栄心を冷徹に描いた。監督作には、のちのチャップリンらしさの片鱗が見え隠れしている。

(3) 四月中旬〜六月初め
『醜女の深情』撮影のかたわらマック・セネット監督のもと主演俳優修業期

従来の研究で抜け落ちているのはこの時期についての考察だ。

チャップリンのキーストン在籍中、最後に公開された出演作は、一九一四年一二月二一日に封切られた映画史上初の長編喜劇映画である『醜女《しこめ》の深情《ふかなさけ》』だ。それゆえ、これまでは、「一九一四年一二月に映画デビューをしたチャップリンが、短編に数多く出演し、キーストン時代の集大成として最後に長編『醜女の深情』に出演した」と解釈されてきた。

しかし、近年発見の資料で、実は『醜女の深情』は、もっと早い時期の同年四月一四日から六月九日に撮影されていたことが分かった。

つまり、人気上昇を背景に、三月下旬には監督を任されるようになったチャップリンだったが、三週間後の四月中旬には一旦監督業から離れて、マック・セネットが社運をかけた大作喜劇に、当時大スターだった喜劇女優マリー・ドレスラーの相手役として抜擢され出演した。だが、その間も高まる一方のチャップリン人気に対応するために、『醜女の深情』撮影中にも他にたくさんの短編に出演して公開したというわけだ（この頃の状況は当時の業界誌『モーション・ピクチュア・ワールド』の次の言葉に簡潔に表現される。「チャップリンとノーマンドが主演の映画ならどんなものでも、瞬時に成功が約束されるのだ」）。

それゆえに、この時期に公開された短編作品は、どれも間に合わせの作品で特筆すべきものはない。だが、この時期に大作から小品まで主演級の役柄を数多くこなすことでスター俳優としての道をのぼっていくのである。この時期はいわば「主演俳優修業期」だ。

(4)六月中旬〜七月中旬
監督復帰三部作／『笑いのガス』『道具方』『チャップリンの画工』

『醜女の深情』の撮影も終わったことで、「よろこんでまた自作の監督に戻った」と『自伝』にある通り、満を持してチャップリンは自分の監督作に戻る。「監督復帰第一作」である『笑いのガス』は、ミュージック・ホールで頻出の歯科医でのドタバタ。やはり節目の作品では、原点であるミュージック・ホールのギャグに戻っている。撮影期間は六月一五日から二二日の八日間で、当時としては時間をたっぷりかけた。

『笑いのガス』がアメリカ公開された頃、故国イギリスでは、『成功争い』から『アルコール先生お好みの気晴らし』までの最初の七本がまとめて公開。キーストンは誇らしげに、「あなたはチャップリン・ブームへの準備はできていますか？」と銘打って大宣伝した。イギリスの観客も熱狂し、雑誌『キネマトグラフ・ウィークリー』は「どの作品も大勝利だ。『マミング・バーズ』（カーノー劇団時代の主演作）のヒーローは、ひとっ飛びで第一級の映画コメディアンへと飛躍したのだ」と絶賛した。後述するが、日本の映画雑誌に初めて紹介されたのもこの頃だ。いよいよ、チャップリン・ブームは世界に飛び火しつつあった。

次の『道具方』は初の二巻もので、撮影には六月二五日から七月一一日までの一七日間たっぷりかけた。記念すべき初の二巻もののテーマもやはりミュージック・ホールの舞台裏で、チャップリンは道具方を演じた。

続く『チャップリンの画工』の原作は、一八八七年発表のヒュー・アントワーヌ・ダーシーのバラッド。今は飲んだくれの浮浪者に成り果てたチャーリーは、かつて売れっ子の画家だった。友人に恋人を取られ、転落していった様を、チャーリーは酒場でとうとうと語る。最後に、酒場の床に昔の恋人の顔を描いた後に息絶えるというドラマ性の強い意欲作・異色作だ。

この「監督復帰三部作」は、キーストン期でもっとも充実していた頃の作品と言えるだろう。

(5) 七月末〜九月末　時間をかけた秀作と手早い間に合わせ作品の混交期

チャップリンの名前が出ただけで大ヒットが約束されるようになったことで、キーストン社内でも、チャップリンの発言力は増した。じっくり時間をかけて作品を作りたいという要望に会社も応えるようになっていた。ただ、同時に会社の要請にも応えるために、手早く喜劇を生産して、劇場の注文をさばかなくてはならない。そういう事情で、この時期は、じっくり時間をかけた秀作と間に合わせの作品とをほぼ交互に作る。作品の出来は、撮影日数に比例している。

撮影日数がわずか二日の『リクリエーション』は、公園で一人の女性をめぐって男たちが喧嘩をするだけの駄作。いかに間に合わせで作ったかは、チャーリーの衣裳についている絵の具が、前作と同じ場所についていることでも分かる。衣裳を洗う間もなく、劇場主になんでもいいからチャップリン作品を渡さなければならなかったほど人気だったのだ。

八日間かけた『男か女か』は、撮影所をクビになった俳優チャーリーが女装して撮影所に戻り、男とは知らずにチヤホヤされるが正体をあかして大騒動になるというもの。キーストンのオールスター出演だ。当時の大スターであるデブ君ことロスコー・〝ファッテイ〟・アーバックルとチャップリンとが同じ楽屋で並んでメイクをしているショットは、のちの『ライムライト』でのチャップリンとキートンの楽屋のシーンに匹敵する歴史的ショットだ。帽子をぴょんと飛ばすギャグを最初に披露した作品でもある（ちなみに、その芸を最後に披露したのは、一九七二年四月のアカデミー特別賞受賞のスピーチの時だ）。

車椅子の男の世話を押し付けられて、障害者の札を掲げて道行く人からお金をせしめるというブラックなストーリーの『チャップリンの新しい仕事』のような問題作もあれば、ファッティ・アーバックルと呑んだくれてぶくぶくと池に沈んでいく『両夫婦』（撮影日数は四日）などは明らかな間に合わせ作品だ。

この時期の特筆すべき作品は、『新米用務員』（撮影日数九日）だ。チャップリンについて語る時、「笑い」だけでなく「ペイソス」あふれる映画を作った、というのが一種の決まり文句になっているが、本作はチャップリンがペイソスを初めて意識して取り入れた記念碑的な作品だ。しがない用務員のチャーリーが、ボスに対してクビにしないでくれと哀願するシーンで、稽古を見ていた「老女優ドロシー・ダヴェンポート」が泣いたとチャップリンは述懐している（当時、ドロシーは一九歳なので、恐らく母親のアリス・ダヴェンポートのことだろう。アリスは五〇歳だったが、二五歳のチャップリンからは老女優に見えたようだ）。本人は『自伝』で、本作が「単なるお笑いだけに終わらせず、いま一つ、別の面を加えたいと思うようになったきっかけ」になったと書いている。

『チャップリンとパン屋』（撮影日数一四日）は、パン職人たちがストライキに入り、ストに加わらなかったウェイターのチャーリーがパン職人になるという設定。チャーリーは、スト中のパン職人たちがしかけたダイナマイト入りのパンを窯で焼いてしまい、大爆発するという破天荒なコメディだ。撮影に当時としてはかなり長い一四日間をかけ、セネットのもとで一作当たり一〇〇〇ドルと決められていた予算を、大幅にオーバーした一八〇〇ドルの製作費をかけた。結果、最初の公開だけで一三万五〇〇〇ドルの興行収入を得て、セネットはチャップリンにボーナスを払った。この頃から、チャップリンは、納得のいくまで時間をかけて映画を作りたいと思うようになった。

ちなみに、『チャップリンとパン屋』で、チャーリーがストには加わらないという事実は興味深い。映画のなかでチャーリーは権力に抵抗を試みるし、チャップリンその人ものちに巨大な権力と対峙することになる。だが、放浪紳士チャーリーも、チャップリン本人もいかなる組織にも属さないし、映画のなかで権力側に立ち向かうグループを正義として描くことはない。『モダン・タイムス』（一九三六年）のチャーリーは機械文明に抵抗するヒーローではなく、たまたま落ちていた赤旗を拾ったことでデモに巻き込まれるだけだ。『独裁者』では独裁権力を痛烈に風刺するが、対するユダヤ人たちをレジスタンスの英雄として描くことはしない。組織に属さず、あくまで自由な個人であり続けた放浪紳士チャーリーの歩みは、この頃から始まっていた。

(6)一〇月〜一一月　新会社移籍のために忙殺された低調期

一〇月一日に『アルコール先生ピアノの巻』の撮影が開始されたが、この作品から始まる三本の主演作はいずれも低調な作品だ。というのも、キーストンとの契約満了を二ヶ月後に控えた一九一四年一〇月ごろから、新会社移籍に向けて身辺が慌しくなっており、作品づくりに没頭できる環境ではなかった。チャップリンの気持ちは、すでに新天地に向いていた。

このようにして見てみると、二月にスクリーン・デビューし、監督と衝突を繰り返しながらも、上昇する人気を背景にみずから監督をすることを許され、しかし、その直後に『醜女の深情』の撮影に入り、長編の主演格を演じながら、セネット監督の短編に出続けることで映画での演技を洗練させていった。その後、自作の監督に復帰し、充実した作品を作るようになるが、他方会社の要請で間に合わせの駄作も作らねばならなかった。そして、契約更新間近になると、ビジネスに忙殺され、やや低調期となっている。この流れを念頭において見ると、チャップリンが置かれた状況と、そのなかで彼の映画術と放浪紳士チャーリーのキャラクター・イメージが、いかに進化を遂げて行ったかが分かるのではないだろうか。

エッサネイ時代――「フィーチュアリング・チャーリー・チャップリン」

一九一四年八月九日付で、極端な筆無精《ふでぶしょう》のチャップリンにしては珍しく長文の手紙をイギリスの兄シドニー宛に書いている。その中で、早くも他の会社からのオファーがあること、条件次第ではキーストンを離れることなどを書いている。キーストン時代は、セネットとは親子のような関係で毎晩一緒に過ごしていたのだが、「ビジネスはビジネスですからね」という兄への言葉の通り、契約更新の際に、週給四〇〇ドルという破格の条件を提示したセネットに対して、チャップリンは一〇〇〇ドルを要求する。自分だってそんなに貰っていないと驚くセネットには、誰を見たくて客が来ているのかと反論した。セネットは、「スターだったフォード・スターリングだって、キーストンを離れてからぱっとしないじゃないか」と言ってチャップリンに移籍を思いとどまらせようとしたが、チャップリンは「僕は、公園と警官とかわい子ちゃんさえあれば喜劇が作れる」と言い放つ（ちなみに、この発言はアメリカで最も有名な、「チャップリンの名言」である）。

ほどなくして、「チャップリンは契約料一万ドル、週給一二五〇ドルという条件でないとサインしない」という噂が出まわり始めた。びっくりするような破格の条件の噂の発信元はチャップリンではなかった。しかし、多くのライヴァルを出し抜いて、エッサネイ社のジェス・ロビンスがこの噂通りに条件を提示した時、チャップリンは、「契約料一万ドル」というのは実は思ったこともなかったのだが、むろん悪い話ではないと思い、一九一四年一一月に契約合意し、その事実は一二月二六日付の『ムーヴィング・ピクチュア・ワールド』誌などで報道された。

エッサネイ社はシカゴに本社を置く映画会社で、一九〇七年に設立された。社名は、創設者の二人の名前、経営者のジョージ・K・スプアと西部劇スター俳優G・M・アンダーソンの頭文字「S and A」に由来する。アンダーソンは、史上初の西部劇と言われるエディソンの『大列車強盗』（一九〇三年）に出演し、エッサネイでは西部劇「ブロンコ・ビリー」シリーズでヒットを飛ばすスターだった。

チャップリンは、一九一四年一二月末にアンダーソンとともに、まずサン・フランシスコ近郊のナイルズ撮影所を訪れる。が、あまりに貧弱な設備にがっかりし、シカゴに行けばもっといいスタジオがあるというアンダーソンの言葉を信じて、その日のうちにシカゴに向かった。

ところが、シカゴのエッサネイ撮影所で、チャップリンはひどい経験をする。一万ドルのボーナスをくれるはずのスプアは雲隠れし、冬のシカゴは風が強過ぎてロケ撮影もできない。撮影所の設備も悪く、すでにチャップリンは脚本・監督をしていたのだが、撮影所員には「シナリオ部長からシナリオを貰ってください」と言われる始末。それでも、なんとか第一作目『チャップリンの役者』（一九一五年）を完成させた。

ところが、キーストン退社以来初の作品ということで、一三〇本ものプリント注文が入ると、会社の態度はころりと変わった。何年もあとにスプアが告白したところによると、彼はチャップリンのことを知らず、エッサネイを代表する喜劇役者ベン・ターピンに週二五ドル払っていたのに対して、アンダーソンがチャップリンと一二五〇ドルで契約したのを聞いて、恐れおののき雲隠れしていたのだという。しかし、スプア社長はホテルでボーイにお金を握らせ、「チャーリー・チャップリン様、お電話でございます」と名前を呼ばせたところ、大勢の人が集まって来たのを見て、チャップリン人気を確かめ、一本目の大ヒットで契約の成功を確信した。

チャップリンの全作品の中で、エッサネイ時代の位置づけは、悲しいことに、映画デビューを果たしたキーストン時代とチャーリー・スタイルを進化させ次々と傑作を撮ったミューチュアル時代に挟まれて、通過点的な扱いを受けている。作品的にも、キーストンを引きずったドタバタと放浪紳士チャーリー・スタイルの芽生えとも言える作品が混交しており、評価が難しい。

しかし、エッサネイ時代は、決して単なる通過点ではない——この時期にチャップリンは三つの重要な要素を獲得した。

一つ目は、映画製作における、「孤独」を手にいれたという点である。キーストン社でも、チャップリンは急上昇する人気を背景に、みずから監督することを許された。しかし、マック・セネットというカリスマのもと、撮り直しはほぼ許されず、ラストはキーストン流に追いかけっこでまとめることを要求されていた。それに対して、エッサネイには自分に指図するボスはおらず、ここにきて時間的、芸術的自由を、ある程度獲得した——というより、チャップリンは「孤独」を手に入れた、と強調したい。というのも、「時間的、芸術的自由」は、後のミューチュアル期やその後の自前の撮影所におけるそれらと比べるとまったく不完全なものである。会社からの干渉もまだ残っていた。しかし、「孤独」に関しては、チャップリンはこれを確実に手に入れた。もはやボスはいない。孤独のなかで、映画を、演技をじっくりと考えて、撮り直す、というチャップリンをチャップリンたらしめるワンマンの完璧主義が、この頃芽生えたのだ。キーストン時代の作品と似たようなドタバタ映画を作っても、演技の細部において変化が見られるのは、孤独な思考と実践の結果である。

そんなチャップリン本人の「孤独」は、チャーリーの「孤独」につながるだろう。孤独を通じて、チャーリーとは一体誰なのかが明らかになってくる。チャーリーはみずからの孤独を通じて世界とつながる。ひとりぼっちであるがゆえに大衆を象徴する希有な存在となるのだ。作品全体を通しても、エッサネイ期には、ぐっと登場人物の数が減る。チャップリンは、人物それぞれの孤独＝個性を描き、ドラマを構築し始めたのだった。

二つ目は、ヒロインとしてエドナ・パーヴァイアンスを得たことである。

エッサネイ第一作『役者』を完成させたあと、チャップリンは、シカゴの気候を嫌って、サン・フランシスコのナイルズ撮影所にやってきた。当時アンダーソン組でキャメラマンをしていて、後にチャップリンの長年のキャメラマンとなるローランド・トサローは、チャップリンが初めてナイルズにあらわれたとき、使い古した鞄のなかに、かかとのすり切れた靴下と古いよごれたシャツを二、三枚、礼装用の古いシャツが一枚、あとはぼろぼろの歯ブラシしか持っていないことを見て驚いた。大人気になっても、極貧の幼少時代を忘れずに倹約し、仕事に励んでいたのだ。

チャップリンとともにシカゴからやってきたのは、ベン・タービンの他に、小柄なチャーリーを引き立たせる大きな敵役としてバド・ジェミソン、怪しげな外国人をやらせたら絶品だったレオ・ホワイトたち。そこに、カーノー劇団の同僚だったビリー・アームストロングも加えて一座を組んだ。

サン・フランシスコで撮影を開始するにあたって、ヒロイン探しは急務だった。そんなある日、アンダーソン組のカウボーイ俳優の一人が、サン・フランシスコのテート・カフェの常連客のエドナ・パーヴァイアンスを推薦する。チャップリンは、秘書になるための

エドナ・パーヴァイアンス（高野虎市にあてた本人のサイン入り）

訓練を受けていたこの真面目な女性をひと目みて、「かわいいなどという程度ではない、まったく美しかった」と惚れ込んでしまう。こんな美しい娘に喜劇の演技ができるか不安になるが、撮影初日の前夜の食事会で、思わず「催眠術ができる」と口走ってしまったチャップリンの顔を立てるために、わざと催眠術にかかったふりをしたエドナのユーモアのセンスに感銘を受け、以来彼女に尊敬と愛情をいだくようになる。

そんなわけで、エッサネイ第二作『アルコール夜通し転宅』（一九一五年）において、エドナ・パーヴァイアンスが映画デビューする。まだエドナに後の可憐な演技の片鱗は見えないが、この後、一九二三年までエドナは三五本の作品でヒロインをつとめ、公私ともにコンビを組んだ。エドナと過ごした若き日々は、チャップリンのもっとも幸福な時期となった。

エドナはそれまでの喜劇女優とはまったく異なったタイプの女性だった。従来の喜劇女優は、鬼の形相で夫の尻を蹴り上げる化け物のような妻か、レンガを投げながら喧嘩をする怪女（『醜女の深情』の主演マリー・ドレスラーがその典型だ）といった役柄が多かった。また、男性の登場人物は女性と見ればいやらしく言い寄るのみだった。

ところが、それまでまったく演技経験の無かった可憐なヒロイン、エドナを得て、チャップリンは喜劇にロマンスの要素を加えた。チャーリーは、もちろんエドナにいやらしい態度を取ったりはしない。放浪者ながらも、紳士として振る舞い、エドナの愛を獲得しようとするがめったに成就することはない。実のところ、チャップリンはロマンティック・コメディ映画の創始者でもあり、それはエドナの存在のおかげだ。放浪者にして紳士というチャーリーのキャラクター、ロマンティックな騎士道精神、そしてほろ苦い失恋のペイソス――放浪紳士チャーリーの人物造形に深みが増した。

『アルコール夜通し転宅』撮影終了後、スケジュールが遅れていることに気をもんだアンダーソンは、キャメラのローランド・トサローと本作を勝手に編集しようとした。が、作業の直前にチャップリンが編集室に入って来て、自分以外は誰もチャップリン作品を触るな、と激怒。また、今後はネガで編集を行なわず、ちゃんとポジを作って編集すると言い、シカゴ本社に頼んで機材を取り寄せた。しかし、部品がわずかに足りないことが分かり、それがないと仕事を始めないと言うチャップリンのために、プロデューサーのジェス・ロビンスはあわてて部品をシカゴまで取りに行くことになる。後の完璧主義はこの頃から芽生えていた。

エッサネイで獲得した三つ目の要素は「アメリカ」かもしれない。エッサネイ期は、彼のアメリカでの映画キャリアのうち、唯一ロス・アンジェルス以外の地域で映画作りをした時期であることを指摘しておきたい。エッサネイ一作目はシカゴ、その次にサン・フランシスコ近郊の人口四〇〇人ほどの町ナイルズ、そして『チャップリンの女装』（一九一五年）以降は、ロス・アンジェルスのスタジオ（旧マジェスティック・スタジオ）と、チャップリンは一九一五年の一年間のあいだに、中西部～西海岸の田舎町～ロス・アンジェルスと移動しながら撮影した。そのことで広大な国土、多様な地域性をあらためて感じ、映画の中に「アメリカ」という要素を加えることになる。キーストン期よりも、チャーリーが放浪者であることが強調されたのは、アメリカのホーボー文化の影響であろう。

エッサネイ時代のもっとも有名な作品といえば、ナイルズで撮られた最後の作品『失恋』（一九一五年）である。放浪者チャーリーが一本道を一人とぼとぼやってくる。エドナの窮地を暴漢から救った彼は、エドナの父の家に住み込み職を得る。しかし、エドナのやさしさを愛と勘違いしていたチャーリーは、彼女に恋人がいることを知って落胆し、再び一人寂しく元の一本道を去っていく。

チョビ髭に山高帽というお馴染みの扮装が誕生して一年と二ヶ月。本作において、どこからともなく一本道をやってきた孤独な放浪者チャーリーが、またあてもなくとぼとぼと去って行くという、あの哀愁に満ちたひとりぼっちの後ろ姿が初めてスクリーンに登場した。この後ろ姿は、後の『偽牧師』（一九二三年）『サーカス』（一九二八年）そして『モダン・タイムス』などで、チャーリーを象徴するシーンとして何度も繰り返される。本作のラストシーンは、放浪紳士のイメージを決定づける歴史的なショットとなった。

『失恋』の農場シーンは、いかにもアメリカらしい風景で、後にチャップリンが「どの国でもない街角、どこでもない場所」にこだわったことを思えば、これはエッサネイに特徴的な風景といえる。途中で吟遊詩人が出てくるのも、当時のアメリカの世相をあらわしていて興味深い。

出演者のレオ・ホワイトは、「ハシゴを昇って木槌で頭を殴られるシーンを、数えきれないほど撮り直し、チャップリンはちょっとした違いにこだわり過ぎていて、なぜ撮り直しているのか分からなかった」とスタン・ローレルに話した。チャップリンのカーノー劇団時代の後輩だったローレルは、ホワイトは間違っていると言って、次のように続けている。「チャップリンは、ほんのわずかな違いにすぎなくても、同じことを五〇回繰り返して、はじめて本当にベストのものが得られることを知っていたのだ。チャーリーと他のコメディアンとの違いは、彼がベスト以外の仕事を徹底的に拒否したことだ。ベストを得るために、彼は私が知っている誰よりも懸命に働いた」。

エッサネイ末期の作品『改悟』（一九一六年）は、チャーリーが出所して早々偽牧師に騙され、文無しになってしまうところから始まる。その後、昔のムショ仲間に会い、ある家に強盗に押し入るが、そこの美しい娘の優しさに触れて改心するという筋立てだ。『改悟』及び脚本を担当した『彼の更生』（一九一五年）に見られる、「人生をやり直す」というテーマも新大陸ならではのものである（階級社会のイギリスではあり得ないテーマなのだ）。

他方、観劇に来たほろ酔い紳士が舞台をめちゃくちゃにしてしまう『寄席見物』（一九一五年）は、カーノー劇団での当たり狂言『マミング・バーズ』を下敷きにした、まさに

『チャップリンのカルメン』

チャップリンの原点ともいうべき作品だ。他に労働者の悲哀と実らぬ恋のペイソスを描いた『掃除番』（一九一五年）や、ドラマ性の強い『チャップリンのカルメン』（一九一六年）など意欲作が生まれた。

撮影期間については、エッサネイ期一四作品の最初の七作品は三ヶ月で撮影され、後半の七作品に九ヶ月かけている。このことでも分かるように、チャップリンは次第に映画づくりに時間をかけるようになる。

要所要所でイギリス演劇のルーツに立ち返りながら、破天荒でアナーキーなキーストン喜劇に、エッサネイで得たアメリカ的な夢や人生哲学があわさって、チャップリン喜劇は独自の発展を遂げていった。

エッサネイ社に移籍して、大きく変化したことをもう一つあげておこう――それは、タイトル画面だ。

当時、大衆娯楽に過ぎなかった映画の喜劇は、いくら人気スターになっても、愛称で呼ばれたため、多くの人が正しい名前を知らなかった。キーストン社では、『メイベルの～』『ファッティの～』と作品タイトルがつけられ、彼らの名前がメイベル・ノーマンド、ロ

エッサネイ時代の撮影風景（『アルコール先生　海岸の巻』）

スコー・アーバックルだとはあまり知られていなかった。チャップリンにしても、入り口にチャーリーの扮装の写真を掲げるだけで映画館が一杯になるほどの大スターだったが、「チャーリー」という愛称とあの扮装だけが知られていて、当時の新聞でも「チャーリー・チャップマン」と間違って呼ばれたり、英国人だからという理由からか「チャーリー・イングリッシュ」と書かれることもあった（さらには、「エドガー・イングリッシュ」というのも見られ、ここまでくるともはや原型をとどめていない）。

要するに、喜劇を誰が作っていようが、面白ければいい（例えば、初期のテレビ・ゲームの作者のことをあまり気にしていなかったのと似ているかもしれない）という状況だったのだ。

それが、エッサネイ期から、作品タイトル画面に、「フィーチュアリング・チャーリー・チャップリン」と大書きされるようになった。この名前が観客を呼ぶという商業的な理由はもちろんあった。同時に、喜劇映画は誰が作っていてもいい、面白ければいい、ただの娯楽に過ぎないとされていた当時の風潮に抗して、ここに大書きされた名前の責任で素晴らしい作品を作るのだ、という宣言でもある。

こうして見ると、チャップリンにとってエッサネイ期は通過点ではない。もっと言うと、「映画」というジャンルそのものにとっても、エッサネイは単なる通過点ではない。なぜなら、ただの娯楽に過ぎなかった喜劇映画が、ついにこの時期に、「チャーリー・チャップリン」をフィーチュアしたのだから。

ミューチュアル時代――「一番幸福な時期」

一九一五年の年末、アメリカの映画業界はエッサネイとの契約が切れるチャップリンを巡って、再び争奪戦が始まった。エッサネイのスプアも二巻もの一二本で三五万ドルの条件を提示したが、チャップリンは契約金一五万ドルを要求して、話はご破算になった。

ところで、兄シドニーもチャップリンの勧めで、一九一四年一〇月に渡米してキーストン映画と契約して映画俳優になっていた。「ガッスル・シリーズ」で喜劇役者としてヒットを飛ばし、キーストン史上で『醜女の深情』に続く二番目の興行収入をあげた大ヒット長編喜劇"A Submarine Pirate"（一九一五年）に主演した。

このように兄シドニーも映画俳優として大成功をおさめたのだが、彼はキーストン社との契約満了とともに、弟チャーリーのマネージャーに徹することにした。シドニーのもとには弟の移籍に関して各社から熱烈なオファーが舞い込んだが、誰もミューチュアル社のジョン・R・フロイラーの出した「週給一万ドル、契約時に一五万ドル」を超える条件を提示できなかった。その契約内容は、当時の日本のチャップリン映画のチラシにまで書かれており、全世界の注目の的だった。

ミューチュアル社は、チャップリンに対して、映画俳優として世界最高のサラリーの他に、専用の撮影所の提供など、合計一五三万ドルを投資した。天文学的な投資を心配する株主に、フロイラーは、「一本の映画が利益を出すのは通常三〇日程度だが、チャップリンの人気を考えると、控えめに言って六〇日は持つので、十分に利益が出る」と説明した。確かに、フロイラーは控えめ過ぎた。フィルムは、製作から一〇〇年経った今でも利益を生み出し続けている。

今やチャップリン人気を知らないのは、チャップリン本人だけとなっていた。そんな彼も、契約を結ぶためにニューヨークに向かう途中、停車する駅ごとに大勢の人だかりが出来ているのを見て、ようやく人気を確信する。ニューヨークでは歓迎の群衆に押しつぶされる危険があるというので、ひそかに手前の駅で下車した。

こうして、一九一六年二月二六日、チャップリンは契約を結び、専用の撮影所として、ロス・アンジェルスのリリアン・ウェイ一〇二五番地にローン・スター・スタジオが建設され、三月二七日にオープンした。「いまにして思うと、一番幸福な時期だったかもしれない」と後年回顧したミューチュアル時代の始まりだった。

形式上は、雇われの俳優・監督にすぎないのだが、圧倒的な名声ゆえに思うままに映画が作れる自由な環境を手に入れたチャップリンは、以前よりも時間をかけて映画を作るようになった。

ミューチュアル社での第一作は、エスカレーターでのドタバタが印象的な『替玉』（一九一六年）だ。撮影現場を見学に来たマック・セネットが、「ちくしょう、どうして今まで、このエスカレーターってやつを忘れていたのかなあ！」と呟いたという、まさにセネットもうらやむキーストン調である。ＮＧフィルムを見ると、エスカレーターのスピードを何度も変えて撮り直していたことが分かる。二作目の消防車を使った追いかけっこの『消防士』（一九一六年）も、当時のアメリカの典型的なドタバタ喜劇を発展させたものだ。ちなみに、ロケ地となった「ロス・アンジェルス二九番消防署」は、一九八八年まで現役の消防署として使われていた。二〇一七年現在も建物は現存し、韓国ブライダル店になっている。

ミューチュアルの最初の二作は大ヒットを記録した。しかし、『消防士』公開の後、チャップリンはファンから手紙を受け取る。そのファンは、『消防士』は確かに笑いを取るにはいい映画だと前置きしながらも、「あなたは観客の奴隷になりつつあるのではと恐れています。でも、ほとんどの作品で、観客があなたの奴隷だったのです。チャーリー、観客はあなたの奴隷になるのが好きなんですよ。」

チャップリンは、この一通の手紙で、ドタバタ喜劇で観客に迎合することはやめて、真に自分の望んだ作品を目指すことになる。結果、ミューチュアル三作目の『放浪者』（一

（上）『替玉』の１場面。（中）同じくＮＧフィルム。（下）ＮＧフィルムより、エスカレーターの速度を何度も変えて撮り直している

九一六年）は、チャーリーが演じる放浪のヴァイオリニスト（チャップリンは実際にヴァイオリンが弾けた。楽器に関しては、一般に言われているよりも達者で、ピアノ、アコーディオンはなかなかの腕前、上手ではなかったがチェロも好んだ）とロマ（いわゆるジプシー）に誘拐されたエドナとの交流とほろ苦い恋愛を描く、ドラマ性の強い異色作となった（なお、ラストでチャーリーが自殺するという別ヴァージョンが存在すると噂されてきたが、そのような事実はない）。

四作目の『午前一時』（一九一六年）は、酔っ払い紳士チャーリーが帰宅してから置物やテーブルと格闘して眠るまでの短編。冒頭のタクシーの運転手を除いて、全編たった一人で演じた。NGフィルムを見ると、マットで滑る演技だけで一五テイク、振り子で頭を打つ演技だけで一〇テイク撮り直すなど、一つ一つの演技へのこだわりは尋常ではない。「NGフィルムを廃棄せよ」と命じたチャップリンが見せたくなかったものとは、自身の天才を創りあげたこの苦闘の姿だったのかも知れない。一人芝居の身体芸を堪能できる意欲作だが、やはりチャーリーは社会のなかで他者との交わりとリアクションで笑いを誘うキャラクターなので、成功作とは言えない。実際、公開当時の批評も芳しくはなかった。

旧来のドタバタ喜劇系の作品である『替玉』や『消防士』が当時の観客に受け、意欲作である『放浪者』『午前一時』の評価が低かったことで、チャップリンは意気消沈した。この頃、兄シドニーにうった電報が残っているが、そこには「最近二作の出来は、ぼくを

ミューチュアル入社後に製作した『消防士』(左上)、『放浪者』(右上、エドナ・パーヴァイアンスと)、『午前一時』(右下)。下は『午前一時』ＮＧフィルム。振り子で頭を打つシーン。テイク番号に注目

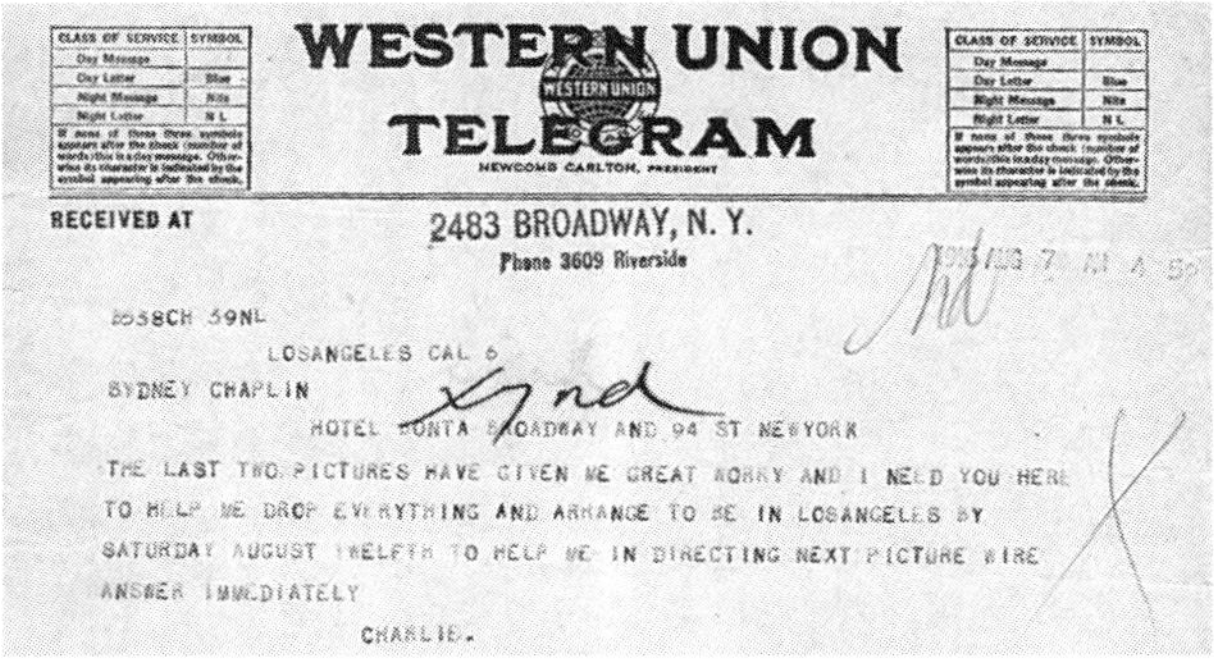
WESTERN UNION
TELEGRAM
NEWCOMB CARLTON, PRESIDENT

RECEIVED AT 2483 BROADWAY, N. Y.
Phone 3609 Riverside

558CH 59NL
LOSANGELES CAL 6
SYDNEY CHAPLIN
HOTEL MONTA BROADWAY AND 94 ST NEWYORK
THE LAST TWO PICTURES HAVE GIVEN ME GREAT WORRY AND I NEED YOU HERE TO HELP ME DROP EVERYTHING AND ARRANGE TO BE IN LOSANGELES BY SATURDAY AUGUST TWELFTH TO HELP ME IN DIRECTING NEXT PICTURE WIRE ANSWER IMMEDIATELY
CHARLIE.

『放浪者』『午前一時』の評価が低く、兄シドニーに助けを求めた電報

とてもまいらせた。兄さんにここにいて助けてほしい。ぜんぶ捨てて、なんとか八月十二日の土曜日までにロス・アンジェルスにくる手筈をととのえて。次の映画の監督を手伝って。すぐに返信を。チャーリー」と書いている。ワンマンを貫いたチャップリンが兄に助けを求めるほど、観客が求めるものと自らが志向するものとのあいだで揺れ動き、自信を失っていたことが分かる。

続く『伯爵』（一九一六年）は、仕立屋で働くチャーリーとミューチュアル時代を通じての大柄の敵役俳優エリック・キャンベル演じる仕立屋の主人が、伯爵に化けてエドナ邸のパーティーに紛れ込んで大騒動を起こすもの。ごく初期からの頻出テーマである「なりすましもの」だ。

残されたNGフィルムで興味深いのは、冒頭の仕立屋のシーンを、テイク256（撮影一四日目ごろ）から撮影している点だ。当初は、エドナ邸

で偽伯爵がドタバタを起こすという単純なプロットだけで撮影が始まったのだが、後から、その偽伯爵は実は仕立屋で、客から預かった服のポケットに招待状を見つけたことでパーティーに紛れ込んだという設定を付け足した。このことで、なぜチャーリーとエリックという、およそその場にいなそうな人物が伯爵に化けることができたのかという理由を作ったのだ。チャップリンのストーリー・テラーとしての進化が見える。

なお、ダンス・ルームでは、本物のバンドが「ゼイ・コール・イット・ディキシーランド・ジャズ」を演奏していたという。サイレント映画のため音は録音されないが、たとえ聞こえなくても、本物にこだわるチャップリンだった。

『質屋』（一九一六年）は、前作『伯爵』の追いかけっこのドタバタとは打って変わり、英国ミュージック・ホール仕込みの皮肉な喜劇。人を信じたことで損をした番頭チャーリーが、その次に来た客を徹底的に疑って質草の時計をばらばらにしてしまうシーンは、人間の残酷さをえぐりだす名場面だ。

ＮＧフィルムを見ると、「妻の指輪」を売る芝居がかった男は、四人の俳優がそれぞれ異なったテイストの演技をしたものを撮影していて、結果三番目の俳優が採用されている。ちなみに、四番目はレオ・ホワイトが女々しく泣きながら演じたバージョンで、これも面白いのだが、チャップリンは三番目の古風で大仰な芝居男を採用した。

七作目の『舞台裏』（一九一六年）は、たびたび用いられたバックステージものの一つだ。

『質屋』ＮＧフィルム。「妻の指輪」を売る男役に採用されなかった３人

質屋を舞台に名人芸を繰り広げた前作『質屋』とは違って、『舞台裏』は、キーストンの『活動狂』（一九一四年）『男か女か』、エッサネイの『役者』でもお馴染みの映画撮影所ものドタバタ喜劇で、スト組による爆破は『チャップリンとパン屋』の焼き直しだ。ただし、キーストン調に先祖帰りしたというよりも、むしろ、その時もまだコメディの主流を占めていたキーストン調喜劇を皮肉るパロディのようにも見える。

『舞台裏』には、二三巻分以上、時間にして四時間弱ものＮＧフィルムが残っている。現存する最後のテイクは「テイク４３８」であり、これまでよりさらに時間をかけた。当時チャップリンは一日に約二〇テイクずつ撮影していったので、『舞台裏』の製作日数は約二二日間であると推測される。

　注目すべきは、少なくともテイク２０からテイク６７まで、完成版では使用されなかった「逆回転の処刑シークエンス」が撮影されていることだ。処刑場のセットで、ちょうど処刑人が斧を振り下ろす演技の時に道具方のチャーリーが通りかかるが、すんでのところで直撃せず、何食わぬ顔でチャーリーは通り過ぎる。

　実は、このシークエンスは逆回転のトリックを使って撮影されている。撮影では、処刑人が斧を地面に振り下ろした状態からキャメラを回し始め、チャーリーは後ろ歩きして斧

『舞台裏』ＮＧフィルム。（上、中）逆回転を使った斧の場面。（下）噴水のまわりで踊る場面

のところまでやってくる。そこで処刑人は斧を振り上げ、チャーリーはそのまま後ろ向きに歩いて行く。これを逆回転すると上記のようになる。

二〜三日間にわたって撮り直されたこのシーンも、作品全体のテーマ（まったく働かない親方にこき使われているチャーリーという、二人の関係が本作のテーマだ）を深めることには貢献しないと判断したのだろう。どれだけ面白いシーンであっても、ただの「見世物的ギャグ」だと完成版では使用されることなく、四八テイク以上ものＮＧフィルムを残しただけとなった。

結果的に、『舞台裏』は、初期キーストン映画のような印象を与えるが、実はチャップリンは逆回転を使った映像技法の研究をしていた。ＮＧフィルムは、そんなチャップリンの「舞台裏」を教えてくれる。

なお、男装したエドナにチャーリーがちょっかいをかけ、エリックが妖精のダンス（同性愛をあらわす）を踊るシーンは、映画史上初めてはっきりとホモセクシュアルのモチーフが描かれた場面だ。

これ以降、チャーリーが同性愛的な行動をするシーンはよく出てくるようになる。同じミューチュアル時代の『冒険』では、警官との追いかけっこの最中に、追いかけてきた恋敵に、チャーリーはなぜかキスをする。また、『街の灯』の有名なボクシング・シーンの前には、対戦相手に「お手柔らかに」とばかりにしなをつくって色気を振りまく。

『伯爵』（左上、左からエリック・キャンベル、チャップリン、エドナ）、『質屋』（左下、エドナと）、『舞台裏』（右上、同）、『冒険』（右下、フランク・J・コールマンと）

ただし、チャーリーは常に女性的というわけでもなく、あるときは勇敢な騎士道精神を発揮し、ある時は同性愛的なモチーフを違和感なく取り入れている。全体としては性的にイノセントな「チャーリー」というわけだ。コメディの原点として〈価値の転倒〉ということがよく言われるが、チャーリーは「男は男らしく」という不自然な価値観を転倒させており、その身体は、様々な性愛が自然に折り畳まれた創造的な身体と言える。チャーリーは、性的な枠組みをも乗り越える放浪者でもあった。

八作目の『スケート』(一九一六年)は、チャップリンのスケートの妙技が光る佳作。チャップリンは後に『モダン・タイムス』でもその技術を披露する。不思議なことに、ミューチュアル期で本作だけNGフィルムが残っていない。だが、恐らくメインのスケートのシーンから撮影を始めて、完成版では前半に来るレストランのシーンを後から撮影したのではないかと筆者は推測する。チャップリンは、アイディアに詰まったときはレストランのセットを作るのが常だった。キーストン以来の「成りすまし」+「浮気騒動」だが、複雑な人間関係を簡潔な語り口で笑いに変える脚本テクニックは見事である。

カーノー劇団時代に、兄シドニーが脚本を書いた“Skating”という作品があるのだが、残された舞台の台本を読んだところ、まったく共通点がないことが分かった。チャップリンの頭のなかには、スケートという題材一つとっても、おびただしいアイディアがあったのだろう。

九作目の『勇敢』（一九一七年）は、チャップリン映画に特有な場所であるT字路が初めて登場した記念すべき作品だ。放浪者チャーリーは、教会での説教（むしろエドナの美しさ）にうたれ、改心して警察官になる。手に負えない荒くれ者エリックを取り締まり、荒んでいた「イージー・ストリート」に平和をもたらす。

貧困・飢え・暴力のテーマを扱いながら、テンポのいいコメディにまとめている。優しさに触れて人が更生するという希望的な人生観と、制服を着た途端に性格が変わるという人間の性《さが》に対する疑念――どちらも極めてチャップリンらしい両極端のテーマが同居する佳作だ。下層階級の住む地域のさらに地下に麻薬中毒者がいるシーンは、現代の格差社会とその結果を見通すような設定である。チャップリンは、自身が体験した貧困の厳しさとその本質を知り抜いていた。

映画の中の架空の通り「イージー・ストリート」とは「お気楽通り」の意味で、それをかように治安の悪い街に名付けたところに皮肉があるが、チャップリンが生まれたロンドンのイースト・ストリートのもじりでもある。ロンドンの下町を思わせる街は，実は撮影所内に建設された巨大なセットで、当時、ローン・スター撮影所はハリウッド最大の敷地を持っていた（ちなみに、チャップリンがこの翌年チャップリン撮影所を建設してそこを離れた後、旧ローン・スターはバスター・キートンの専用撮影所になる）。

途中でエリック夫妻の夫婦喧嘩の際に、左の建物から通りを超えて右の建物に皿が飛んで行き、そこに住む子だくさんの夫にあたるシーンがあるが、NGフィルムを見ると、あの皿を投げているのはチャップリン本人であることが分かる。

終盤の追いかけっこのロケ地はユニオン駅近くの旧中華街。古いレンガ造りの街並が残るところで、後に『キッド』の撮影もするなど、チャップリンは好んでそこを使った。現在はメキシコ人街だ。

なお、あれだけのアクションをこなしながら、ほとんどけがをせず、けが人も出さなかったチャップリンだが、『勇敢』のガス灯のシーンで、折れたガス灯がチャップリンの鼻を直撃して、二針縫う怪我をした。他には、『独裁者』(一九四〇年)のゲットーでの乱闘シーンで門扉に指を挟んで骨折した記録がある。それにしても、五〇年の映画人生で撮影中に二度しか大きな怪我をしていないという事実は驚異的だ。

『霊泉』(一九一七年)は、アルコール依存症の治療のために、スパにやってきたチャーリーの物語だ。チャーリーはすでにそこに滞在している痛風持ちのエリックと折り合いが悪い。美しい看護師エドナの尊敬を勝ち取るため霊泉を飲むが、まずくて吐き出す。その後、チャーリーが持ち込んだトランク一杯の酒が見つかってしまい、全部没収されるが、係員は間違って霊泉の中に捨ててしまい、それを飲んだ湯治客は酔っぱらってどんちゃん騒ぎ。翌日、エドナに禁酒を誓い、希望に向かって歩き出した途端、霊泉に落ちてしまうというストーリーだ。

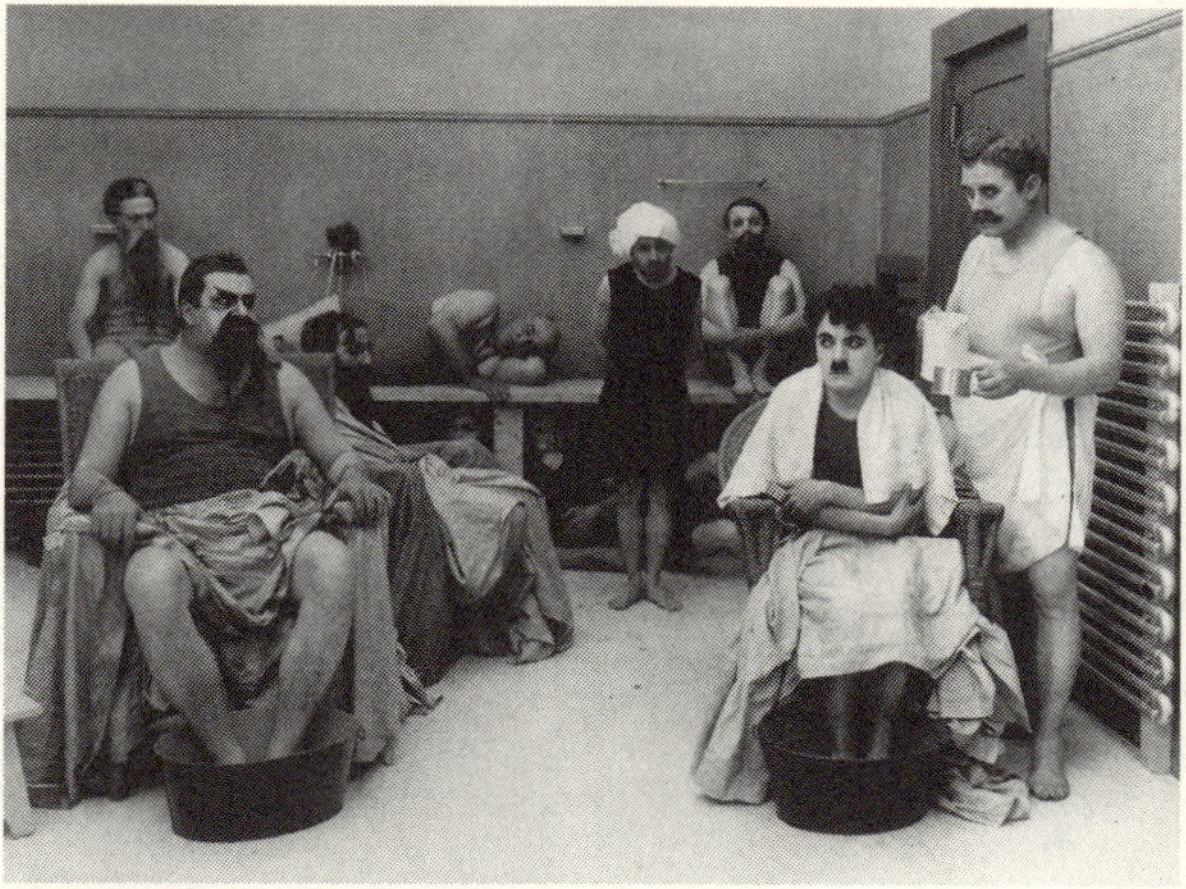

『霊泉』（上、左はエリック・キャンベル）、『スケート』（下右）、『勇敢』（下左）

当時上流階級で流行していたスパを舞台に、アメリカで大問題となっていた飲酒を扱った作品。チャップリンは当時、ロス・アンジェルス・アスレティック・クラブ（LAAC）の一二〇一号室（二部屋の簡素なスイートルーム）に住んでいた。LAACは、ロス・アンジェルスの七番ストリートに今もあるが、一階が受付、二階がレストラン（ここで毎晩エドナと食事をした）、三階から九階までジムで、一〇階から一二階が客室という変わったホテルで、当時の映画スターたちの社交場のようになっていた。

いまでもLAACのジムには、本作のサウナ部屋に出てくるのと同じ形の椅子がある。チャップリンは撮影の合い間にジムでトレーニングをしていたが（つまり、今では当然となったジムで鍛錬するハリウッド俳優のさきがけでもある）、そんな日常の生活の中からギャグを生み出していったようだ。他方、（マッサージをされる）軟体人間や、更衣室での活人画などは、完全にミュージック・ホールの伝統的なギャグである。

NGフィルムを見ると、当初チャップリンは酔っ払い客ではなく、車椅子を押す係員の役だったことが分かる。テイク63から72まで、車椅子が渋滞を起こし、係員チャーリーが交通整理をするという秀逸なギャグも撮影された。

だが、おそらく撮影五日目頃に、酔っ払い客役をしていたジョン・ランドに演技指導しているあいだに、その役でインスピレーションが湧いたようで、それまで撮影したフィルムをすべて破棄して、チャップリンの役は酔っ払いの湯治客に変更となった。やはり、秩

『霊泉』ＮＧフィルム。（上左、右）軟体人間を追うチャップリン。（下左）車椅子の交通整理のギャグ。（下右）チャップリンは当初、車椅子を押す係員役だった

序に混沌をもたらすチャーリーに、「交通整理」のような役は似合わなかったのだろう。新たに回転ドアや霊泉のセットも建て増し、次々とギャグを生み出して行く様子がＮＧフィルムに残る。ＮＧフィルムには、回転ドアにステッキが引っかかって演技がストップしてしまい、いらだったチャップリンがステッキを投げつけるところが映っているが、次のテイクではわざとステッキを回転ドアに挟ませるギャグをしている。撮影中のアクシデントすら新しいアイディアの源となっていたわけだ。

　他に特筆すべきは、残存するＮＧフィルムの四・四パーセントの

ショットにユダヤ人とおぼしき金持ち湯治客たちが映っているのだが、完成版にはほとんど見当たらないという点だ。

本作に先立つ『放浪者』と『質屋』には、それぞれロマとユダヤ人（店主）の紋切り型の人物造形がなされている。人種や民族のステレオタイプ的な描き方は、後年のチャップリンには無縁なものである。だが、初期作品で、特定の民族をそのように描いてしまったことについては、仕方がない側面がある。前述した通り、ミュージック・ホールは大英帝国の芸術で、それゆえ人種的偏見を煽《あお》るギャグが好まれた。また、チャップリンが育ったケニントンは、東欧ユダヤ人移民のイギリスにおける三大拠点の一つで、それゆえにユダヤ排斥運動の中心地でもあった。一九〇一年五月にはユダヤ排斥団体「英国同胞同盟」が結成されるが、そのメンバーの多くは、チャップリンが生まれ育った地区から程近いイースト・エンド地区に住んでいた。チャップリンは、反ユダヤ主義的なステレオタイプのイメージにどっぷり浸かって育ったのだ。

しかし、完成版の『霊泉』にはそのようなステレオタイプ的なユダヤ人は登場しない。NGフィルムのなかには、興奮して走り回るチャーリーが、金持ちユダヤ人たちの足を次々と踏んでいくというギャグもある。しかし、そのようなギャグはユダヤ人たちを傷つけると思い直したのだろう。何度も撮り直した末にカットした。すなわち、チャップリン映画のヒューマニズムとは、全世界の人が心から笑えるユーモアを突き詰めた結果、体得したものだという点を指摘しておきたい。

現存する最後のテイクは、テイク808。当時、他の監督たちはおよそ一週間で二巻ものの作品を作っていたが、チャップリンは実に四一日もの時間をかけたのだった。

チャップリンのNGフィルム

さて、ミューチュアル時代の作品について、これまで何度かNGフィルムについて書いているが、その理由は、なぜかミューチュアル時代のチャップリンのNGフィルムがまとまって残っているからだ。ここでチャップリンのNGフィルムについて触れておこう。

納得のいく映像が撮れるまで、何度も撮り直したことで知られる完璧主義者チャップリン。彼の撮影所では、膨大なNGフィルムが発生した。サイレント映画時代、NGフィルムは焼却処分されるのが常だった。一九五二年に、チャップリンが事実上アメリカから国外追放されたとき、彼は長年のキャメラマンだったローランド・トサローに、NGフィルムを焼却するように命じた。ところが、病気がちだったトサローは焼却作業をせずに、その大半を、アリゾナの砂漠にあった、第二次大戦中に日本軍の空襲に備えて建設された防空壕のなかに保管していた。その後、トサローはNGフィルムを伝説的なコレクターであるレイモンド・ローハウアーに売却。ローハウアーは当初自宅に保管していたが、赤狩りのためにチャップリン関連のものを持っているというだけで当局に逮捕される恐れがあったので、一九六〇年代に入ってからはヨーロッパに場所を移して、シネマテーク・フランセーズ館長だったアンリ・ラングロワの協力も得て隠し持っていた。これが一九八〇年代に入って「発見」され、現在はロンドンにある英国映画協会（ＢＦＩ）に保管されている。その数、約四〇〇巻。この貴重な資料をすべて見ることができたのは、二〇一七年現在、筆者を含めて世界で三人だけとのことである。

私はＢＦＩの研究所に通い、あしかけ二年かけてすべてのテイクを整理・分析したのだが、チャップリンの聞きしに勝る完璧主義者ぶりには、驚愕を通り越して見ているこちらが疲れ果ててしまうほどであった。同じシーンを何十回と撮り直す。どれだけ面白いギャグでも、ストーリーにとって少しでも無駄な演技ならばカットする——その結果、当初は二分間ほどあったシーンも最終的にはわずか一〇秒ほどになってしまうのだ。

ＢＦＩに保管されているＮＧフィルムの内訳としては、一九一六年から一九一七年にかけてのミューチュアル時代の作品のものが多い。チャップリンは、一九一八年に独立して自前の撮影所での第一作『犬の生活』（一九一八年）において、心優しい「放浪紳士チャーリー」のイメージとスタイルを確立させたと言われる。すなわち、その直前にあたるミューチュアル時代は、彼のキャリアのなかでは、試行錯誤を重ねて変貌を遂げていく「チャーリー誕生前夜」の時期にあたり、そのＮＧフィルムは永遠のキャラクターの生成過程を知るための大変興味深い資料となっている。

さて、ミューチュアル一一作目として、映画史上名高い傑作短編『移民』（一九一七年）を製作する。『移民』のNGフィルムにはどのような創作の秘密が隠されているのだろうか。

その前にまず、チャップリンの仕事法に特有の二つの事柄を確認しておく。

まず一つ目は、少なくとも一九二三年の『偽牧師』まで、チャップリンは台本らしきものを用意せずに撮影を進めていったという点だ。撮影現場において、その時点で頭のなかにあるアイディアをもとに、何度も撮り直して、作品を作り上げていったのだ。

もう一つは、クラッパー・ボード（いわゆるカチンコ）に書かれたテイク番号が、初期チャップリン作品においては独特のナンバリングがされているという点だ。近年の映画では、例えば「シーン5のテイク10」というように、そのシーンの何番目に撮られたテイクなのかを表すことが多い。しかし、これも少なくとも『街の灯』までは、シーンにかかわらず、クラッパー・ボードにはテイクの通し番号がつけられていた。ゆえに、「テイク350」とあれば、そのテイクは、その映画の撮影で三五〇番目にとられたテイクなのである。

この二つの事実は、非常に有益な情報を提供してくれる。残されたNGフィルムをテイ

（上）『移民』の移民船の甲板シーン。チャップリンの右隣がエドナ・パーヴァイアンス。その右隣はエドナの母親を演じるキティ・ブラッドベリ。（下）ＮＧフィルム。カフェのシーン

ク番号順に並べてみれば、一本の作品全体を通してどのように撮影が進んでいったかを細かく知ることができるし、何より、台本を書かなかったチャップリンがその時点で考えていたことが読み取れるのである。すなわち、NGフィルムは画家で言えば、スケッチブックのように、彼の思考と創作の過程を教えてくれるのだ。

そのことを頭において、『移民』の話に戻ろう。

映画は、いわば二幕物の劇となっている。前半は移民船のシーン、後半はカフェ・レストランのシーンだ。

ヨーロッパからの移民船に乗っている貧しい移民のチャーリーたち。船上はひどい揺れのために食事もままならない。同じく貧しい移民であるエドナは、母がお金を盗まれたので泣いている。不憫に思ったチャーリーは、博打で儲けたお金をすべてエドナにあげる。やがて、アメリカ大陸が見えてくる。移民たちはロープに縛られた姿勢で自由の女神を見る。

後半は、文無しのチャーリーがお金を拾ってカフェ・レストランに入るところから始まる。なかで偶然エドナと再会し、喜び合うのも束の間。チャーリーが拾ったコインは偽金だった。ここは強面のウエイターが闊歩する下町のカフェ。無銭飲食とわかるとぶん殴られる。しかし、たまたま居合わせた大金持ちの画家が、エドナをモデルに描きたいと言い、お金をもらって事なきを得る。画家にもらった前金で、二人は結婚するのだった。

ざっとこのような筋立てだが、『移民』のNGフィルムを見ると、テイク1は船上のシーンではなく、カフェのシーンが映っている。どうやら、チャップリンは当初まったく異なった構想を持っていたようだ。

チャップリンは、撮影が始まった直後のインタビューに、こう答えている。「私には、パリのカルティエ＝ラタンを舞台にしたセリオコメディ（悲喜劇）を作りたいという野心が昔からある。この主題は、どういうわけかつねに私の映画のストーリーに入り込む感傷的なタッチを思う存分発揮させてくれることになるだろう」（デイヴィッド・ロビンソン『チャップリン　上』より。括弧内筆者）。

ボヘミアンたちのイメージが「感傷的なタッチを思う存分発揮させてくれる」とチャップリンは語っているが、完成版ではわずかに金持ちの画家が登場するぐらいで、ほかは「パリのカルティエ＝ラタン」とは程遠いものとなっている。

実は、当初チャップリンは、確かに「パリのカルティエ＝ラタン」のイメージから出発している。NGフィルムのなかには、上品なコートを着て、シルクハットをかぶったエリック・キャンベルとアルバート・オースティンが、エドナ・パーヴァイアンス扮するボヘミアン娘をめぐって恋の火花を散らすというシーンも残っている。また、カフェの机の配置も優雅で落ち着いた印象を与えるものだった。加えて、チャーリーたちが座る席の後ろの壁には、様々な絵が描かれている。

パリの芸術カフェでのボヘミアンたちのペイソスというのは、すでに世界中に流布されたイメージであり、抽象的なテーマだ。しかし、チャップリンは、抽象的なアイディアから出発しながらも、何度も撮り直していくうちに具体的・現実的なテーマやストーリーを組み立てていくのだ。

抽象的アイディアから具体的なストーリーへ

『移民』のNGフィルムを見ると、当初は配役も異なっていたことが分かる。撮影初日に撮られたテイク10で、ウエイターとチャーリーとのやりとりが撮影されているが、完成版でエリック・キャンベルが演じるそのウエイターは、ここでは太った優男ヘンリー・バーグマンが演じている。完成版では、のちに画家として登場する男だ。また、テイク49では、のちにコインを拾う初老の男を演じる小柄なジェイムズ・T・ケリーがウエイターを演じている。

そのままテイク125まで、ひたすらカフェにある小道具を使ったギャグが撮影されている。硬くてなかなか折れないフランスパンや、チャーリーがヴァイオリニストと豆を投げ合うシーン、猫舌のアルバート・オースティンがスープをなかなか飲めないシーンなどである。テイク125といえば、撮影が始まって七日目のころであるが、ここまでのところ、いまだストーリーらしきものは語られていない。「当時一週間もあれば、多くの場合、二巻物喜劇がまるまる一本作られた」とデイヴィッド・ロビンソンは記している。チャップリンが相当長い期間アイディアを練っていたことが分かる。

この試行錯誤が、テイク128から新たな展開を生んだのだろう。このテイクで、カフェの中ほどから立ち上がった顎髭《あごひげ》の男が、何やらウエイターに文句を言いながら、代金を払わずに店を出ていこうとしている。しかし、大柄なウエイター（バーグマン）たちに囲まれた顎髭の男は、一転して素直に代金を支払い、ウエイターたちは笑顔で彼を見送る。チャップリンはこのシークエンスを、テイク135まで、少なくとも八テイク撮り直したあと、テイク140ではその様子を心配そうに見るチャーリーとエドナのツーショットを撮影している。これでようやく、文無しのチャーリーが、カフェでお金がなくて困ってしまうというプロットがおぼろげにできてきた。

さて、ここまでも相当の数の撮り直しとアイディア変更があったのだが、テイク207にきて最大の変更を行なう。ウエイター役をヘンリー・バーグマンから、エリック・キャンベルに変えたのである。人の好さそうなバーグマンでは、チャーリーの恐怖心を十分には呼び起こすことができない。そうすると喜劇的要素も半減してしまうと考えたのだろう。チャップリンは、大柄の敵役エリック・キャンベルに、見るからに怖そうな眉を描いて、彼をウエイターに据えた。テイク206以前のほとんどのフィルムは廃棄されてしまった。

『移民』ＮＧフィルム。（上左）当初ウェイターに配役されていたジェイムズ・Ｔ・ケリー。（上右）次にウェイターに配役されたヘンリー・バーグマン。（下）最終的にウェイターを演じたエリック・キャンベル（左）。カットされた折り紙の場面

こうしてカフェは、強面のウエイターたちが忙しく立ち働くアメリカのレストランになった。何度も撮り直していくうちに、チャップリンは、「パリの芸術カフェ」のような抽象的な設定を捨ててしまう。そして舞台をアメリカに移して、文無しのチャーリーがカフェで苦闘するという現実的な話に変えたのだ。

アメリカの現実、移民の現実

テイク２３１から非常に面白い演技の撮影が始まる。ここでは、ウエイターのエリックがチャーリーに勘定を渡すのだが、お金のないチャーリーは、苦し紛れにその勘定の紙で、なんと折り紙の兜を折り始める。しかも、きれいに兜を折っ

たチャーリーは、それを頭の上にちょこんとのせて、右手を胸の前に、左手を腹に当てて（恐らく日本の侍のジェスチュア）、いかめしい顔でポーズを決める。そのサムライ形態模写を繰り返しては愛想笑いを振りまき、ウエイターの機嫌をとろうとするのだが、ウエイターは怖い顔のままだ。兜の折り方は、当時のチャップリンの運転手だった日本人の高野虎市《こうのとらいち》から習ったのだろうか。日本人なら爆笑もののギャグも、他の国の人には理解されない。すべての人を笑わせたいチャップリンは、このギャグをカットした。

テイク383まで、約二〇日間かけてカフェのシーンを撮影し終えた。この時点で一～二週間の撮影中断がある。恐らく、この間にカフェのシーンのラフな編集が行なわれていたと推測される。それまでも相当な量の撮影が行なわれていたので、アメリカのカフェで、文無しのチャーリーたちが苦労するという短編喜劇はできたはずだ。だが、チャップリンはこれだけでは満足せず、再び撮影作業に入る。

それにしても、なぜチャップリンは、カフェのシーンだけでは満足できなかったのだろうか。

この映画の撮影が始まった一九一七年四月は、アメリカの歴史上でも特別な月だ。アメリカを戦争に巻き込まないという公約で選ばれていたウィルソン大統領は、『移民』の撮影直前の四月二日に、第一次世界大戦への参戦を議会にはかる。それに先立つ二ヶ月前には、極めて排他的な「移民制限法」が成立していた。英語読み書き不能者の移民を許可し

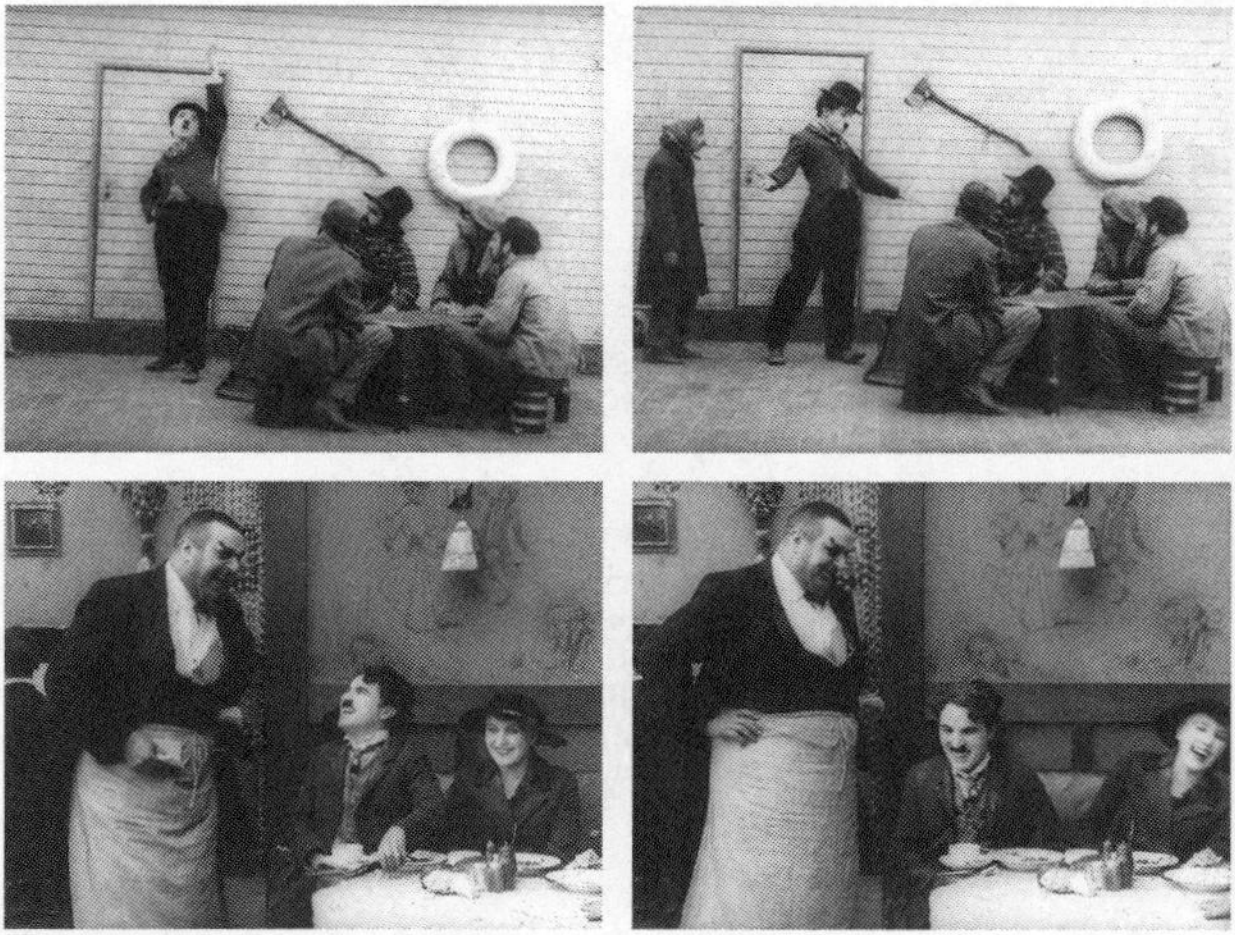

『移民』ＮＧフィルム。（上段）カットされた賭博の場面。（中段）笑いの絶えない現場だった。（下）スタッフに激怒するチャップリン

ないというこの法律の精神は、その前年に大統領本人が発表した、次のような声明において明らかにされている。「以前の国にしがみつく人々は、われわれの国民の生活のまさに大動脈に裏切りという毒を注ぎ込む。このような、感情、裏切り、アナーキーの生き物は抹殺されねばならない」。

加えて、いわゆる「スパイ活動制限法」でもって言論機関の自由な活動も制限され、国家をあげての戦争遂行体制が完成する。様々な愛国者団体が、外国人排斥のシュプレヒコールをあげた。果てには、平和主義をポリシーとしていたはずのコロンビア大学学長ニコラス・マレイ・バトラーさえも、「かつて単に愚かな振る舞いとしてすんだことは、非常時においては反逆なのである」と戦争のための団結をアピールする。「自由の国アメリカ」「移民の国アメリカ」が、第一次大戦をめぐる状況のなかで変質していったのだ。

このような状況のなかで、チャップリンは、パリのカルティエ＝ラタンのボヘミアンなどというすでに流布された抽象的なイメージから、徐々に一九一七年当時のアメリカの現実に根差した具体的なテーマへと、その考えを移行させていったのだろう。

チャップリンは、さらにアメリカの現実を、そして自身の現実を追求していく。言うまでもなく、チャップリン自身、一九一二年一〇月二日にオセアニック号でアメリカに出発した英国人移民なのだ――ここでようやくチャップリンは、傑作喜劇『移民』の本当のテーマに辿り着く。そう、チャーリーたちは移民だったのだ。

チャップリンは撮影を再開し、テイク384から船上のシーンの撮影に入った。船上のシーンの撮影は順調に、ほぼ完成版の順番通りに進んだようである。大きく揺れる船は“Wontdetania”という一九一〇年初演のカーノー劇団の寸劇にも出てくるが、喜劇の格好の舞台だった。

結局、わずか二三分ほどの短編喜劇『移民』の撮影のために、チャップリンは四〇日間もの時間を費やした。

この間、「パリの芸術カフェでのボヘミアンたちのペイソス」といった、当初の抽象的なテーマを破棄し、レストランでの貧しい人々の苦労という現実的なテーマへと変わっていく。さらに「移民」の現実を描くことで、映画のテーマはアメリカ社会の深い部分を掘り下げていく。重要なことは、その思考のすべてを、チャップリンは最初から考えていたわけではなく、何度も撮り直すことで変更していったという点だ。

こうして獲得された『移民』の映像——例えば、係員にロープで縛られて不自由な体勢の移民たちが自由の女神を見る場面は、二一世紀の新たな帝国たるアメリカが主導するグローバル化にさらされている現代人の目には一層厳しく映る。

チャップリンは「笑いと涙とヒューマニズムの映画作家」であるとしばしば言われ、それゆえに敬遠する向きもある。だが、チャップリンの「ヒューマニズム」は、あくまで笑いや芸にこだわって、果てしない撮り直しの末に体得されたものであることはあらためて強調しておきたい。時代や国境を越えて響く彼の「メッセージ」も、磨き抜かれた身体芸に裏打ちされているからこそいまだ残酷なまでの強度と説得力を持つのである。

チャップリンの内なる「冒険」

『移民』を公開したあと、ミューチュアル社の最後の作品として、チャップリンは『冒険』（一九一七年）を製作する。「チャップリン・スタイル」が完成した『犬の生活』の直前に作られたこの作品。さぞ、その芽生えが見られるのだろうと思って見ると、いささか面喰らうに違いない。実は、この作品は追いかけっこにつぐ追いかけっこ、まさにキーストン調に先祖返りした作品なのだ。

簡単にストーリーを記しておこう。とある浜辺で、たくさんの警官が脱獄囚チャーリーを追いかけている。海を泳いで逃げたチャーリーは、桟橋で溺れていたエドナとその母、そしてエドナの恋人エリックを助け、エドナ邸のパーティーに招待される。エドナは自分の母を助けてくれなかった恋人エリックに愛想を尽かし、チャーリーと仲良くする。だが、嫉妬に狂ったエリックは新聞記事でチャーリーが脱獄囚であることを知り、通報。屋敷で警官との追いかけっこの末、チャーリーは逃げていく。

前作『移民』は一九一七年六月一七日公開だった。その後、『冒険』の封切まで四ヶ月あったのだが、当時彼のキャリアのなかで、次回作公開までこれほどの間があいたのははじめてのことだった。

このような苦心の末に完成した『冒険』は、チャップリン短編映画のなかでも、もっともよく知られた人気作の一つだ。映画史家グレン・ミッチェルによると、ヴィデオが普及する前に家庭での映画鑑賞の主な手段だった八ミリプリントで、『冒険』は多く出回っていた。

他方、作品そのものの評価はそれほど高くはない。ゆっくりとしたテンポで個性を見せるチャップリンらしさはあまり見られず、旧来のアメリカ式ドタバタ喜劇へと退行している。実際、この作品の全二三五ショットのうち、追いかけっこはなんと八二ショットを占めている。また、前作『移民』が一ショットあたりの時間が約八・三秒だったのに対して、『冒険』は一ショットあたり約五・二秒である。これらの数字を見ても、『冒険』が、テンポの早いキーストン調に戻っていることが分かる。

ギャグも追いかけっこが中心で、チャップリンの物真似芸人のなかでもっとも有名な存在であるビリー・ウェストも、『冒険』のなかの、逃げているときに頭にランプシェイドを被って身を隠すギャグを模倣している。模倣は人気の証左だが、逆にいうと模倣を許すほど単純なギャグだったというわけだ。

キーストン調への先祖返り。模倣を許した安直さ——チャップリンは、『犬の生活』の直前に、なぜこんな作品を作ったのだろう。

その謎を探るために、『冒険』のNGフィルムを見ることにしよう。

『冒険』のNGフィルムで、現存する最後のテイクは、テイク814である。『移民』に引き続き、四〇日間以上かけて撮影が行なわれた。残された膨大なNGフィルムのなかで、完成版では結局使われなかった注目すべきシークエンスが二つある。一つは、テイク402から418までの「手相のシークエンス」、もう一つは、テイク419からテイク528までの「スペインダンサーのシークエンス」である。それぞれ以下のような内容である。

手相のシークエンス――ダンスルームの長椅子に座っているチャーリーとエドナ。チャーリーが「手相を見てあげよう」とエドナの手を取る。そのうちチャーリーはエドナの手をさすったり、くすぐったりし始めたので、手相を見るというのは嘘で、単に体が触りたかっただけだということが分かる。

スペインダンサーのシークエンス――ダンスルームの長椅子に座っているチャーリーとエドナ。女性スペインダンサーが現れて、見事なダンスを踊る。チャーリーは、芸術には興味がないらしく、欠伸をしている。しかし、ダンサーが官能的に腰を振る振付を披露すると、チャーリーは喜んで手を叩き、ダンスに釘付けに。情熱的にウインクをするダンサー。微笑み返すチャーリー。エドナは、嫌悪の表情だ。チャーリーは二人の女性に挟まれて、どちらにも愛想よくしている。

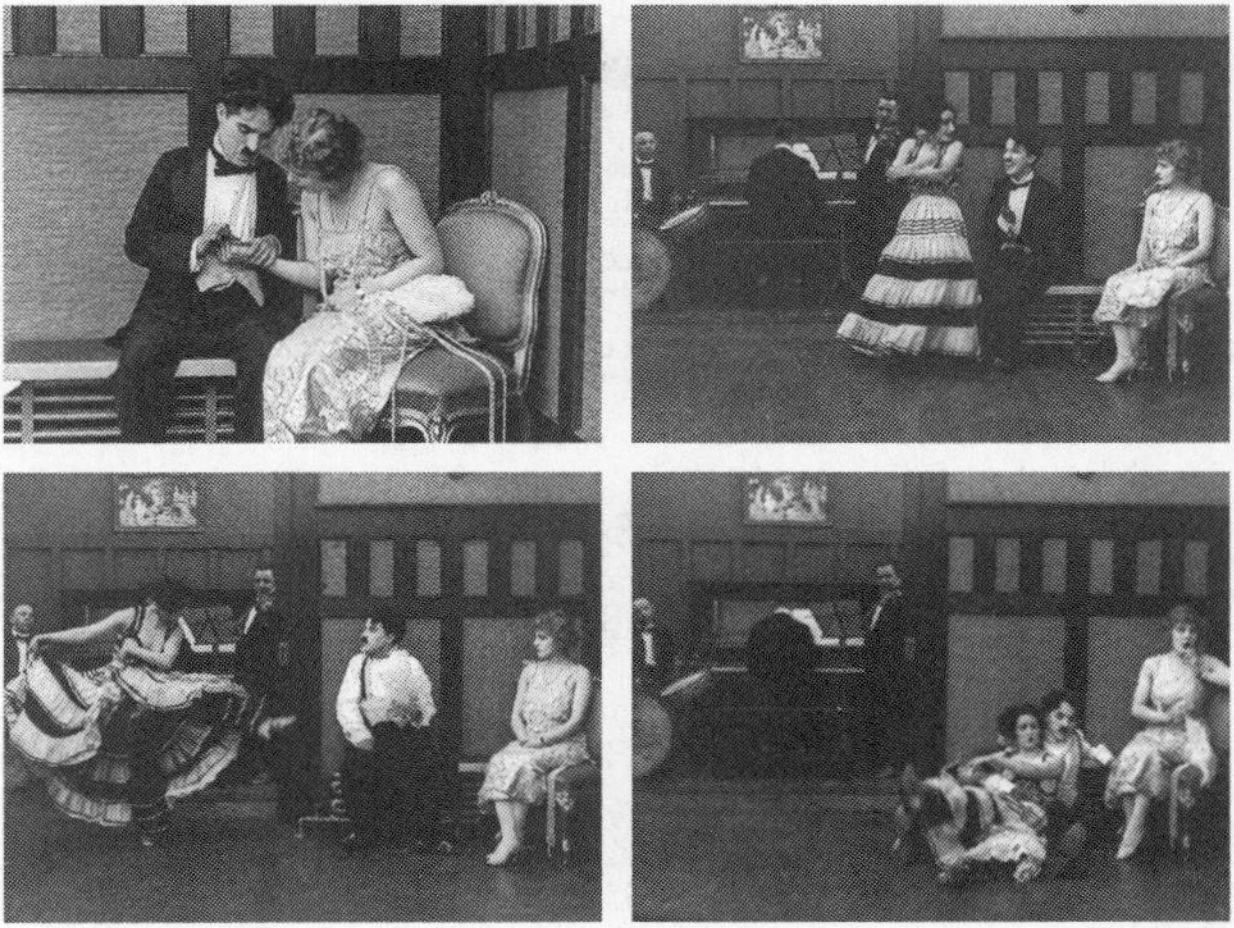

『冒険』NGフィルム。（上左）手相のシークエンス。他はスペインダンサーのシークエンス

やがて、ダンスに夢中になりすぎて興奮したのか、チャーリーの体がほてってきた。とくにお尻のあたりが熱い。チャーリーは、お盆を尻の下に敷く。しかし、体がほてった原因は、長椅子の下の暖房用ラジエーターの故障のせいだったことにあとから気付く。

完成版ではこれらのシークエンスは使われず、ダンスルームを使っている他のシーンは、（チャーリーと警官との追いかけっこのなかで、通り道として使われているのを除くと）わずか一〇ショットしかない。しかし、NGフィルムを見ると、ダンスルームの撮影に全体の七分の一強を費やしている。しかも、そのほとんどが、完成版では使われることのなかった、「手相」と「ダンサー」のシークエンスなのである。

チャップリンは、そのギャグをよりリアルに見せるために、テイク495からは、ラジエーターから蒸気を出してみたり、因果関係をはっきりさせるためにテイク514からは、大柄な女性と談笑している小柄な男性の足が無意識のうちにラジエーターのバルブを回してしまう演技も撮影する。チャップリンは、このシークエンスだけで少なくとも一〇九テイク以上にわたって撮り直しをしている。このような努力にもかかわらず、これらのギャグは実を結ぶことなく、廃棄されるのである。

この二つのギャグには共通点がある。それは、座ったままで演じるギャグだという点である。もし使われていたら、追いかけっこによるギャグが大半を占める『冒険』では個性的なギャグとなっていたはずだ。とりわけ「ダンサー」のシークエンスでは、女性のダンスへの興味、二人の女性に挟まれた男の心理、その心理状態を隠そうとする虚栄心など高度に内面的なギャグを、ずっと座ったままで丁寧に演じている。

チャップリンは追いかけっこのギャグではなく、じっくりと個性を見せるギャグを求めていたはずだ。では、なぜチャップリン・スタイルを確立する直前のこの時期に、この二つのギャグは廃棄されたのだろうか。

ここで、もう一度、完成版を見てみよう。すると、キーストン調の印象を与える数々のギャグのなかで、一つだけ異色のギャグがあることに気付く。中盤のアイスクリームのシークエンスだ。アイスを食べながら談笑するチャーリーとエドナ。しかし、チャーリーはアイスを自分のズボンのなかに落としてしまう。ズボンのなかをゆっくりと滑っていくアイス。窮地をエドナに悟られまいと必死に取り繕うチャーリー。アイスが落ちていくまで、一五ショット使って、チャーリーの表情と抑えた身振りでたっぷりと見せている。これも座ったままのシークエンスだ。

では、なぜ、追いかけっこではない、これら三つのギャグのうち、「手相」「ダンサー」は廃棄され、「アイスクリーム」だけが採用されたのだろう。

ここでチャーリーの性格について考えてみよう。これまで見てきたように、キーストン時代の弱者に残酷で女性に性的にいやらしい性格から、次第に、性的に無垢で弱者に優しいチャーリーへと変貌してきた。例えば、キーストン時代の『夕立』（一九一四年）では、主人公は画面に背を向けて女性の前に立ちはだかり、露骨ないやらしさで女性につきまとうというシーンがあった。しかし、後の『犬の生活』では、エドナ扮するキャバレーの歌手が、チャーリーを色気で誘惑しようとウインクを繰り返すが、あくまで性的に無垢なチャーリーは、ウインクを見て、目にごみでも入ったのかと勘違いするばかりだ。

チャップリンが目指していた放浪紳士チャーリーのキャラクターを考えると、なぜ「手相」「ダンサー」のシークエンスが廃棄されたのかが分かる。それらは、確かにスローテンポの演技ではあったが、性的にいやらしいギャグだったからである。「手相」では、チャーリーはエドナをそそのかして体に触れようとするし、「ダンサー」では、女性の腰の官能的な動きに魅了される。フランスの映画批評家アンドレ・バザンは、チャーリーは「女性に対する劣等感に苛《さいな》まれる」存在であると言った。だとすれば、二人の女性の気を引きながら、うまくバランスをとる男は、チャーリーとは程遠い。

対して、アイスクリームのシークエンスはどうだろう。チャーリーのズボンから落ちたアイスは、下のテラスにいる美しく着飾った恰幅のいい婦人の背中に命中する。これについては、チャップリン自身が、「人々は何を笑うか」（一九一八年）というエッセイのなかでコメントを加えている。「もしアイスクリームを、例えば、掃除婦の背中に落としたら、生まれるのは笑いではなくて、同情だろう」。そうではなくて、チャーリーはアイスを金持ちの貴婦人に落とした。金持ちに対する庶民のささやかな抵抗。これこそ、チャーリーの性格だ。

結果的に、『冒険』は追いかけっこ中心の先祖返り的な映画になってしまったが、その陰で、チャップリンは、性的なギャグを切り捨てることで、新たなチャーリー像を作り上げるべく模索していたのだ。

これらを考え合わせると、われわれは単に『冒険』を、模倣を許した失敗作として片付けることはできなくなるだろう。NGフィルムを丹念に調べることによって分かることは、『冒険』が『犬の生活』を生むために必要な踏み台だったということである。この映画は、模倣のできない独創性の高みへと達するための、内なる「冒険」に満ちた失敗作なのだ。

ところで、「模倣」の話題ついでに、著作権の問題について触れておく。

当時はまだ、映画の著作権の概念がしっかりとは確立されていなかった。チャップリンが去った後、エッサネイは『チャップリンのカルメン』を、レオ・ホワイトが追加撮影・編集し、作品を二巻から四巻に伸ばして公開した。その報せを聞いてチャップリンはショックで二日間寝込んだ後、訴訟を起こす。エッサネイのスプアは「チャップリンが編集した二巻版は不出来だったので、私たちが四巻にした。興行的成功は、私たちが正しかったことを証明している」と無茶苦茶な主張をした挙げ句、チャップリンは裁判に負けた。そのこともあって、チャップリンは作家としての権利を守ることの大切さを考えるようになった。現在も、一九一八年以降のチャップリン撮影所で作られた作品は、すべてチャップリン家の会社であるロイ・エクスポートが著作権を管理している。

もう一つ大切な権利は、「チャーリーの肖像権」「チャーリーというキャラクターの商標権」だ。

当時、チャーリー人気にあやかって、おびただしい物真似芸人が登場していた。先ほど触れたビリー・ウェストはその代表格だ。ウェストは、風貌からチャップリンに似せるために、寝るときには髪をカールにし、ヴァイオリンを左利きで練習したという徹底ぶりで、

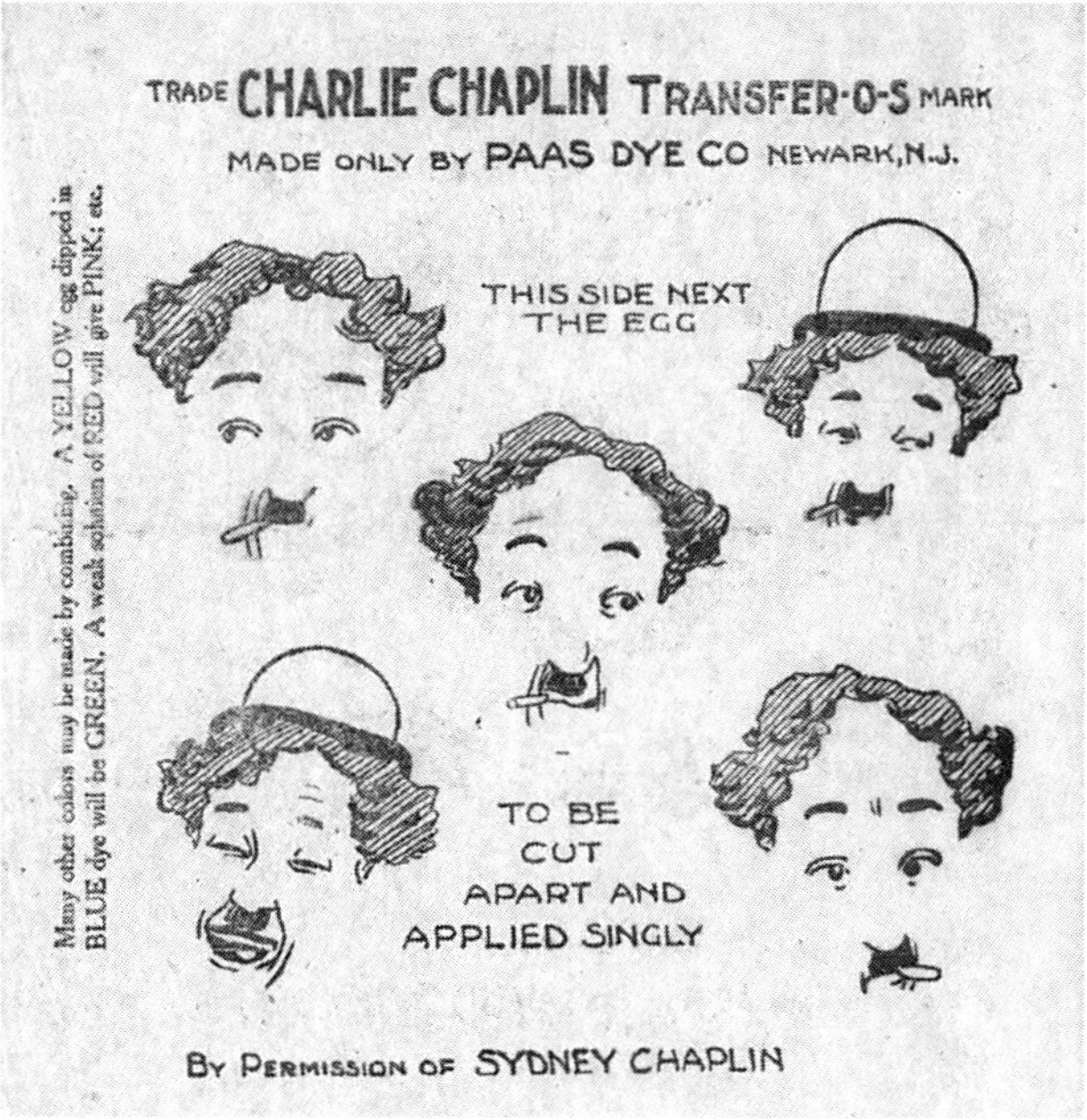

1917年に認可されたチャップリン・グッズ

一九一七年以降、チャップリンの模倣映画を約五〇本製作した。ややこしいことに、チャップリンと一九一五〜一六年に共演していたレオ・ホワイトが、ウェスト映画にも出演しているので、一見本物のチャップリン映画と見分けがつきにくい。実際、一九八〇年代に、ウェスト映画がヨーロッパで、「チャップリンの未公開作品発見」と大々的にTV放映されたこともあった。ウェストのほうが顔が四角いなどの見分け方はあるものの、なかなかよくできたそっくりさんである。

他にも多くの物真似映画俳優がいたのだが、一九一七年にメキシコのチャーリー・アップリンなる物真似俳優相手に訴訟を起こし、チョビ髭に山高帽という放浪紳士チャーリーのスタイルはチャップリンのものであることを司法に認めさせた。生身の人間による「キャラクター」肖像権の確立という意味で画期的な裁判である。このことは、後のウォルト・ディズニーによるミッキーマウスをはじめとするキャラクター・ビジネスの礎を築いた。いわば、チャップリンは、二一世紀の今や一大産業となっている「イメージ・キャラクター」の概念の創設者でもあるのだ。

〈放浪紳士チャーリー〉の完成

独立──チャップリン撮影所建設

すでにミューチュアル社において、世界最高のサラリーを貰う映画人であり、専用のスタジオをあてがわれて、映画作りに十分に時間をかけられる環境にいたチャップリンだったが、その完璧主義をまっとうし自分の納得のいく作品を撮るためには、完全な自由と独立性が必要だった。チャップリンはミューチュアルからの契約更新の申し出を断って独立を選択し、自前の撮影所を建設することにした。

そんなわけで、ミューチュアル社との契約満了後、ファースト・ナショナル社と自作の配給については一年間一〇〇万ドルという破格の契約を結んで独立を果たした。サンセット大通りとラ・ブレア・アヴェニューの角の、R・S・マクナレン夫人が所有していた二万平米の土地を三万四〇〇〇ドルで購入し、合計一〇万ドルの投資をして、一九一七年一一月に建設を開始。もとオレンジ畑だった閑静な土地ゆえ当初地元住民は反発したが、外観を英国式の落ち着いたデザインにすることで、住民も歓迎した（地域投票結果は、八対一で賛成）。

撮影所完成を記念して、一九一八年一月に見学会を開催し、二〇〇〇人が訪れた。しかし、記者に化けた二人の男が製作会議を盗み聞きしているのを取り押さえると、セットのスケッチやストーリーのノートなどが出てきて、業界のスパイであることが判明。以降、チャップリンは製作において秘密主義を貫くこととなる。喜劇王はここで一九五二年の『ライムライト』まで製作を続け、物価の高くなった一九三九年に兄シドニーが土地建物を売却して必要な時だけ借りればいいと提案しても、「撮影所がなくなればどこで演技をすればいいんだ」と耳を貸さず、自分だけの城を維持し続けた。

敷地の北端に、前の持ち主が住んでいた一〇室のベッドルームを持つ邸宅があったが、質素を旨とするチャーリーは引き続きロス・アンジェルス・アスレティック・クラブの二部屋のスイートに滞在し、結局、撮影所内の邸宅には兄シドニーとミニー夫妻が住み、のちに秘書の高野虎市が住んだ。娘のユリコは、撮影所の敷地でチャップリンにローラー・スケートなどをして遊んでもらったことをよく覚えている。筆者が撮影所の写真を見せると、「ああ、わたしの家だ」とつぶやいた。

撮影所は、一九五二年にチャップリンがアメリカを離れた後、テレビスタジオを経て、A&Mレコードのスタジオになり、『ウィー・アー・ザ・ワールド』など名曲が録音された。今はパペットで有名なジム・ヘンソンのスタジオとして使用され、カエルのカーミットの人形が放浪紳士の扮装で帽子をあげて、喜劇王に敬意を表している。

『犬の生活』――〈放浪紳士チャーリー〉の完成

こうして自前のスタジオで心ゆくまで映画製作に没頭できる環境を手に入れたチャップリンは、満を持して『犬の生活』にとりかかった。浮浪者のチャーリーと野良犬のスクラップス、そしてキャバレーで虐げられている薄幸の少女エドナ――社会の底辺にいる三者が、力を合わせて生きて行く様を描く、まさに「放浪紳士チャーリー」のイメージを確立させた記念碑的作品だ。

本作は、一九一八年一月一五日に製作開始された。撮影中のタイトルは、「心配無用（I Should Worry）」だった。撮影は順調に進み、四月九日までのうち休日を除く七六日間の製作期間中、五九日間キャメラをまわした。本作の主役である犬については、チャップリンはエドナが連れてきた可愛いポメラニアンを採用せず、ロス・アンジェルス野犬場から二一匹の犬を集めた。一月二三日以降、撮影日誌に犬の餌の値段が記されている。

犬について、秘書の高野虎市は面白い回想をしている。それによると、最初の犬がチャップリンの演技指導の厳しさのあまりノイローゼになって死んでしまい、喜劇王は「同じ犬を探してこい」と無茶を言った。高野たちは一日中探し回って背格好が同じ犬を見つけたが斑《ぶち》がない。そこであちこち嚙みつかれながらドーランで斑を描いたという。

高野は話を面白おかしく誇張する癖があったのでそのまま受け取ることはできないのだが、撮影日誌にはそれを裏付けるような記述がある。一月三〇日以降、犬の「チャーズ・ジー」に端役俳優の倍のギャラである一日五ドルが支払われており、二月四日まで続いている。が、二月五日に犬の記述はなく、翌日六日から犬の名前は「マット」になっている。ひょっとしたら、マットが高野たちの見つけてきた新しい犬だろうか。雑種のマットはチャップリンになついた。撮影中にチャップリンのお尻に嚙みついた時、ズボンが破けたのを見て、高野が衣装を取り替えようかと申し出たところ、「きっとこの犬は、チャーリーは浮浪者らしくもっとぼろぼろの服を着ろと言ってるのだろう」とチャップリンは言って、そのまま演技を続行した。犬の経費のなかで面白いのは、二月二六日の「犬のウィスキー代六〇セント」である。作中でマットがチャップリンの枕になって動かないシーンがあるが、マットはどうやらウィスキーを飲んで寝ていたようだ。

チャップリンの完璧主義は日誌の備品からもわかる。二月五日に兄シドニーとホットドッグ屋台のシーンの撮影が始まるが、店主の目を盗んで次々とパイを食べる演技のために翌日小道具のパイを五〇個用意している。

二月九日の日誌には、「チャップリンはストーリーを変更し、一日中ギャグを喋り続けた」とあり、突如『犬の生活』を棚上げする。そして、二月一一日には、「ウィグルと息子」というタイトルで五一六フィート撮影。小道具係にカタツムリ六匹と塩を用意するように告げ、その日はドーナツ、コーンスターチ、肉、コーヒー、ソーセージなどが小道具として使われたようだが、いったいどんな作品を撮ろうとしていたのか見当もつかない。いずれにせよ、その翌日には何事もなかったように『犬の生活』に戻った。

三月二二日に一通りの撮影は終わり、翌日から編集が始まるが、二四日と二八日に再撮影された。最後の撮影では、店先の階段にチャーリーとマットが座って、マットの尻尾にミルクをつけてぺろぺろなめる可愛いシーンを思いついて追加撮影した。二人の絆は深く、撮影終了後にチャップリンは戦時公債キャンペーンのためにワシントンに赴くのだが、主人と別れたマットは餌を食べなくなり、四月二九日に死んだ。撮影所敷地内に埋められ、「傷心によって死去」と記された。

『犬の生活』において、こんにちの私たちの誰もが「チャップリン」といえば思い浮かべる、あの心優しい放浪紳士チャーリーという永遠のキャラクターが完成を見た。チャーリーは、職業安定所での仕事にもありつけず、寒い中路上で寝ている底辺の存在だ。ウィンナーを盗んで空腹を満たす——そんな、生きて行くための最低限の悪事も、警官に見つか

犬の生活　A Dog's Life（1918）

製作・監督・脚本・編集・再公開時の作曲／チャールズ・チャップリン

浮浪者チャーリーは、職業安定所に行っても仕事はなく家もない。ある日、野良犬の群れにいじめられている一匹の犬スクラップスを助けて、一緒に生活を始める。ホットドッグ屋（シドニー・チャップリン）の目を盗んで盗み食いする二人。酒場にくり出して、主人から酷い扱いを受けている歌手（エドナ・パーヴァイアンス）とも親しくなる。

その後、スリが隠した財布を、スクラップスが掘り当てる。一度はスリに横取りされるが、スクラップスの活躍で見事に財布を取り戻す。チャーリーとエドナとスクラップスは郊外にささやかな家を構え、愛に満ちた家庭を築くのだった。

製作開始／1918年1月15日　製作終了／1918年4月9日　封切／1918年4月14日
長さ／2674フィート
再公開／『チャップリン・レヴュー』として1959年9月24日パリのゴーモン・パレスでプレミア上映。ユナイテッド・アーティスツ配給

『犬の生活』エドナ・パーヴァイアンス、犬のマット君と

ってしまう。だが、ここで警官に追いかけられるがなんとか逃げおおせるのがチャーリーだ。社会の弱者の象徴である小さなチャーリーと権力の象徴である大柄な警官のいたちごっこ。民衆のささやかな抵抗をシンボリックに描いて、大衆の共感を得た。

チャーリーの仲間は、同じく弱者である犬しかいない。そんな折、キャバレーでひどい扱いを受けているエドナに出会う。彼女からウィンクをされても、「目にゴミがついているのか」と勘違いする、イノセントな性格もチャーリーの特徴だ。やがて、ひょんなことから大金を手に入れて、三者は田舎に土地を買って幸せに暮らすのだが、そんなラストシーンも民衆の夢にすぎないのかもしれない。チャップリンは一九五九年に本作を再公開した時に音楽を作曲したが、ラストにいかにもハッピーエンドにふさわしい楽しい音楽ではなく悲劇的な旋律をあわせている。夢がかなったシーンに悲しい音楽をあわせたのは、虐げられた記憶の残響だろうか。ともあれ、どんな喜劇のシーンでも悲劇の透徹した目で描くのがチャップリンであり、『犬の生活』はそんなスタイルが完成した記念碑的作品である。

フランスの映画批評のパイオニアであるルイ・デリュックが、「シネマの初めての完全なる芸術作品」と呼び、喜劇映画がただの見世物とされていたときに、高級芸術と見なされていた舞台のなかで当時もっとも尊敬されていた女優ミニー・マダン・フィスクが「チャーリー・チャップリンの芸術」という文章を発表するなど、その芸術性が高く評価されはじめたきっかけともなった。

『公債』と『担へ銃』──チャップリンと戦争

前述の通り、すでに一九一七年四月にアメリカは第一次大戦に参戦していた。チャップリンが独立して撮影所を持った一九一八年は戦争の真っ只中《ただなか》だった。

チャップリンが生きていた一八八九年から一九七七年までのあいだは、帝国主義時代の植民地戦争から、第一次大戦、第二次大戦、さらには、米ソ冷戦、朝鮮戦争やヴェトナム戦争に至るまで多くの戦争が勃発した時代でもあった。チャップリン自身もそのいくつかに大きく関わり、また巻き込まれた。

彼の最初の戦争の記憶は第二次ボーア戦争だ。幼いチャーリーは、「多くの愛国歌や、寄席の寸劇や、煙草の箱に刷られた将軍たちの肖像によって」戦争のことを知った。歌や寸劇では敵のことはひどい扱い。みんな戦況に一喜一憂し、否が応でも国民の帝国意識は高まっていく。そして、イギリス軍がなんとか勝った時のことを、「母以外のみんなから聞かされた。つまり母は、戦争のことはなにも口にしなかったのである。彼女にはもっとほかに、自分自身の戦いがあったのだ」。

戦争の話題の代わりに、母は他のことを教えてくれた。あるとき熱を出して寝ていたチャーリーに、母はキリストの生涯を迫真の演技で演じて、チャップリンは感動のあまり声をあげて泣いた。その夜、母は「暗い地階の部屋で、生れてはじめて知る暖かい灯をわたしの胸にともしてくれた。その灯とは、文学や演劇にもっとも偉大で豊かな主題を与えつづけてきたもの、すなわち愛、憐れみ、そして人間の心だった」。

幼いチャップリンは、帝国主義的なテーマに満ちたミュージック・ホールで修業し、街中が戦争を礼賛する言葉で溢れているなか生まれ育った。しかし、「偏執的愛国熱」(『自伝』)なる虚しい観念に染まることなく、貧苦という現実と闘った。そして、その闘いを支えたのは、舞台女優だった母がくれたユーモアに満ちた笑いと人間味溢《あふ》れる愛の灯だった。この幼少時代の体験は、チャップリンの人生を貫く戦争観となる。

第一次大戦は、チャップリンが世界的人物となってから最初に起こった大戦争だが、彼はさっそくこの戦争に巻き込まれた。

ことの発端は、一九一五年春にローズ・ワイルダー・レインなる人物が、チャップリンにインタビューをして、無許可で伝記を出版したことに遡る。当然、チャップリン側の抗議で出版は差し止められたのだが、イギリスでの「出版権」を勝手に購入していた新聞社が、せっかくの儲け話を差し止められた腹いせに、「チャップリンは兵役拒否をしている」と誹謗中傷キャンペーンを張ったのだ。イギリス政府もそのような事実はないと声明を出したが、新聞のキャンペーンはやまず、脅迫の手紙が舞い込むようになったため、チャップリンは志願して徴兵事務所に行った。健康診断を受けたところ、体重不足で兵役不適格となり、そのことでようやく騒動は収まった。

むろん、このような心ない中傷は、実際に戦場で戦う兵士たちからは、まったくなされなかった。フランスでは「シャルロ（チャーリーのフランスでの愛称）は戦場で生まれた」という言葉があるが、前線基地でのチャップリン映画上映会は、兵士たちの一番の楽しみで、「シャルロを見たか？」というのが戦場での合い言葉だった。野戦病院の医師たちは、重傷の兵士に生きる望みを与えるために、チャップリンの直筆サインを求めてきた。陸軍病院では寝たきりの兵士のために、床に映写機を置いて、天井にチャップリン映画を映した。チャップリンを見て笑っているあいだは兵士たちも傷の痛みを忘れるのだ。

「兵役拒否」バッシングは、チャップリンの人気になんの影響も及ぼさなかったが、彼の心は傷つき、「愛国心」の名を借りた集団ヒステリーの恐ろしさを初めて体験することになった。

『犬の生活』完成後に、チャップリンは戦時公債募集キャンペーンの旅に出た。のちに「愛国心は害毒だ」（一九三一年の世界旅行中の発言）と語った彼がキャンペーンに参加したのは不思議に思われるかもしれない。兵役忌避騒動の痛手もあり、これ以上の中傷を避けたかった思いもあっただろうし、当時のスターはある種の有名税としてこの役割を演じなければならない状況であったことは確かだ（チャップリン家資料庫には各方面からの強い要請の書類が残っている）。むろん、前線の兵士を勇気づけたい感情もあった。結局のところ、スターの性《さが》で、キャンペーンで演説をした時の大群衆の歓声にチャップリンは大いに満足した。

キャンペーンが終わってハリウッドに戻り、一九一八年五月から『担へ銃《つつ》』（一九一八年）に取り掛かった。

当初、チャップリンは次のような三部構成を考えていた。「第一部／口やかましい妻や子供と暮らすチャーリーが徴兵検査を受ける」「第二部／戦場」「第三部／皇帝を生け捕りにしたチャーリーをヨーロッパの君主たちがもてなす祝宴。最後は、『全ては夢だった』と新兵訓練所の現実に戻る」。

しかし、第一部は撮影されたがお蔵入りになり、第三部は撮影すらされなかった。第一部については、近年発見されたNGフィルムのなかにその全貌が残っている。シーンは、三人の子供を連れたチャーリーが酒場に入って行き、その間子供たちは外で待たされているところから始まる。帰宅したチャーリーが台所で家事をしていると、画面外からフライパンや皿が飛んでくる。それをよけながら、チャーリーは（画面には見えない悪妻に）必死に謝りつつ家事にいそしむ。そこに召集令状が来て、チャーリーは戦場へと赴く。

徴兵検査では、健康診断のために上半身裸になったチャーリーがドアを間違えて女性のいる事務室に行ってしまい、ばつの悪い思いをする。その後、検査室に入るが、この場面は、医者役のオースティンとチャーリーのシルエットだけが映る。探針を喉にいれて診察しようとするが、勢い余って、チャーリーは飲み込んでしまい、医者が釣り針で胃の中からつり上げるというギャグだ。場面すべてを影絵のようにシルエットだけで演じる楽しいシーンである。

これは、一九一〇年にカーノー劇団が上演したパントマイム劇『影と光による道化劇』をモチーフにしている。チャップリンは一ヶ月かけてこれら第一部を撮影したが、その後すべて廃棄した。その自己検閲の厳しさを思い知らされる。

結局、第二部の戦場だけが撮影された。当初予定されていた『カムフラージュ』というタイトルからも分かるように、中盤の木に変装したチャーリーのシーンがメインだったようだ。チャップリンは暑さの中、四日間汗だくになり木の着ぐるみシーンを撮影した。『担へ銃』でチャップリンが描いたのは「戦闘行為」ではなく、「戦場の兵士たち」、すなわち人間だった。仲間とともに前線の塹壕にいる兵士チャーリー。ネズミが出る不衛生な環境で、粗末な食事に耐えている。雨が降ると塹壕のなかはベッドまで泥水につかる。そんななか楽しみにしている故郷からの手紙も、身寄りのないチャーリーだけには来ない。他の兵士の手紙を盗み読みして一喜一憂するチャーリー。チャーリーにだけ郵便物が来ないシーンに、多くの戦争経験者が涙した。他方、故郷から送ってきた臭いのきついチーズ

『担へ銃』

担へ銃　Shoulder Arms（1918）

製作・監督・脚本・編集・再公開時の作曲／チャールズ・チャップリン

「回れ右」すら満足に出来ないのろまな兵隊チャーリー。休憩になるとすぐに眠りこけてしまう。

場所を変えてここは戦場。激しい戦闘のさなか、戦友に来た手紙を横から覗き見してともに喜び、大雨で水びたしとなった塹壕で故郷を思い出す。

その後、決死隊の一員になってしまったチャーリーは、木の幹に変装し敵陣へと潜入。フランス娘（エドナ・パーヴァイアンス）と出会うが、娘は敵兵に捕まってしまう。チャーリーは娘を救出し、将校に変装して敵の皇帝を生け捕りにして英雄になる……。

と、テント内で眠りこけているチャーリーを軍曹がゆすり起こす。全ては夢だった。

製作開始／1918年5月27日　製作終了／1918年9月16日　封切／1918年10月20日　長さ／3142フィート

再公開／『チャップリン・レヴュー』として1959年9月24日パリのゴーモン・パレスでプレミア上映。ユナイテッド・アーティスツ配給を敵陣に投げてパニックに陥れるシーンがあるが、「チーズの臭い」はミュージック・ホールの代表的なギャグであり、そんなところにも舞台の影響が見られる。ちなみに、一三人の敵を一人でどうやって捕まえたのかと問われて、「包囲しました」と答える字幕は、第一次大戦の戦場でもっとも流行したギャグとなった。

結果、『担へ銃』は、映画史上はじめてリアルな塹壕をスクリーンに登場させ、戦場での兵士の現実を描き、それまでに例のない厭戦気分漂う作品となった。実際には戦場に行ったことのないチャップリンが、ここまでリアルに前線の悲哀を描けたのは、やはり幼少の頃の「生活との闘い」があったからだろう。本作は熱狂的に支持され、それまでで最大のヒット作となった。

『担へ銃』の撮影中に、チャップリンは作業を一時中断して、公債販売促進のために依頼された短編『公債』(一九一八年)を手早く撮りあげている。公債を買って敵の皇帝をやっつけようという他愛ない寓話だが、背景の、明らかにドイツ表現主義を模したセットが目を引く。対ドイツのプロパガンダにもかかわらず、ドイツ文化やドイツ人に対しての尊敬を表明しているわけだ。

戦闘行為を描くのではなく、兵士の悲哀を描く。敵国であってもその文化や人に敬意を表し、戦争そのものを憎む――チャップリンの反戦の思いは一貫している。

『サニーサイド』と『一日の行楽』――最初の結婚とスランプ

『担へ銃』の完成直後、チャップリンは一九一八年一〇月にミルドレッド・ハリスと結婚した。チャップリンが当初ミルドレッドに興味を持った理由は、彼女が初恋のヘティに似ていたことだったと推測される。子役あがりで映画界を知り尽くしていた女優のミルドレッドとその母は、ハリウッドでもっとも金持ちの独身男性であるチャップリンを射止めるために様々な手を尽くし、最終的には「妊娠した」と嘘をついて結婚にこぎつけた。

かような結婚が仕事にいい影響を与えるはずもなく、チャップリンはひどいスランプに悩まされるようになる。

一九一八年一一月四日から始まった『サニーサイド』（一九一九年。当初の仮題は「何でも屋ジャック」）の製作は遅々として進まず、秘書の高野虎市らと航空ショーに行ってその様子をフィルムに収めるなど映画とは関係ないことを続けた挙句、クリスマスの後六週間にわたってチャップリンが撮影所に姿を現さないという異常事態にまで陥った。しかし、一九一九年三月中旬に突如猛然と撮影が再開され、なんとか形になった。

『サニーサイド』で特筆すべきは、ニジンスキーに感化されて取り入れたバレエ・シーンだ。少年時代はダンスの家庭教師をして稼ぎ、木靴のダンス・グループ「エイト・ランカシャー・ラッズ」で巡業していたチャップリンは、生来のダンサーだった。ニジンスキー当人も何度か撮影所を訪れて、「あなたの喜劇はバレエだ」と絶賛した。実際、チャップリンは納得いく演技ができたときに「今のダンスはうまくいった」と言うなど、演技をダンスにたとえていた。

チャップリンも一九一六年末に行なわれたニジンスキーのロス・アンジェルス公演を見ている。『自伝』にはチャップリンがニジンスキーの楽屋を訪れた時に、ニジンスキーは開演を三〇分遅らせて話し込んだとあるが、実のところニジンスキーはその日の予定にはなかった代表作『牧神の午後』をチャップリンに見せるために舞台監督に準備をさせており、時間稼ぎのために話し込んでいたのだった。チャップリンは『牧神の午後』に衝撃を受けた。後述の通り、ニジンスキーとの出会いは、後年の傑作『ライムライト』へとつながっていく。

『サニーサイド』の舞台は、田舎のホテル兼食堂・売店を兼ねた「何でも屋」だが、当初のプランには床屋のシーンもあった。床屋のギャグはミュージック・ホールの定番で、『サーカス』のコントにも登場し、もちろん『独裁者』では彼は床屋を演じている。兄シドニーも主演作『キング、クイーン、ジョーカー』(一九二一年)で床屋を演じた。

『サニーサイド』の床屋のNGフィルムはテイク235から始まる。床屋の椅子に座るオースティン。椅子にあいた穴から鼠が現れ、オースティンの右耳元でこそこそと動き、や

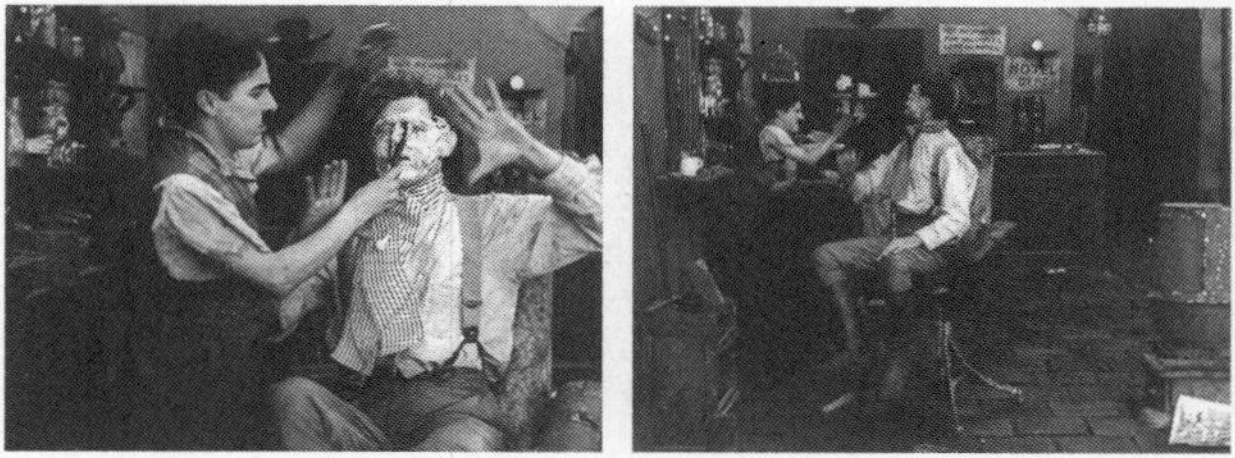

『サニーサイド』ＮＧフィルム。散髪のギャグ

がて気付いて驚くというギャグが八〇テイクにわたって撮影された。

テイク３１８では、床屋の椅子に座るオースティンの顔全体にチャーリーがクリームを塗っている。さて、髭を剃ろうとしたときに、エドナが買い物にやってきて、後ろのカウンターで話している。その後、チャーリーとエドナが話し込んでしまい、顔にクリームを塗られたままのオースティンが激怒しているというギャグも撮られている。だが、これらは全てカットされた。

完璧主義者チャップリンはその日撮影したラッシュ・フィルムを夜に見て、気に入らなければ翌日撮り直すという作業を繰り返した。ある晩、『サニーサイド』のラッシュを見ていた時、フィルムに白いものが映っている。「あれは何だ？」と聞かれた秘書・高野虎市には思い当たる節があった——カットされたシーンに出て来るハツカネズミが繁殖したのだ。スタッフは総出でネズミを駆除した。

細かい点だが、本作の伊達男の靴に注目したい。途中までは革靴で、足首から上は布で出来ており、ボタンで留める。この古風な靴は、チャップリンが幼少の頃にミュージック・ホールのスターたちが履いていたものだ。『ライムライト』でもカルヴェロがこれを履いており、酔ったカルヴェロの靴を舞台から戻ったテリーが脱がせる場面ではっきりと見える。のちにパートナーとなるポーレット・ゴダードはこの古臭い靴が嫌いで、出かける時に隠したこともあったが、そのたびにチャップリンは「あの靴でないと出掛けない」と癇癪を起こした。チャップリンは、女性から靴に至るまで、幼少の頃の憧れを生涯持ち続けていた。

『サニーサイド』が典型的なアメリカ喜劇だとすれば、フォードに乗って家族でレジャーに出かける『一日の行楽』もアメリカの平均的サラリーマンを描いた作品である。初期の他愛ないコメディに戻って、自動車、コールタール、大きく揺れる船などなど定番ともいえる装置を使って手早く作られた。チャップリンは、家族がいて行楽に出かけるという小市民を演じており、孤独な放浪紳士チャーリーのキャラクターからは大きく外れている。

『一日の行楽』(一九一九年)は、一九一九年五月二一日に「チャーリーのピクニック」という仮題で製作を開始するが、棚上げが決まる六月三〇日までにキャメラをまわしたのはわずか九日間。日誌には「本日撮影せず」の記述が並び、秘書もやることがなく「今日はいい天気」などと書いている。挙げ句の果てには、六月四日の欄に「ウィラードは本日昼寝をした」とあり、撮影所の猫の暮らしぶりを書かなければならないほど暇だったようだ

『サニーサイド』（上）、『一日の行楽』撮影風景（下）

（そしてこの間も、チャップリンは俳優とスタッフを拘束して給料を払い続けている）。
深刻なスランプから脱する気配はなかった。

『キッド』――史上初の〈世界的ヒット作《ブロック・バスター》〉

遅々として進まぬ撮影、不幸な結婚――そんな悪い状況のさなか、チャップリンはみずからのルーツに再会するような体験をする。その体験をきっかけに、初の長編喜劇であり、「ほほえみと、おそらくは一粒の涙の映画」という冒頭の字幕の通り、爆笑のあとにほろりとさせられる傑作『キッド』のアイディアを得ることになる。

一九一九年四月にロス・アンジェルスのオーフィアム劇場でジャッキー・クーガンの見事なダンスを見た。チャップリンは、四歳のジャッキーに、ちょうど五歳で初舞台を踏んだ自分の姿を見たに違いない。すぐにジャッキーの親に連絡を取り、翌日か翌々日にはジャッキーと初めて会って、アレグザンドリア・ホテルのロビーの片隅で二人きりで一時間四五分も遊んだ。「君は何をしているの？」と問われて、この天才子役は「僕は手品の世界で働く手品師だよ」と答えてチャップリンを驚かせた。ジャッキーとの出会いで多くのアイディアがひらめき、『キッド』の着想を得た。製作準備中の七月七日に、チャップリンの最初の子供ノーマン・スペンサー・チャップリンが生まれたが、重い障害を持った赤ん坊はわずか四日後に亡くなった。その一〇日後に『キッド』の赤ん坊役のオーディションを始めたので、両者を安易に関連づける評論家もいるが、『キッド』の準備はそれ以前から始まっていたので、二つの出来事は関係ない（そのような無根拠な関連付けを、チャップリンは嫌がっていた）。

一九一九年七月三〇日に撮影開始された時、仮題は「浮浪児《ウエイフ》」だった。チャップリン家の資料庫には（撮影が進んでからのコンティニュイティの整理表は存在するが）構想時のストーリー・メモなどは残っていない。本作は長編にもかかわらず、脚本を準備せずに思い浮かんだ順番に撮影するというデビュー以来のスタイルで撮影した。

日誌を読む限り、概ねストーリー順に撮影されたことが分かる。この大作を心ゆくまで撮影するために、どんな作品でもいいからはやく作品を配給したいファースト・ナショナル社の要請に応えるべく、棚上げしていた『一日の行楽』（この時の仮題は「フォード物語」）を一〇月七日から一九日までのあいだに手早くしあげた。途中、一〇月一四日から一九日までの六日間は、ボートを借り切って中間部を撮り、五〜六月に撮影していた自動車のシーンとつなげて完成させた。凡作の出来栄えに評論もいまいちだったが、『キッド』に自信を持っていたチャップリンは気にも留めなかった。

『キッド』の撮影中、チャップリンとジャッキー・クーガンは実の親子のように固い絆で結ばれていた。とくに期間前半はジャッキーの父が別の映画会社の作品の撮影中だったた

『キッド』撮影中、製作の遅れを心配する劇場主たちにジャッキー少年のダンスを見せるチャップリン

め、チャップリンがジャッキーの父親代わりでもあった。当時のスタッフの証言によると、チャップリンがジャッキーと遊ぶ時は、完全に子供の視線でものごとを見ていたという。二人の「子供」は一緒に遊び、ジャッキーが行方不明になりスタッフ総出で探したところいたずらで身を隠していただけだった時は、チャップリンは父親になってきつくおしおきをした（一九一九年九月一七日付日誌）。一二月になると、撮影中ではあったがジャッキーにクリスマス・プレゼントとして祖母に会うための休暇をあげた。作中の二人が実の親子のように見えるのは、普段の二人の、演技を超えた関係が投影されている。

ジャッキーは演技に天性の勘を持って

チャップリンの秘書・高野虎市に贈られたジャッキー・クーガンのポートレイト

おり、チャップリンが見せた手本をそのまま真似ることができた。キッドが窓ガラスに石を投げようとして後方に引いた手が、後ろからこっそり来た警官に触れる。キッドは警官に気づいて、石をさりげなく捨てて、警官の注意を他に引いているあいだに逃げ出す――これらの段取りを、チャップリンがやって見せた後、ジャッキーは三〜四回の稽古をしただけで、「段取りを飲み込んだばかりか、動作に感情を出すところまで習熟した」と、チャップリンは回想している。演技をするにあたって、動作の形の良さか感情の表現の一方が勝って他方に欠けることが多々あるが、ジャッキーはその両者を最大に魅せることができる名優だった。

孤児院に連れていかれそうになるシーンでは、当初、涙が出ずにチャップリンは困った。が、ジャッキーの父が「泣かないなら本当に孤児院に連れて行くぞ」と言うと、次のテイクで迫真の演技を披露。撮影後、喜劇王はジャッキーに「本当は孤児院に連れて行かないよ」と優しく言葉をかけると「知ってたよ、そんなこと。パパはふざけてただけなんだよ」と答えたというから、やはり大物だ。

ちなみに、このシーンの撮影現場を高野の妻の親族が見ていた。渡米直後の親族は、映画というものを知らず、なぜ大人たちが子供を泣かせて、次の瞬間には子供を褒めてるということを繰り返しているのか理解できなかった。

ジャッキーのその後について、少しだけ触れておこう。

本作で大スターになったジャッキーは、『オリヴァー・トゥイスト』（一九二二年）など次々似たような作品に主演するが、やはりチャップリンの演出を離れると魅力が生かされず、子役の宿命か一三歳の時には「老後」を迎える。両親は離婚。頼りにしていた父は死んでしまい、母はジャッキーの莫大なギャラを独り占めした。稼いだお金が実母との裁判費用に消えて生活に困窮した時は、チャップリンはクーガンに迷わず一〇〇〇ドルを渡した。ともあれ、その事件がきっかけで、米国で子役の権利を守る法律が制定され、今でもそれは「クーガン法」と呼ばれている。

後年はでっぷりと太って禿げ上がり、TVドラマ『アダムズ・ファミリー』のアンクル・フェスター役を演じた。映画史上最高に可愛いキッドが、最高に醜い老人を演じるという皮肉。それでも、自分の車のナンバープレートを「K・I・D」にして楽しんでいた。

一九七二年、アカデミー特別名誉賞受賞のために二〇年ぶりにアメリカに来た八二歳のチャップリンと五七歳のジャッキーが再会した。チャップリンの受賞の時、スタンディング・オヴェイションで迎えた満場の客席にジャッキーが満面の笑みで拍手している様子が映っている。喜劇王は、その後のパーティーで会ったジャッキーの妻にそっと耳打ちをした。「あなたの夫は天才ですよ」。

さて、『キッド』の製作も終盤に差しかかった一九二〇年五月三〇日から、空中飛翔シ

『キッド』

キッド　The Kid (1921)

製作・監督・脚本・編集・再公開時の作曲／チャールズ・チャップリン

赤ん坊を抱きかかえ慈善病院から出てくる若い女性（エドナ・パーヴァイアンス）。とある大邸宅の前に停まっていた高級車に赤ん坊を置き、「この孤児をお願いします」と置き手紙をして立ち去るが、その車は二人組の泥棒に盗まれてしまう。逃走中に泥棒たちが捨てた赤ん坊を偶然見つけたチャーリーは、一度は見捨てようとするが、手紙に気づき、優しく抱き上げあやすのだった。

五年後――チャーリーは、五歳になったキッド（ジャッキー・クーガン）となんとかその日暮らし。そんなある日、今や歌手として成功したエドナが下町にやって来る。エドナはわが子とも知らずにキッドにオモチャをわたす。それを悪ガキが取り上げたことから喧嘩となり、その疲れからか、キッドは病気になってしまう。

キッドが捨て子だったことを知った医者は、すぐに通報。役人によって孤児院に収容されそうになるが、チャーリーは必死に抵抗し取り返す。一方、エドナはキッドが実の子供だったと知って懸賞をかけて探す。その広告を見た簡易宿泊所の主人は、チャーリーが寝ている間にキッドを連れて警察へ駆け込んだ。

夜中にキッドがいないことに気づいたチャーリー。探し疲れて眠り込んだ夢の楽園でキッドと空を飛ぶ。そして夢から醒めて、キッド、エドナとめでたく再会するのだった。

製作開始／1919年7月21日　製作終了／1920年7月30日　プレミア上映／1921年1月21日ニューヨークのカーネギーホール　封切／1921年2月6日ニューヨークのマーク・ストランド劇場　配給：ファースト・ナショナル　長さ：5250フィート
再公開版／プレミア上映1972年4月4日ニューヨークのリンカーンセンター、フィルハーモニックホール　1973年にブラック社により世界配給ーンを含む「天国」シーン（日誌ではこのように呼ばれている）の撮影が行なわれた。そのシーンの撮影を最後に、ようやく一九二〇年七月に約一年にわたった撮影は終了となった。

編集作業に取りかかった八月三日に、ミルドレッドは離婚訴訟を起こした（十一月三日離婚成立）。チャップリンは『キッド』のフィルムが差し押さえられることを怖れ、撮影済みの全二七万八五七三フィートものネガ・フィルム（完成版の五三倍にのぼる長さだ）を持ってカリフォルニア州を離れ、ユタ州ソルトレイク・シティへ身を隠す。スタッフらとともにホテルに泊まり、部屋で編集作業に没頭した。当時のフィルムは可燃性だったため、ホテルの部屋での編集には細心の注意がはらわれた。

このような苦労の末に完成した本作は、当時世界五〇ヶ国以上で公開され、主要国で一九二四年までに公開されなかったのは、ソヴィエト連邦、ユーゴスラヴィア、コロンビアだけ（もちろんその後公開された）という、映画史上初の〈世界的ヒット作《ブロックバスター》〉となった。

誰もが指摘するように、『キッド』は困窮を極めて何度も孤児院に入れられたチャップリン自身のロンドンでの幼少時代の記憶がもとになっている。「ほほえみと、おそらくは一粒の涙の映画」である本作が、お涙頂戴の俗悪な代物にならないのは、幼少期の体験に基づいたリアリティとある種の残酷さが作品の底流を冷たく流れているからだ。

本作の冒頭は極めて卓抜したストーリー運びをしている。チャーリーが捨て子を拾ってから、その子を育てる決心をするまでのくだりで、チャーリーは子供をすぐに引き取ろうとはしない（そうしていれば、ただの安っぽい人道主義映画だ）。それどころか、逆にあらゆる手を尽くして何度も捨てようとする。あげくの果てには下水に流してしまおうかとも考える。だが、捨て子の母エドナの残した「この子をお願いします」という手紙を見て、子供を育てることを決心するのだ。

この一連のシーンに、人間の残酷さ、大人の身勝手さ、そして人の情けがすべて出ている。このように順を追って、丁寧にかつテンポよく語ることで、一人の男が赤ん坊を拾ってそのまま育てるという荒唐無稽な設定も、チャップリンの手にかかると説得力のある物語になるのだ。厄介な赤ん坊を一度は下水に捨てようと思うリアルさがあるからこそ、凡百の人情喜劇とは一線を画《かく》す。

幼いチャップリンは、一二歳で父が死んだ時、喪章をつけて酒場で花を売った。父が死んだというと酔客たちは同情して花を買ってくれるのだ。母はかんかんになって怒ったが、綺麗事だけでは生きていけない底辺の人々の現実は、窓ガラスをキッドに割らせて稼ぐシーンに投影されている（世界的な映画作家でもある北野武もこのシーンの残酷さを指摘している）。

終盤の「天国」のシークエンスは、ストーリーから飛躍していることもあり完成後議論を呼んだ。この突飛に見えるシークエンスさえも、社会の底辺にいる人たちのリアリティ

『キッド』。権力の象徴として登場する大柄の警官（トム・ウィルソン）

を反映したものであるように思える。羽の生えた汚れを知らぬ「天国」の住人が、欲に毒されて争いが始まる——ここの「天国」の描写の単純さ、ひねりのなさは、チャップリンが意図したことだろう。極貧の限界にある人々が想像できる「天国」とはせいぜいこの程度のもので、こんな単純な幸せを夢見ながら生きているというわけだ。

独立以降、『犬の生活』から『キッド』にかけて、放浪紳士チャーリーのイメージ、チャップリンの演出スタイルはますます洗練されたものとなった。チャーリーは、男手一つで捨て子のキッドを育て上げる。生きていくために悪事を働く二人を警官は取り締まるが、二人は決して捕まらない。初期作品に登場する警官を演じたのは大柄の俳優トム・ウィルソンだ。この警官もたった一人で登場する。つまり、権力の象徴というわけだ。

権力の象徴としての大柄の警官に、大衆の象徴としての小柄なチャーリーは、ささやかな抵抗を試みつつ、弱者なりの夢を見る。『犬の生活』では、夢とはすなわち彼の女性への憧れを具現化したエドナであり、『キッド』ではずばり「天国」を夢見る。「チャーリー」「警官」「エドナ」といった登場人物の個性でもって、「大衆」「権力」「夢」をそれぞれ象徴的に表すチャップリンのスタイルは、『犬の生活』から『キッド』にかけて完成を見た。

チャーリーを捨てる？——短編最後の日々と凱旋帰国

次章で述べるように、チャップリンはすでに一九一九年に、配給会社ユナイテッド・アーティスツを設立していたのだが、まだファースト・ナショナル社との契約が残っていたので、もう三本の短編を作らなければならなかった。ファースト社との最後の三本は、チャップリンのキャリアのなかで最後の短編喜劇である。

一九二一年二月六日に『キッド』が公開されたその九日後の二月一五日から『のらくら』（一九二一年）の撮影が始まった。ストーリーは初期短編でおなじみの成りすまし・人違いの喜劇で、撮影も順調に進んだ。

『のらくら』は、我が国では一時期「ゴルフ狂時代」という邦題で公開されたことがあった。実は当時アメリカは「ゴルフ狂時代」ともいうべきゴルフ・ブームだった。チャップリンはゴルフ嫌いだったそうだが、このブームを皮肉るような作品を手がけたわけだ。

それより以前に、かつて一度だけゴルフを題材にしようとしたことがあった。ミューチュアル末期に企画され、途中まで制作されたものの放棄された未完の作品「ゴルフ・リンクス」だ。この作品はほぼ完全な形でNGフィルムが残っている。以下に、詳細を紹介する。

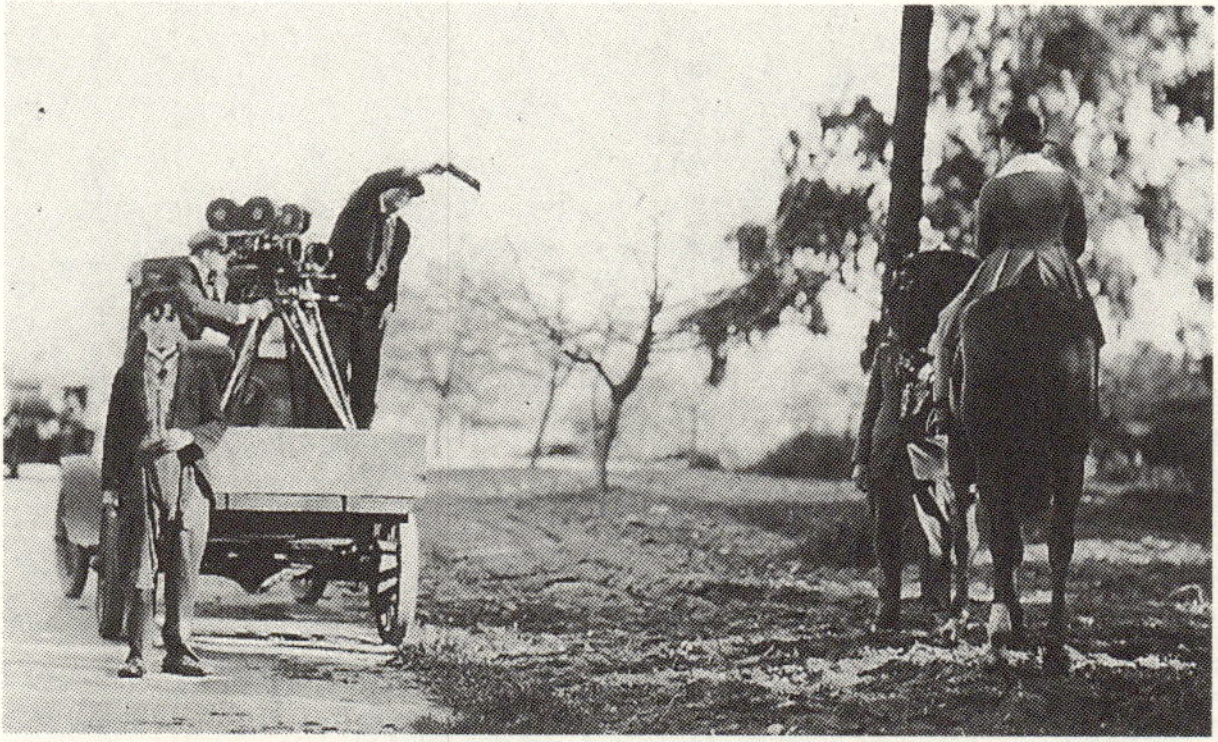

（上）『のらくら』撮影風景。（下）幻の作品「ゴルフ・リンクス」

「ゴルフ・リンクス」のテイク1は、「一五番ホール」のティー・ショットから始まっている。背後にこんもりと森が見え、ティーの左手にクラブなどを立てかける台がある。アルバート・オースティンがクラブを振り回しているが、空振りばかり。奥からチャーリーが近づいて、オースティンのそばにくる。オースティンはクラブを空振り。チャーリーは、ボールはティーの上にあるのに、あたかも高く飛んで行ったように目で追って、結局ストンと目をティーに落とし、「ここですよ」と言うギャグがある。

その後、あまりのへたさに見かねたチャーリーが手本を見せるが、オースティンの手をクラブで殴ってしまい、クラブが折れ曲がる。次に、チャーリーが振りかぶったとき、オースティンの頭をなぐってしまう。クラブの折れ曲がって丸くなった部分でオースティンの頭をひっかけて起こし、クラブをたてかける台にある水にひたすと意識が戻る。この演技を二日間、少なくともテイク22まで繰り返す。

テイク23以降は、場所をグリーンに変えての撮影。ホールの中にあるボールを取り出して、ぽんと放り投げて、ズボンの中に入れるが、足もとから出てボールはころころと転がる。再び拾い上げて放り投げ、バッグで受けて歩いて行く。

テイク36から、新しい場面、背景が木立のティー・ショットの撮影に入る。エリックがショットの準備をしてボールをティーにおいて打とうとした時、チャーリーがその様子を覗き込み、ティーからボールが転がり落ちる。その都度チャーリーは笑う。何度もそれが繰り返されるので、しまいにエリックはいらだってチャーリーに八つ当たりし、遠くに行けという。だが、どうしてもティー・ショットを打とうとするたびにボールが転がりおちるので、最後にエリックは怒って、クラブで打たずに足でボールを蹴り、チャーリーに悪態をついて走って行く。この演技は少なくともテイク46まで続く。大柄で強面なエリックが、小さいゴルフボールと格闘している様は、チャップリンらしい大小の対比を生かした面白いギャグだ。

放浪者がゴルフをするというミスマッチの面白さから撮影を始めたが、それ以上の発展はないと考えたのか、チャップリンはテイク46で撮影を中止した。

その四年後の『のらくら』では、チャップリンは放浪者と優柔不断でアルコール中毒の大金持ちとの二役を演じることになった。エリックとゴルフボールという単なる大小の対比からテーマが変化している。すなわち、「ゴルフ狂時代」という時事問題を扱った「ゴルフ・リンクス」から、『のらくら』（原題“The Idle Class”有閑階級）――すなわち、ヒマな金持ち紳士とヒマな放浪者の対比という皮肉を込めたテーマへ進化＝深化したというわけだ。

それにしても、「ゴルフ・リンクス」に使われた数々の秀逸なギャグは、『のらくら』には一つも出てこない。いったいどれだけのアイディアが湧き出て、どれだけの秀逸なギャグが捨てられていったのだろう。

この撮影中にチャップリンは母ハンナをアメリカに呼び寄せた。以来、八年後に亡くなるまで、ロス・アンジェルス近郊の海岸沿いの家に住まわせた。時折訪れた人々を、ミュージック・ホール時代の歌や寸劇で楽しませているハンナは、傍目から見て正気に見えたという。しかし、ある訪問客が手のアザのことを尋ねた瞬間、テーブルにあったパンをすべてポケットにしまい込んだ。実は、アザは貧民院でつけられた印であり、アザのことを聞かれた瞬間にその時の記憶がよみがえりパンを幼い子供達に食べさせるために隠す動作をしたのだった。

『のらくら』の完成後、一九二一年八月二二日に『給料日』(一九二二年。当初の仮題「七時になると」)の撮影にかかるが、わずか三四八フィート(約三分程度)のフィルムが回されたところで、突如チャップリンはヨーロッパ旅行を決意し、五日後には出発した。

当時は「チャップリン熱」の最盛期であり、行く先々で未曽有の大歓迎を受けた。興味深いことに、船上の記者会見でも、「ステッキはどうしたのですか?」などと聞かれる度に、彼は「捨てました」と答えており、結婚・離婚を経て、そして母をアメリカに呼び寄せ落ち着いた当時、一度「放浪紳士チャーリー」から離れて、自分を見つめ直したかったのかもしれない。一〇年ぶりに訪れるロンドンでは超高級ホテルであるリッツに宿泊し名士として政財界のパーティー攻めにあったが、最初に行った場所は少年時代を過ごしたケニントンとハンウェル救貧法学校だった。ある晩には連絡なしにかつて住んでいたケニントン・ロード近くのパウナル・テラス三番地の屋根裏部屋を訪問してその時の住人を驚かせた。懐かしい時間を過ごしていたチャップリンだったが、初恋の人ヘティが三年前にインフルエンザで亡くなっていたことを初めて知って悲嘆にくれた。変わらぬロンドンに安堵し、変わりゆくロンドンに寂しさを覚え、大群衆の喝采にもまれながらも成功を心から楽しめない性格だった彼は、帰国してまた仕事に戻った。

『給料日』は、低所得労働者チャーリーの給料日のどたばたを描いた短編。チャップリン最後の二巻物短編喜劇となった。前作『のらくら』が、有閑階級を風刺した作品だとすれば、本作は無閑階級（？）の悲哀を描いた喜劇である。撮影スピードを変えたり、逆回し撮影をしたりと、手法も実験的である。

妻役のフィリス・アレンは、初期コメディに典型的な恐い妻のキャラクターだ。チャップリンより二八歳年上（チャップリンの両親よりも年上だ）のヴォードヴィルの世界で活躍したベテラン女優で、一九一〇年からキーストン映画で数々のヒロインをつとめた。まさにコメディ映画の草創期で、怪女ジャンルを作り上げた一人でもある。キーストン社時代にチャップリンと多く共演しているが、本作が最後の共演となった。

『偽牧師』は、チャップリンの最後の中編映画にして、それまでは事前になんの準備もせず頭の中のアイディアをもとに満足のいくシーンになるまで何度も撮り直していた彼が、あらかじめシナリオとギャグのメモを準備して撮影にとりかかった最初の作品である。

当初のアイディアでは、脱獄囚が牧師に化けて、礼拝者が少なくなった教会に、ジャズ・バンドを呼んで若者たちが集うクラブにして立て直す話だった。やがて偽牧師は保安官に逮捕され、彼の釈放を呼びかける若者たちに、ただ「教会と老牧師に忠実であれ」との言葉を残す、という風変わりな道徳劇を構想していたようだ。

作中で、チャーリーとシドニーを叩き続ける子供は、側近だったチャック・リーズナー（後にバスター・キートン作品の監督も務める。チャップリンからキートンへの影響関係はさらなる研究が待たれる）の息子でのちに高名な脚本家になるディッキー・ディーン・リーズナーだ。おとなしい子供で人を叩くことなどできなかったディーンに、困ったチャーリーとシドニーは「叩き合いごっこ」をはじめた。「チャーリー、俺を叩いてくれ」「シドニー、叩き合うのは楽しいなあ」と兄弟が叩き合っているのを見て、ディーンはすっかり叩くのが好きになり、このシーンを撮りあげた。

また本作は、一九一五年の『アルコール夜通し転宅』でデビューして以来、三五本の作品でヒロインをつとめたエドナ・パーヴァイアンスが、チャップリンの相手役をつとめた最後の作品でもある。

『偽牧師』は、エドナの演じるヒロインとしては典型的なものだ。脱獄囚チャーリーとはまったく階層の違う中流階級の娘で、彼女の外見と内面の美しさ・純粋さに触れて、チャ

『給料日』。妻役のフィリス・アレンと

『偽牧師』

ーリーは改心する。演技力はもちろん、エドナ本人の美しさと上品さ、滲み出るユーモアがないと、ストーリーそのものが成り立たない。

これ以降、チャップリンのヒロイン像は、『黄金狂時代』（一九二五年）のジョージア・ヘイル、『サーカス』のマーナ・ケネディのような「憧れの対象」、『街の灯』のヴァージニア・チェリル、『ライムライト』のクレア・ブルーム、『伯爵夫人』（一九七六年）のソフィア・ローレンのように、主人公が献身的に愛を捧げる薄幸のヒロイン、また『モダン・タイムス』『独裁者』のポーレット・ゴダードのようにチャーリーと共に身を寄せ合う二人、『ニューヨークの王様』（一九五七年）のドーン・アダムスのように快活でユーモラスなヒロインと多彩になる。それらすべてがエドナのヒロイン像を原点としている（対照的に、『殺人狂時代』（一九四七年）のマーサ・レイは、フィリス・アレン的なヒロイン像とも言えるだろう）。

一九一八年に独立を果たしたチャップリンは、『犬の生活』で心優しい放浪紳士チャーリーのイメージを完成させ、初めて戦争を扱った作品を発表し、スランプを経て、初の長編『キッド』で世界中を笑いと涙の渦に巻き込んだ。今一度原点を見つめ直すべく故郷のロンドンに凱旋帰国したが、その時から「チャーリーを捨てること」を考えていた。

ファースト・ナショナルでの最後の作品となった『偽牧師』のラストシーンで、自由を求めてアメリカとメキシコの国境をまたいでどこまでも歩いていくチャーリーの姿は、世界的なキャラクターになってしまった「チャーリー」そのものから自由になりたいチャップリン本人とも、どことなく重なるようでもある。

果たして、この後、放浪紳士チャーリーはどこに向かって歩んでいくのだろうか？

チャップリンの黄金時代

ユナイテッド・アーティスツの設立

チャップリンが自前の撮影所を建設した一九一八年当時、映画界の大スターと言えば、チャップリンに、アクション・スターのダグラス・フェアバンクス、そして「アメリカの恋人」と呼ばれたメアリー・ピックフォードだった。それぞれ最高額のサラリーを競っていたのだが、ファースト・ナショナル社はあと数本で契約が切れるチャップリンと契約延長の話し合いをした際に、条件の改善を断固として拒否した。チャップリンはファースト社との契約本数をこなすために、撮影所建設の様子を映したセミ・ドキュメンタリー映画「映画の作り方」を製作したが、ファースト社はそれを本数に数えなかった。また、一年半かけて初の長編『キッド』を製作した時に、その大作の配給に特別ボーナスを要求したところ、ファースト社は『キッド』を「二巻もの×三本扱い」することで配給料を下げようとした。そんなわけで、チャップリンのファースト社に対する不信感は増すばかりだった。他方、ダグラスとメアリーが契約していたパラマウント社は、二人の契約更新に興味を示そうとしなかった。

映画会社が大スターたちとの契約更新に無関心であるのは、なにか企んでいるからに違いない、と三人は考えた。不安な気持ちにさせて、サラリーを下げようとしているのではないか——そんな折、映画会社たちのトップが、一九一九年一月初めにロス・アンジェルスのアレグザンドリア・ホテルで秘密会議を開くという情報が入ってきた。恐らくは、スターたちのサラリーを下げる方策を話し合うに違いないと思ったチャップリンとフェアバンクスは、私立探偵を二人雇って会議の様子を探らせた。

彼らの読みは当たっていた。映画会社が結託してスターのギャラを下げ、自由を奪おうとしているという情報を手に入れたチャップリンたちは、一九一九年一月一五日に記者会見を開き、従来の配給会社から離れて、自分たちの作品を自分たちで配給する会社ユナイテッド・アーティスツ（ユナイト）の設立を宣言した。創設メンバーには、三人の大スターに、『国民の創生』『イントレランス』で著名な「アメリカ映画の父」D・W・グリフィス監督も加わった。それまで映画会社が主人で、俳優・監督は雇われ人だったのが、ここにアーティストが主導する映画会社が誕生した画期的な出来事だった。チャップリンたちは、現在まで続く「スター・システム」の生みの親でもあった。

こうして、チャップリンは自分がプロデューサー、出資者で、監督・脚本・主演を兼ね、自前の撮影所で製作し、さらに配給・公開まで自分の会社で行なうという完全なワンマンの体制を手に入れて、納得のいくまで存分に作品づくりができる環境を手に入れた。

ユナイト第一作『巴里の女性』——チャーリーから離れて

『巴里の女性』（一九二三年）は、ユナイテッド・アーティスツでの最初の作品だ。記念すべき第一作として、チャップリンは、放浪紳士チャーリーの登場するコメディではなく、製作・監督・脚本に専念したシリアス・ドラマを世に送り出した。

ヨーロッパ旅行で「チャーリーを捨てること」を考えていたチャップリンは、帰国後すぐに、チャーリーからの脱皮を目指して新たな創造を模索する。その一つは、一九二二年頃に撮影された、未完成の作品「教授」である。ノミのサーカスを主宰する「教授」が木賃宿にやってきたところ、ノミが逃げ出して大騒ぎになるという筋立ての短編で、チャップリンは、どじょう髭にパイプをくわえているという出で立ちで、猫背でひょこひょこ歩く、チャーリーとは異なったキャラクターを試みている。この作品はお蔵入りとなったが、ノミのサーカスのアイディアはのちに『ライムライト』の寸劇シーンで実現した。

幻の作品「教授」

チャップリンは、舞台時代に喜劇ではないシリアス・ドラマの俳優になりたいという野心を持っていたが、背が低かったせいで諦めたという経緯がある。その彼が、さらに踏み込んで、俳優ではなく芸術映画の監督として成功をおさめたいという野心を持ったとしても不思議ではない。

加えて、長年のヒロインとしてコンビを組んだエドナ・パーヴァイアンスを独り立ちさせたいという思いもあった。

一九一五年以来、ヒロインを務めてきたエドナ。一時期は恋人同士だった二人だが、この頃は恋愛関係も解消されていた。また、酒量のせいで体重が増えたために、コメディのヒロインには不向きになっていた。それでも、彼女をスターにするためにチャップリンは題材を懸命に探した。

最初は、ギリシア悲劇のエウリピデスの名作『トロイアの女たち』の映画化を構想した。戦争に翻弄された情念の女ヘレネを、エドナに演じさせようと考えていたのだ。しかし、時代ものの衣裳や、城壁のセットなどに、莫大な製作費がかかることが分かり最終的には断念した。

次に思いついたのが、ナポレオンの妻ジョゼフィーヌの役だった。チャップリンはすっかりこのアイディアに夢中になり、戦闘シーンのロケ費用などで『トロイアの女たち』の二倍の製作費がかかりそうだと分かっても、今度はそんなことはおかまいなしに文献を読みあさった。しかし、次第にナポレオン役を自分が演じることに興味が湧き、この題材は、エドナの主演作としては適当ではないことが分かってきた。

そんな折、チャップリンは一九二二年頃、ペギー・ホプキンス・ジョイスという女性と頻繁に会う機会を持った。「玉の輿《こし》狙いの女」との異名を持つ元ショーガールは、離婚直後の大金持ちチャップリンに近づくべく撮影所にやってきた。彼女は、全身宝石ずくめで、香水「ミツコ」の匂いを振りまく貴婦人（「部屋に匂いが染み付く」と、秘書の高野虎市はかんかんになって怒った）を演じていたが、付き添いの男が「そろそろおいとましよう」とペギーのお尻を叩いた時に、聞くに堪えない汚い言葉で男に毒づいた——美しく着飾っても、「ミツコ」を振りまいても、隠しきれない元田舎娘の本性に喜劇王は興味を持ち、数週間に渡って一緒に過ごす。彼女は五人の資産家との結婚、離婚をくり返したが、なかでもチャップリンはフランス人資産家との結婚生活に興味を持ち、その話をもとに『巴里《パリ》の女性』の物語を練り上げていった。

チャップリン家の資料庫には、『巴里の女性』に関するメモが大量に残っている。脚本のアイディアもさることながら、他の作品に比べて、セットや衣裳、小道具についての細かいメモが多い。ペギーの観察から得た世界を構築するために、フランス人の助手を二人雇うなど、細部にこだわって製作を進めた。

撮影は、一九二二年一一月二七日に開始。ほとんど物語の順番通りに撮影され、最後の撮影は一九二三年七月二三日である。

チャップリンの演出術

「本作の主たる達成とは、映像とアクションによってストーリーを語ることにおいて成功していることである。最低限の字幕で、すべてのドラマが、動きの論理的展開をもって進んでいく。これは映画には稀なことである」。これは、イギリス初公開時に「ウェストミンスター」紙（一九二四年二月六日号）に掲載された『巴里の女性』評だ。この簡潔な評言は、公開当初から本作が芸術的達成として高く評価されていたことを示す。

『巴里の女性』でのチャップリンの演出は、冴え渡っている。冒頭、薄暗いなか窓から外

『巴里の女性』（上）。エドナ（右）と恋人役のカール・ミラー。（下）『巴里の女性』の看板にサインするチャップリン

巴里の女性　A Woman of Paris（1923）

製作・監督・脚本・編集・再公開時の作曲／チャールズ・チャップリン

愛し合う二人、ジャン・ミレー（カール・ミラー）と、マリー・サン・クレール（エドナ・パーヴァイアンス）。しかし、お互いの両親から交際を反対され、二人はかけ落ちしてパリへ出る決心をする。駅で待ち合わせをするが、ジャンの父親が心臓発作で倒れ、彼は待ち合わせ場所へ行くことができなかった。裏切られたと思い込んだマリーは、ひとり列車で旅立っていった。

月日が過ぎて、マリーは有閑紳士ピエール・ルヴェル（エイドルフ・マンジュー）の愛人として優雅な暮らしをしていた。ある日、マリーはカルティエ・ラタンでジャンと再会する。彼はパリに出て画家として修業していたのだった。再び燃え上がる二人の思い。だが、年月は二人の間に深い溝を作っていた。誤解と運命に翻弄されたジャンは、拳銃で自らの命を絶つ。

かつての恋人を失い都会での華やかな生活に虚しさを覚えたマリーは、ピエールとの生活を清算し、和解したジャンの母親とともに田舎の孤児院で働くようになる。

そんなある日、田園の中をピエールの高級車が走っている。高級車はマリーの乗っている馬車とすれ違う。気付かずにすれ違う二人。マリーの顔には新しい人生で知った本当の幸せの笑顔がこぼれていた。

製作開始／1922年11月27日　製作終了／1923年8月29日　封切／1923年9月26日、ハリウッドのクライテリオン劇場　長さ／7557フィート（オリジナルは8432フィート）

再公開版／プレミア1976年12月23日　ニューヨーク近代美術館　米国での一般公開1978年　イギリス・プレミアは1980年10月9日ゲイト・スリー・シネマ　ブラック社配給

を見つめるマリーの顔が浮かび上がり、次のショットでは、娘の部屋に鍵をかけるために階段を上ってくる父親の大きな影がゆらめく――たったこれだけで、病的な執着をもって支配しようとする父と、不幸な娘の境遇が描かれる。そのファーストシーンを皮切りに、シンプルで創意に満ちたショットの連なりで物語が紡《つむ》がれていく。ジャンの父が落としたパイプのアップだけで、その死が描かれ、プラットフォームに滑り込んで来る列車を、窓の光の動きだけで表現した。特に後者は、列車を映さずに、パリに一人旅立つ女の表情とその上をすべる窓の光だけを映し、大胆な省略手法で人物の心理を描き切った名シーンだ。

俳優の演技においてもチャップリンは徹底してリアリティにこだわった。「男も女も感情を表に出そうとするよりはむしろ隠そうとする。できるだけリアリティをめざすにあたって、私はそこに基本をおいた」という彼の言葉の通り、マリーは、愛人ピエールが結婚したことを知らせる新聞を読んでも一笑に付すだけで、またジャンもマリーの部屋の床に落ちた男物のカラーを一瞥するだけだ。いずれも感情を表に出さず冷静さを保とうとしているが、そのことにおいて逆に登場人物の本当の感情が痛いほどに観客に伝わってくる。ピエール役のエイドルフ・マンジューはチャップリンの口ぐせが「抑えろ」だったと回想する。「抑えろ。君は覗かれているんだ」「シーンを考えろ。手振りや身振りなんて、シーンを考えれば自然に出てくる」。『黄金狂時代』のヒロインのジョージア・ヘイルも、徹底的に稽古をつけたあと、キャメラをまわす直前に「いい加減に下手にやってくれ」とチャ

『巴里の女性』演出中のチャップリン。マリーの演技を実演して見せている

ップリンは指示をしたと証言している。このような演出法で俳優のリアルな演技を引き出したのだった。

　逆に「演技派」を自任していたリディア・ノット（ジャンの母役）は、息子の死を聞く場面で、「まったく無表情で」というチャップリンの指示に反発して、哀れみをたたえた微笑みの「演技」を繰り返した。チャップリンはOKを出さずに七九回撮り直し、ついにノットが「分かりましたよ。言われた通りにすればいいんでしょ」とぷりぷり怒りながら無表情で演じた。すなわち、完成版は八〇回目のテイクだ。チャップリンの綿密な演出によって、スクリーンは、俳優の大げさな演技ではなく、観客のリアルな感情で満たされた。

チャップリンは映画の冒頭の字幕に、「観客の皆様へ」と題して、「誤解を避けるために申し上げます。私は本作に登場しません」と、監督に徹したシリアス・ドラマであることを高らかに宣言した。しかし、喜劇を楽しみにしている大衆が、放浪紳士チャーリーの出ていない作品をわざわざ観に来るはずもなかった。批評家がその芸術性を絶賛すればするほど、客足は離れていった。チャーリーから離れて、監督に徹したいという彼の野心を、観客は許さなかったのだ。

同時に、チャップリンのもう一つの野心――エドナをスターに仕立て上げたいという企ても失敗に終わった。エドナは、この映画を最後にほとんどスクリーンから姿を消した。チャップリンの思いとは裏腹に、有閑紳士ピエール役を演じたエイドルフ・マンジューが、この映画をきっかけに大スターへの道を歩み始める。マンジューは、本作に多大な影響を受けたエルンスト・ルビッチュ監督のいくつかの作品で、本作とほとんど同じ役柄で出演している（マンジューは当初予定されていた競馬場のシーンのために燕尾服を購入したが、チャップリンはそのシーンを撮影しなかった。そんなわけで、のちにルビッチュ監督作品に出演した際、マンジューは監督に燕尾服を使うシーンを無理やり入れさせた）。

それにしても、チャップリンが放浪紳士チャーリーのキャラクターから離れて描きたかったものは何だったのか？

本作は、当初「時と運命」との仮題がつけられ、その後「世論」「人生のメロディ」「歓びの道」「社会の習慣」「人間の本性」「愛、人生、そして女たち」「星々は傾く」と製作中に次々と仮題が変わった。これらの仮題は、チャップリンが本作で描きたかったことを表している。チャップリンは、撮影スケジュール表の表紙に次のように記している。「世界は英雄と悪漢からではなく、神からあらゆる情熱をさずかった男と女とで構成される。無知なものたちは非難し、賢者たちは憐れむ」。結局、タイトルは最もシンプルに『巴里の女性』になった。すなわち、彼が本作で描いたのは、英雄と悪漢の話ではなく、あくまで情熱を持つ人間それぞれの弱さと葛藤のドラマだった。だとすれば、「チャーリーから離れて」描いたテーマは、究極的には「チャーリーの登場する」映画と同じだとも言えまいか？

本作に絶対の自信を持っていたチャップリンは、それが興行的に失敗したことで打ちのめされる。それでも、アーティストの貪欲な目は、公開直後の一九二三年九月から一〇月にかけて早くも次なる傑作の題材を探していた。一つは、メアリー・ピックフォード邸でゴールド・ラッシュの様子を写したステレオ・スコープを見たこと、そしてもう一つはフォードの自動車ベルトコンベア工場を見学したこと。前者は『黄金狂時代』へ、後者は『モダン・タイムス』へと繋がっていく。見事なシリアス・ドラマを作り上げたあと、悲劇も喜劇も乗り越えるような傑作群を次々と撮っていくのだ。

『黄金狂時代』——悲劇と喜劇を超えて

『巴里の女性』の公開後、チャップリンは再び「放浪紳士チャーリー」を演じることを決意する。『自伝』には、「なんとか『キッド』以上の作品」を作りたい、それも「偉大な叙事詩でなくちゃだめだ!」と数週間悩んだと書いている。

一九二三年の九月か一〇月のある日、チャップリンはダグラス・フェアバンクスとメアリー・ピックフォードの家で朝食に呼ばれた。朝食後に、一八九八年のクロンダイクのゴールド・ラッシュの際に、黄金を求める採掘者たちの長蛇の列がチルクート峠を越えていくステレオ・スコープを見せてもらい、その時に『黄金狂時代』のアイディアが浮かんだとチャップリンは述懐している。さらに、一八四六年にシエラ・ネヴァダ山脈の雪の中に閉じ込められ、極限状態のなかである者は人肉をむさぼり、ある者は靴まで食べたというジョージ・ドナー入植団の悲劇的な事件のことを知り、ストーリーを膨らませていった。

チャップリンは『自伝』でこう語っている。「喜劇づくりについて一言すると、逆説かもしれぬが、しばしば悲劇がかえって笑いの精神を刺戟してくれるのである。思うに、その理由というのは、笑いとは、すなわち反抗精神であるということである。わたしたちは自然の威力というものの前に立って、自分の無力ぶりを笑うよりほかにない——笑わなければ、気がちがってしまうだろう」。ここに悲劇と喜劇の逆説を総合するような叙事詩、「自分の名前が永遠に人々の記憶に残るような映画」と彼自身がしばしば語っていた名作の着想を得た。

一九二三年九月二六日に前作『巴里の女性』を公開した後、すぐに本作の準備に入り、二ヶ月ほどで脚本のアイディアをまとめて、「ラッキー・ストライク（大当たり）」というタイトルで一九二三年一二月三日に著作権を取得した。その後、「ノーザン・ストーリー（北の物語）」という仮題で脚本を練っている間、スタッフたちは毛皮や犬ぞりを準備し、撮影所には熊と一〇頭のエスキモー犬がやってきて、美術のチャールズ・D・ホールは揺れる小屋を作り上げた。

一九二四年二月八日に撮影開始。最初の撮影は、チャーリーが、ブラック・ラーセンに出て行けと言われても風がきつくて出て行けないシーンだ。三月に入って、空腹に耐えかねて革靴を食べる有名なシーンを撮る。甘草でできた靴を三日にわたって六三回食べた結果、チャップリンとマック・スウェインは、その後数日間下痢に悩まされた。

四月中旬にカリフォルニア州北部の山岳地帯トラッキーで、リンカーン山の万年雪のなか二九九五メートルの高さまで七〇〇メートルほどの細い山道を作って、そこにサクラメントから六〇〇人の浮浪者たちを集め連れて来て冒頭の鉱山師の行列のシーンを撮影した。

『黄金狂時代』

黄金狂時代　The Gold Rush（1925）

製作・監督・脚本・編集／チャールズ・チャップリン

雪深い山中へ金鉱を探しにやって来たチャーリー。同じく金鉱を探すビッグジム（マック・スウェイン）や悪党ブラック・ラーセン（トム・マレイ）らと山小屋で共同生活を始めるも、空腹に耐えかねて靴まで食べてしまう。

一方、ゴールド・ラッシュに沸く山間の町。とあるダンス・ホールでチャーリーは、ダンサーのジョージア（ジョージア・ヘイル）に一目惚れ。ジョージアが色男ジャックへのあてつけでチャーリーと踊ったのを、チャーリーは自分への好意と勘違い。

チャーリーはジョージアを大晦日のディナーに招待するが、ジョージアはすっかりその約束を忘れてしまい、チャーリーは待ちぼうけをくらう。チャーリーが約束を忘れずに彼女のためにディナーの準備をしてくれていたと知ったジョージア。彼女も孤独なチャーリーの優しさに心を動かされていた。

やがてビッグジムと再会し、一緒に金鉱を掘り当てたチャーリーは、一獲千金の夢を叶えて、故郷に戻る船上で偶然ジョージアと再会する。チャーリーは、黄金と、ずっと望んでいたジョージアの愛を手に入れたのだった。

製作開始／1923年12月　製作終了／1925年5月21日　封切／1925年6月26日、ハリウッドのグローマンズ・エジプシャン劇場　配給／ユナイテッド・アーティスツ　長さ／8555フィート
リバイバル版は、監督・ナレーター・作曲／チャールズ・チャップリン　封切1942年4月17日　ニューヨークのグローブ劇場　ユナイテッド・アーティスツ配給
長さ／7100フィート

『黄金狂時代』撮影風景。傍らに立っているのが高野虎市

現代であればCGで全て撮ってしまうだろうが、空腹の浮浪者たちが実際に山道を登るところを撮ったこのシーンは、当然ながらリアルな迫力がある。撮影中、山のふもとにはこれ見よがしに豪華な食堂車が用意され、撮影後は食事にありつけると浮浪者たちは勇んで参加した。リアルな人間の欲望の撮影はCGでは難しい。

結局、雪山でのロケ撮影から完成版に使われたシーンは、山肌を滑り落ちるシーンなど数シーンに限られている。冒頭の迫力の行列が撮れたことで良しとしたのか、雪山でのロケの困難に計算が狂ったのか、おそらくその両方の理由で、結局撮影所に雪山を作ることにした。五月と六月のあいだ、五〇〇〇人の作業員が二〇〇トンの漆喰、二八五トンの塩、一〇〇樽の小麦粉、荷馬車四台分の紙吹雪で雪のアラスカを作った。

撮影所にできた雪のセットで、撮影は七月一日から再開された。真夏のロス・アンジェルスの猛暑のなか、当時は自然光で撮影されていたため、炎天下で毛皮を着て雪山の演技をしていたことになる。

だが、九月末に撮影は止まってしまう。当初ヒロインに予定されていたリタ・グレイが妊娠し降板。ゴシップネタになることを避けるため、チャップリンとリタはメキシコで結婚した(これらの手配は、高野がすべて行なった)。途中で新聞記者に会ってしまうが、チャップリンは「『黄金狂時代』の一部をメキシコで撮影する」とごまかして、実際にメキシコでカムフラージュの撮影を行ない報道陣の目をくらました。

新しい主演女優にはジョージア・ヘイルが選ばれた。ミス・シカゴに選ばれた美貌の持ち主は、蓮っ葉なキャラクターを好演した。ジョージアは、幼少からの憧れだったチャップリンと、後々まで深い友情で結ばれた。

一九二五年五月にはすべての撮影が終了。撮影日数一四ヶ月、製作費は当時としては破格の九二万三八八六ドル四五セントにのぼった。

『黄金狂時代』は、様々な点で、それまでのチャップリン作品の集大成と言える。

まずもって、本作は、チャップリンの特徴である喜劇と悲劇の融合の一つの極点となっている。『キッド』で、極貧の幼少時代をモデルに「ほほえみと、おそらくは一粒の涙の映画」を作り上げたが、本作ではよりテーマを純化させた。ルールも法律も通用せず、進むべき道すら見えない雪山。社会背景も何もかも消し去った真っ白の中で、金を求めるむき出しの欲望そのもの、極限の状態での飢えそのもの、すなわち人間を描いた。そんな限界状況での悲劇から、靴を食べるシーンなどのギャグが生み出された。

二点目として、本作はチャップリンの身体芸の集大成でもある。風がきつくて前に進めない「ダンス」の見事さ、ミュージック・ホールで定番だった揺れる船のギャグの流れを汲んだ崖っぷちで揺れる小屋での演技、そしてロールパンでダンスする名場面。数ある名シーンのなかでもとりわけ有名なロールパンのダンスは、日誌によると一一回撮り直しされているが、撮影中音楽を流してそれにあわせて演技をしたようで、すべて同じテンポ、同じ長さである。舞台から鍛え上げた正確無比な演技はここに極まった。

三点目として、放浪紳士チャーリーのイメージの集大成であることを指摘したい。街中を放浪していたチャーリーは、本作ではよりスケールアップして雪山を放浪する。大晦日に大勢が集っているのを一人で窓の外から眺める後ろ姿で、その孤独さはますます強調された（パーティーを準備しても誰も来てくれないシーンは、少年俳優時代に仲間のためにパーティーを企画したが、一座の経営者が出席を禁止したのがチャップリンには伝わらず一人虚しく仲間を待った時の思い出を元にしている）。もちろん、貧しくとも愛する女性のために懸命に働く紳士ぶりも相変わらずだ。

背景を雪山にしたことで、チャーリーのイメージがクリアに輪郭《りんかく》づけられた。雑然とした街中で、弱者の象徴たる小柄なチャーリーと権力の象徴たる大柄な警官が追いかけっこをしていた従来のチャップリン作品に比べて、敵は大自然の猛威という人間の力の及ばない巨大な存在となり、その分チャーリーの無力さが際立ち、背景を白にしたことで黒の山高帽・ちょび髭・扮装のイメージと個性が浮かび上がった。

前作『巴里の女性』で運命のドラマを見事に描いたチャップリンは、再び「放浪紳士チャーリー」を演じるにあたって、単に喜劇に戻るだけでなく、厳しい自然を前にした人間の無力さ、黄金を求める人間の欲望など、ゴールド・ラッシュに翻弄された人々の運命のドラマを、真っ白い雪を背景にして浮き彫りにして見せた。『巴里の女性』で一度はシリアス・ドラマへの転向も考えたチャップリンが、喜劇もシリアス・ドラマもともに乗り越える壮大な叙事詩を作り上げたのだ。

本作はそれまでの集大成であると同時に、一度はチャーリーから離れようとしたチャップリンの創造の新たな一歩だ。そのことは、放浪紳士のトレードマークであるドタ靴を食べるというシーンに、示唆されているように思える。なにより、長年コンビを組んだエドナ・パーヴァイアンスに変わって、ジョージア・ヘイルがヒロインを務めたことで、大きな転換を迎えた。万事控え目でいて喜劇にロマンティックな要素を添えたエドナに比べて、ジョージアは酒場で一人生き抜く強さを生き生きと表現した。

ジョージアを推薦したのは、映画監督のジョゼフ・フォン・スタンバーグだ。フォン・スタンバーグは、デビュー作の、公開の目処《めど》が立たなかった社会派映画『救いを求める人々』（一九二五年）をチャップリンに見てもらうために、秘書の高野にいくらか握らせた。高野はフィルムをチャップリン邸の上映室に紛れ込ませ、それを見たチャップリンが気に入って公開実現に手を貸した。ジョージアを発見するきっかけを作ったのも高野ということになり、当時の高野がいかに全幅の信頼を得ていたのかが分かる。

難解な社会派映画に出演していたジョージアを『黄金狂時代』に抜擢したわけだが、『黄金狂時代』には社会派の要素はあまり見られない。社会的弱者のチャーリーも、ラストで一攫千金、珍しくハッピーエンドとなる。未曽有の好景気を続けていたアメリカン・ドリームの黄金時代を映してのことだろうか。

ただ、大金持ちとなって乗り込んだ一等船室の壁にある時計をご覧いただきたい。それは一一年後に『モダン・タイムス』の冒頭で大写しされる時計となって再登場する。「ローリング・トゥエンティーズ（狂騒の二〇年代）」の無邪気なハッピーエンドから大不況のなか戦争前夜に撮られた機械文明を痛烈に批判する作品に至るまで、チャップリンの時計は変わらず時を刻み続けるだろう。本作はそれまでのチャップリンの集大成にして、新たに時を進めた作品でもあるのだ。

一九二五年六月に公開された本作で、世界的なチャップリン人気は絶頂を極め、イギリスでは「『黄金狂時代』を見る観客の笑い声を一〇分間生中継する」という史上稀なるラジオ放送まで行なわれ、文字通り全国を爆笑の渦に巻き込んだ。ドイツのベルリンで行なわれたプレミア上映では、熱狂した観客のアンコールに応えて、ロールパンのダンスのシーンを巻き戻して上映した。

アメリカだけで当時六〇〇万ドル以上の収益を記録。サイレント映画史上、興行収入五位となるメガヒット作となった。

『サーカス』――I Stand Alone.

「なんらかの理由でどうやっても逃れられない状況に自分を置いてギャグを演じたいと考えているんだ。高い場所で何か厄介な状態にあって、猿か何かが私のところにやってくるんだが、私は猿から逃げることができないというふうにね」。ある日、チャップリンからこんな相談を受けた側近のヘンリー・バーグマンは、すかさずサーカス・テントで綱渡りをしてはどうかと逆提案する。

控えめなヘンリーには珍しく、作品のきっかけは自分の一言だったと主張しているので、信憑性の高いエピソードだ（高野を含めて、ほとんどの側近が「実は、ジャッキー・クーガン

チャールズ・D・ホールによる『サーカス』セットのデザイン画

を最初に発見したのは俺だ」と主張していた)。オペレッタの舞台にも立っていたヘンリーがなぜ習得していたのかは分からないが、チャップリンに綱渡りを教えて一ヶ月のあいだ特訓をした。

こうして、『サーカス』の製作が始まった。チャップリン研究の権威デイヴィッド・ロビンソンは、『サーカス』について驚くべきことはその出来栄えの良し悪しではなく、それが完成にこぎつけたことだと言っているが、まさに本作の製作はトラブル続きだった。思い出したくないことだったのか、『自伝』では『サーカス』にはほとんど触れていない。『黄金狂時代』の過酷な雪山で靴を食べる話にせよ、『サーカス』の綱渡りにせよ、チャップリンの作品では悪夢のような状況が喜劇的要素を増幅させるが、『サーカス』の製作は公私ともに悪夢のような状況だった。

一九二五年六月に『黄金狂時代』を公開した後、一〇月半ばから本作に取り掛かった。一一月の初めには側近のハリー・クロッカーとアイディアを練るためにデルモンテに滞在。同時進行で美術のチャールズ・D・ホールとスタッフたちはセット建設を始めた。チャップリンは当初、生涯で何度も試して結局『ライムライト』で使った「ノミのサーカス」のアイディアを冒頭に据えるつもりだったようだ。

当初ヒロインは、『黄金狂時代』で好演したジョージア・ヘイルが配役される予定だったと思われる。しかし、ジョージアとチャップリンの仲の良さに嫉妬した妻リタ・グレイが、自分の幼馴染のマーナ・ケネディを強く推薦し、彼女に決まった。マーナはこの抜擢でスターとなり、ユニバーサル映画で何本か主演し、声も良かったのでトーキー初期のミュージカル映画にも出演した。

『サーカス』のアイディアを提案した側近のヘンリー・バーグマンは、老いた道化として配役された。一九一六年の『質屋』からチャップリンのチームに参加したヘンリーは、生涯独身を通してチャップリンに忠誠を尽くした。多くの作品で「助監督」や「コーディネーター」などとクレジットされているが、彼自身はアイディアを出さず、いつも情熱的な笑いでボスを勇気付けた。ハリウッドでヘンリーズというレストランを経営し、チャップリンはそこのレンズ豆のスープとコールスローがお気に入りだった。本作では最初マーナの父親を演じるはずだったが、(『移民』のウェイターの配役の時と同様に)優しい顔立ちのために雰囲気がでないと本人から辞退した。

この頃、チャップリンの右腕となっていたのは、綱渡り師レックスを演じたハリー・クロッカーだ。ハリーは、名家に生まれエリート大学を卒業した長身の美男子で、チャップリンは、教育を受けられなかったことへの劣等感か、このような人材をそばに置くことを好んだ。ハリーは、普段の会話での政治・経済から自然現象に至るチャップリンの話題の広さに舌を巻き、喜劇王が食事の帰りなどに街中を歩きながらミュージック・ホールの歌を歌い続け、時にはその場で「シャーロック・ホームズ」の全役を演じ、即興のパントマイムを披露したことに感嘆した。ハリーは『街の灯』の撮影中に一度離れたが、のちに良好な関係に戻った。

さて、いよいよ撮影が開始される直前の一二月六日に、異例の嵐でサーカス・テントのセットが破損。これが最初の災難だった。翌一九二六年一月一一日にクランクインし、綱渡りのシーンから撮影開始したが、二月第二週になってラボのミスでそれまで撮影したすべてのフィルムに傷がついていることが判明。ラボのスタッフは全員入れ替えられ、それまでのシーン——大勢の観客のエキストラを雇った大掛かりなものも含めて——がすべて撮り直しとなった。結局、撮影のためにチャップリンが綱を渡った回数は七〇〇回以上にのぼった。

私生活では、妻リタ・グレイの親族が財産目当てにチャップリンに干渉し、妻との関係は悪化する一方だった。リタの嫉妬癖をなだめるために、チャップリンはリタが八名の友人と会食する費用を出したりするなど歩み寄ろうとしたが、仕事中のチャップリンのもとにその八人を連れて大騒ぎするなど、リタは意図的に夫の仕事の邪魔をした。三月三〇日に次男シドニーが誕生したが、リタはチャップリンの兄シドニーのことが嫌いで同じ名前をつけるのを嫌がり、終生「トミー」と呼び続けるなど常軌を逸し始めた。

そんな中、チャップリンは、次男が生まれた翌日から鏡の迷路のシーンの撮影を開始、夏の間はライオンの檻の撮影をした。記録によるとチャップリンはライオンとともに檻の中に二〇〇回入っている。そこまで撮影は比較的順調だったが、九月二八日に火災が起こり、セットがすべて焼けてしまった。ところが、チャップリンはめげずに直後の一〇月三日には小さなカフェのセットで新しいアイディアを撮影した。レックスに夢中のマーナの気を引きたいチャーリー

『サーカス』セットの火事の後で

は、ボクサーに小銭を握らせて、チャーリーとの喧嘩に負けるふりをしてもらいかっこいいところを見せる。しかし、直後にそのボクサーの双子が現れて、何も知らないチャーリーが先ほどの続きでかっこよく喧嘩をふっかけたところ、双子のボクサーに殴られてしまう。よく出来たスケッチだったが、結局使われることはなかった。

夫の仕事を邪魔して自分に振り向かせようと絶望的に闘っていたリタだったが、結婚当初から同居してきた財産目当ての母親に加えて、叔父の弁護士までロス・アンジェルスに引っ越してきて、一九二七年一月一〇日に離婚訴訟を起こした。通常三ページほどで済む訴状には五二ページにわたって何月何日にチャップリンが怒鳴ったなどと悪口雑言を書き連ね、さらに相手の評判を落とすために訴状を冊子にして出版した。チャップリンは心労で一夜にして白髪になり、製作を中断してニューヨークに身を隠した（この時、ニューヨークの街をあてもなくさまよい歩いたことが、『街の灯』のアイディアに影響したのではないかと高野は推測している）。

離婚成立後、一九二七年九月六日に撮影再開。一〇月一〇日から始まったラストシーンの撮影中、置いていたワゴンを夜中に盗まれたのが最後の災難だった。なんとか一一月一九日に製作終了となった。

本作で、一九二七年に創設の「アメリカ映画芸術科学アカデミー」選出による第一回アカデミー賞において、脚本、演技、演出、製作で示した優れた才能に特別賞が贈られた。

もっとも、チャップリンは受賞にはあまり興味がなかったらしく、式にも出席しなかった（その後、一九七二年にアカデミー特別名誉賞が、翌年『ライムライト』に作曲賞が贈られた）。

チャーリーのイメージの変化——鏡の迷路を抜けて

『サーカス』の撮影中は、製作と私生活の困難に加えて、ハリウッドも変わりつつあった。初のトーキー映画であるアル・ジョルソン主演の『ジャズ・シンガー』（一九二七年）が空前のヒットを記録し、映画はサイレントからトーキーへと移り変わっていった。初期のトーキーは音声もひどく、「こんなものが長つづきするはずはないという確信をもって、わたしは劇場から逃げ出した」と『自伝』に記しているが、観客は新技術に熱狂した。

トーキーの登場は、パントマイムの面白さで笑いを取るサイレント映画コメディアンにとっては死活問題だった。サイレント映画はトーキー映画に比べて、決して「遅れた」ジャンルではなく、それ自体ユニークな特徴を持った芸術ジャンルである。その特色のひとつに、サイレントはいわばスピードのアートであるという点が挙げられる。面白いシーンは早回しにするなど、自在に速度を変えた絵を組み合わせて表現するわけだ。トーキー映画を早回しにすると声が高くなってしまうのでこのテクニックは使えない。身体の動きの面白さを見せるサイレント喜劇に対して、トーキーは言葉のやりとりで笑わせる。両者は

『サーカス』撮影風景

『サーカス』ＮＧフィルム。（上）デート場面、中央はマーナ・ケネディ。（下）双子のボクサーの場面

まったく別のタイプの笑いだ。キートンらの無声映画の喜劇人はトーキー時代になると没落していった。

そんな時代の変わり目に、あえてチャップリンが道化の原点であるサーカスをテーマにしたのは興味深い。映画の中のチャーリーは名道化ではなく、馬に追いかけられてサーカス・リングに迷い込んだ時など、笑わせようと意図していない時だけ人を笑わせることができる。作られたものではなく、リアリティのなかに笑いがある――喜劇王の〈笑い〉観が垣間見られる。

綱渡りやライオンの檻のシーン（撮影に使われたライオンは二頭おり、そのうち一頭は調教師の指図をあまり聞かなかったとのことで、映画の中のチャーリーの恐怖の表情の一部は演技ではないとのこと）など、スタントなしの命がけの笑いに挑んでいるのも本作の特徴だ。当時の妻リタ・グレイから起こされた離婚訴訟の泥沼にあった自身を、さらに痛めつけ追い込むように演技に打ち込んだ。

さて、これまで『キッド』などで、弱者の象徴である小柄なチャーリーに対して、権力の象徴としての大柄な警官を登場させるという、チャップリンの寓話的な手法を見てきた。警官はチャーリーを追いかけ回すが、チャーリーは決してつかまることはない。世知辛い世の中でも、弱者はしたたかに生きていく。

そんなチャーリーと警官、あるいは大衆と権力の関係は、『サーカス』で微妙な変化を見せる。順を追って見てみよう。

『サーカス』の冒頭で、チャーリーはサーカス小屋の道化人形を見る大勢の群衆にまぎれている。そこにスリ（スティーヴ・マーフィー）が現れ、初老の男のポケットから財布を抜き取る。直後に気付いた初老の男は、スリに詰問するも、スリは咄嗟の機転でチャーリーのポケットに財布を入れて事なきを得る。その後、初老の男の財布を持っていたがために、スリに間違われたチャーリーは警官に追いかけられる。本物のスリもまた警官に追いかけられるのだが、そのとき、スリに間違われたチャーリーと本物のスリとが並んで追いかけられる有名なシーンとなる。

ついで、チャーリーとスリとは、多面鏡の部屋に迷い込む。スリは「俺がすった財布を渡せ」とチャーリーに迫るが、いくつものチャーリーが鏡に映っているので、どれが本物か判別できない。その後、ようやく表に出た二人は、見張りの警官の目をごまかすため、咄嗟に自動機械人形の動きを真似る。ところが、チャーリーは槌で横にいる人を叩く機械人形の動きをしてしまったために、スリを殴り倒してしまう。

映画史上でも有名なこのギャグ・シークエンスには、興味深い点が数多く見られる。まず、冒頭のシーンからして、それまでのイメージとは異なったチャーリーが提示される。従来のチャーリーは、群衆から離れた孤独な存在であり、だからこそ大衆の象徴になりえ

『サーカス』。左から警官役のチェスター・A・バックマンとスリ役のスティーヴ・マーフィー

サーカス　The Circus（1928）

製作・監督・脚本・編集・再公開版の作曲と歌唱／チャールズ・チャップリン

　ひょんなことからスリと勘違いされたチャーリーは警官に追われ、サーカス小屋に迷いこんで上演中だったショーを滅茶苦茶にしてしまう。ところが従来の古臭いサーカスに飽きていたお客さんは、チャーリーに大喝采。サーカス団長はチャーリーを座員に加えた。

　こうして一気に一座の花形となったチャーリーは、団長の養女で空中ブランコ乗りの少女（マーナ・ケネディ）に思いを寄せる。だが、少女は綱渡りの曲芸師レックス（ハリー・クロッカー）と恋仲になっていた。チャーリーはレックスへのライバル心を燃やし、綱渡りの曲芸に挑む。ロープを張って懸命に練習するが、団長からはどやされてばかり。

　レックスの代わりに出演した綱渡りの本番も散々な出来。やがて、サーカスを追い出されたチャーリー。空中ブランコ乗りの少女が後を追って来たが、彼女を幸せに出来るのはレックスしかいないと考えた彼は二人の結婚を手助けする。そして、別の町に移動して行くサーカス団をチャーリーはひとり見送るのだった。

製作開始／1925年11月2日　製作中断／1926年12月5日-1927年9月6日　製作終了／1927年11月19日　プレミア／1928年1月6日、ニューヨークのストランド劇場　配給：ユナイテッド・アーティスツ　長さ／6500フィート
第一回アカデミー賞特別賞受賞。
再公開版　プレミア／1969年4月16日　パリ　ゴーモン・コリゼ　提供：ロイ・エクポート・カンパニー。　アメリカ先行上映は1969年12月15日ニューヨークの72ストリート・プレイハウス　一般公開は1970年　配給：ユナイテッド・アーティスツ　長さ／6431フィート

ていた。しかし、『サーカス』の冒頭では、チャーリーは見世物小屋の他の観客たちと一緒に大衆のなかに紛れている一人の人物になっている。チャーリーのような、社会からはみ出した個性でさえ、巨大化した資本主義社会のなかでは、もはや大衆のうちの一人にしかなり得ないというわけだ。

本物のスリと偽者のスリとが並んで走るシーンも印象的だ。チャップリン映画で後にも先にも登場しない「二人並んでの追いかけっこ」シーンで、もともとのスリと新しくスリに間違われたチャーリーとがともに走る。その後、両者は、それぞれのイメージを鏡の部屋のなかで分裂させ、多数化させる。そして結局、新しいスリであるチャーリーがもともとのスリであるスティーヴ・マーフィーを殴り倒す。

このスリ役を演じていた男——ボクサー出身で、曲がった鼻がトレードマークだった「ブロウクン・ノウズ・マーフィー」は、チャップリン、キートン、ロイドの三大喜劇スターと共演した数少ない俳優の一人だ。その意味で、いわばサイレント喜劇映画のエッセンスのような存在である。

チャーリーは鏡の部屋のなかで多数に分裂している。現代社会においては、唯一無二なはずの個人までもが量産され、大衆の象徴としてのチャーリーの個性は否定される。鏡に映るたくさんのイメージのなかで、チャーリーはどれが自分の本当の姿かわからなくなっている。その後、機械人形の動きで、新しいスリが古いスリを、あるいは古いサイレント

『サーカス』ラストシーン

喜劇の象徴のような男を殴り倒すのだ――あたかも、旧来のサイレント喜劇を破壊し、新たなチャーリーに生まれ変わろうとしているかのように。

そう考えると、鏡の迷路は、巨大な資本主義社会のなかで、新たなチャーリーを模索する迷路とも言える。チャーリーとマーフィーとのやりとりのあと、警官も迷路に迷い込んできて、警官のイメージも多数に分裂する。もはや、警官も権力の象徴を体現できる大柄な個人ではなく、もっと大きな力に操られている一人にすぎない。そのシーンで、迷路に迷った警官が言う台詞、「出口はどこなんだ」という字幕は極めて示唆的である。当の権力側にとっても、この巨大な資本主義社会の出口は定かではないのだ。

映画はトーキーへと急激に移り変わり、またアメリカが繁栄と青春を謳歌したローリング・トゥエンティーズの末期、大恐慌の直前という激動の時代――そんな時代の大転換をチャーリーはいち早く察知していたのかもしれない。

それにしても、チャーリーに、混迷を深める世界からの出口はあるのだろうか。あくまで自由な放浪者であろうとするチャーリーに、現代社会において居場所はあるのだろうか。

撮影中、チャップリンに弟子入りする幸運を得たのは日本人映画監督の牛原虚彦だ。高野が牛原を現場に連れていった日、十数メートルの高さのロープで撮影中だったチャップリンは牛原に昇ってきなさいと言った。緊張と恐怖で震えながらハシゴを昇った牛原の本気を見てとったのだろう。弟子入りを許可し、牛原は七ヶ月間喜劇王の側にいてチャップリンの撮影風景――妻に悩まされながらも、ロープを七〇〇回渡り、ライオンと二〇〇回演技をして、笑いを追求するその姿を目に焼き付けた。

チャップリンは、アイディアに行き詰まった時、撮影所奥のバンガローに閉じこもることがあった。牛原がその場を通りかかった時、中からチャップリンが弾く、絶叫のようなオルガンの音色が聞こえてきて、立ちすくんだ。牛原はその時、天才の苦悩とはいかなるものかを思い知った。

日本に戻る時、チャップリンは牛原に色紙を贈った。色紙には、放浪紳士のイラストと、

『サーカス』撮影中。右から牛原虚彦、チャップリン、初世水谷八重子、水谷竹紫、高野虎市

その脇にただ一言、"I Stand Alone"(ぼくは独りぼっちだ)と書かれていた。

『街の灯』——言葉を超えて

『サーカス』公開後しばらくたって、映画界はすっかりトーキー一色となった。しかし、チャップリンは悩んだ末に、その次の作品もサイレントで製作することに決めた。「心にもない謙遜を抜きにして言えば、パントマイムの名人だという自負はあった」(『自伝』)のだ。チャップリンは、『サーカス』公開直前の一九二七年一二月から、アイディアを一年間かけて膨らませていった。当初は、再度サーカスの話にするつもりだったようだ。サーカス芸人が事故で失明してしまうが、幼い娘にそのことを悟られないように、目が見えずあちこちぶつかったりこけたりするのは笑わせるためにわざとやっていると振舞う話だった。

もう一つのアイディアは、ロンドンの大富豪たちがイタズラを思いつき、川辺の浮浪者に一晩だけ贅沢をさせる。たらふく酒を飲ませて眠った頃に、もとの服に着替えさせて川辺に戻す。朝起きた浮浪者は果たして昨晩のことは夢だったのかと呆然とする、という筋立てだった。

この頃から、「失明」と「金持ちと浮浪者の対比」がテーマになっていたことは興味深い。当時のアメリカは未曾有の好景気を誇っていた。だが、チャップリンには、好景気のために見えなくなっていた社会の矛盾がくっきりと見えていた。

一九二八年一二月に開始した『街の灯』の撮影は、約二年にわたって続いた。製作日数は、六八三日。そのうち実際にキャメラをまわしたのは一七九日である。

製作にこれほどの長い時間をかけたのは、生来の完璧主義に加えて、迫り来るトーキーの脅威のなかのプレッシャーもあったのだろう。数々のシーンが撮影されては廃棄された。廃棄されたシーンのなかでも、当初予定されていた冒頭シーンは秀逸なものだ。チャーリーが洋服店のショウ・ウィンドウの前で、鋪道の格子のあいだに木切れが挟まっているのを見つける。彼は何気なくそれをステッキでつついて外そうとするが、木切れはくるりと回転するだけで、外れない。だんだん本気になってステッキで必死につつく。何ごとかと群衆が集まってくる――ひとつのアイディアから、最大の喜劇的効果をもたらすチャップリンの真骨頂とも言うべきシークエンスだが、完成版では冒頭は「平和と繁栄のための」彫像除幕式のシーンに変更され、大恐慌のあとの庶民にとっては彫像など何の足しにもならないとばかりに金持ちの偽善を風刺する名シーンとなった。

ちなみに、冒頭の彫像除幕式のシーンで注目すべきギャグが一つある――彫像から降りて出て行けと怒り狂っている警官や群衆が、アメリカ国歌の演奏が始まった瞬間に敬礼し、彫像にいるチャーリーも帽子を胸に当てて敬意を示す。が、演奏が終わった瞬間に、また群衆たちはチャーリーに怒り始めるギャグだ。怒っている最中でも国歌（＝国家）の権威

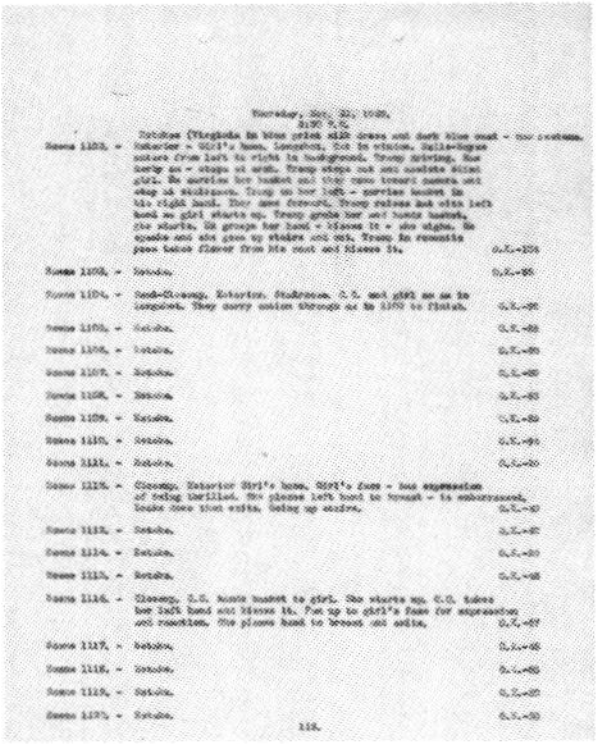

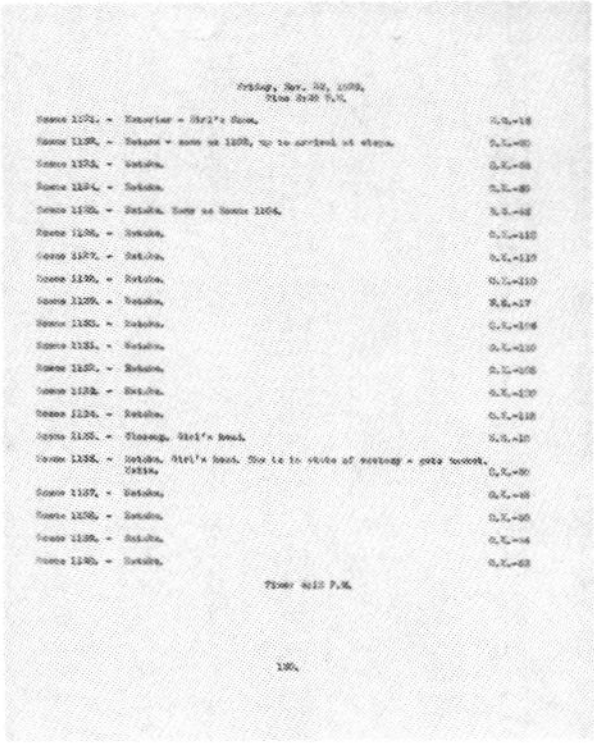

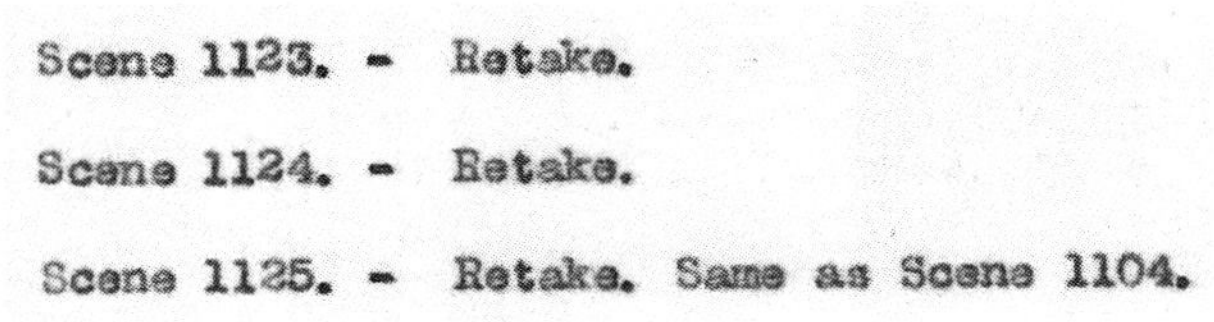

Scene 1123. - Retake.

Scene 1124. - Retake.

Scene 1125. - Retake. Same as Scene 1104.

『街の灯』撮影レポート。「撮り直し（Retake）」の文字が続く

にひれ伏す様を風刺した場面だが、実はこのギャグは「国歌の演奏」、すなわち音がないと面白くない。チャップリンは『街の灯』公開に際して、「パントマイムとコメディ」という文章を発表し、言葉よりもパントマイムの方が普遍的であり、世界共通言語としてのサイレント映画にこだわると宣言した。だが一方で、このようにパントマイムと音を組み合わせた、トーキー時代の新しいギャグをしたたかに取り入れている。チャップリンは、演劇から映画へ、一九世紀から二〇世紀へ、帝国

から民主主義への「移民」であると前述した。移民は、もとの場所の特徴・個性を生かしつつ、次の場所へとみずからをしなやかに適合させる。『街の灯』の冒頭では、サイレント映画の王様が、トーキーへとしたたかに「移民」しようとしている様を見ることができる。彼は決して「サイレントにこだわった頑固者」などではないのだ。

『街の灯』撮影において、チャップリンがもっとも苦労したのは、浮浪者と花売り娘との最初の出会いのシーンである。いかにして、花売り娘はチャーリーのことを大金持ちと誤解するか――その短いシーンのために一九二九年一月二四日から二月一四日まで費やされ、二月二〇日に再び試した後、四月に入って全てやりなおす決心をしている。渋滞している道を横断するために、浮浪者が横着をして高級車の後部座席のドアを開けて、車内を横切り、反対のドアから鋪道に出る。そのドアの音を聞いて、花売り娘がチャーリーのことを高級車から出て来た大金持ちだと勘違いするという秀逸なアイディアが浮かんだのはその後のことだ。

花売り娘を演じたのはヴァージニア・チェリル。彼女は演技経験のない素人だったが、オーディションの際に、プロの女優が白眼をむいてわざとらしく盲目の演技をするなかで、チェリルだけが心の目で見る自然な演技ができた。しかし、プロ意識がなく連日パーティーに繰り出して疲れた表情で撮影に顔を出すなどチャップリンとのあいだはうまくいっていなかった。

製作開始／1927年12月31日　製作終了／1931年1月22日　プレミア／1931年1月30日、ロサンゼルス劇場　1931年2月27日、ドミニオン劇場（ロンドン・プレミア）　長さ／8093フィート

『街の灯』。（上）ボクシングの場面。（下）花売り娘役のヴァージニア・チェリルと

街の灯　City Lights（1931）

製作・監督・脚本・作曲・編集／チャールズ・チャップリン

記念碑の除幕式。広場には大勢の人が集まっている。綱を引くと大理石造りの像の上で放浪者チャーリーが眠りこけている。像から追い出されたチャーリーはあてもなく街をうろつき、花売り娘（ヴァージニア・チェリル）に出会う。盲目の娘は、チャーリーを高級車から降りて来た紳士と勘違いする。

その夜、チャーリーは、岸壁で酩酊して自殺を試みる富豪（ハリー・マイヤーズ）を助ける。富豪はチャーリーを心の友と呼び、意気投合して街にくり出す。ところが、この富豪は奇妙な二重人格で、素面になるとチャーリーのことをすっかり忘れているのだった。

盲目の花売り娘に恋をしたチャーリーは、富豪の助けも得て、娘の前では金持ちを演じる。そんなある日、娘の家の家賃が滞納していることを知り、金を工面することを約束する。

一念発起して賭けボクシングで稼ごうとするが、あえなく敗退。偶然、再会した酩酊中の富豪がチャーリーに1000ドルを渡した時、運悪く二人の泥棒が押し入る。泥棒に殴打されて気を失った富豪は、すっかり素面になって、チャーリーのことを知らないと言う。逆に、泥棒呼ばわりされたチャーリーは、娘のために1000ドルをひったくって逃げ、娘を訪ねてお金を渡した後、警察に捕まる。

数ヶ月過ぎて、チャーリーがくれたお金で手術をして、目が見えるようになった花売り娘は街角に花屋を開いた。ハンサムな紳士が店にやって来ると、自分の目の恩人かと思う日々。そこに、監獄から出たチャーリーが、前にも増してぼろぼろの服で通りかかる。ふと花売り娘に気付くチャーリー。自分の恩人とも知らず、目の前の汚らしい浮浪者に小銭を握らせようと、チャーリーの手を握った時、娘はその手の温もりを思い出し、彼女の心の目が開く。

二人はお互いをじっと見つめたまま、その場に立ちつくすのだった……。

一九二九年一一月、いよいよ今や目の見えるようになった花売り娘と浮浪者が再会を果たすラストシーンの撮影に入ったときに事件は起きた。チェリルはこともあろうに美容院の予約があるので早退させて欲しいと言い出したのだ。かんかんに怒ったチャップリンは、一一月一一日に『黄金狂時代』の主演女優ジョージア・ヘイルを迎えて撮影の続きをする。ほとんど撮影は終盤にさしかかっていたこともあり、結局一一月の後半にはチェリルが呼び戻されて以前の倍の週給で契約に戻った。この時のスクリーン・テストを見ると、個人的にもチャップリンに恋心を抱いていたヘイルはやや演技過剰気味で、花売り娘の役はチェリルしかつとめられなかったことが分かる。

そのあとは、チャップリンとチェリルは信頼関係を構築して、撮影もスムーズに進んだ。娘が浮浪者を金持ちと勘違いするシーンも一九二九年暮れに再撮影され、そのシーンの最初の撮影から延べ一年間の時間と、七〇〇以上のテイクの末、今度はわずか六日間で納得のいくものができた。ラストシーンは一九三〇年九月二二日に再撮影。一七回の撮り直しの末に、神がかりともいうべき美しいシーンが完成した。

一九三一年一月三〇日に公開され、無謀な賭けと思われた『街の灯』は、世界中で大ヒットを記録。今でもチャップリンの代表作として人気が高い。あたかもバレエのような爆笑ボクシング・シーンに、「世界でもっとも悲しい三枚の字幕」と呼ばれる感動のラストシーン。加えて、社会の底辺にいる目の不自由な少女と素面になるとチャーリーのことを

『街の灯』のＮＧフィルム。テイク番号からは、いかに撮り直しが膨大であったかがわかる

忘れてしまう大富豪を登場させることで、社会の格差を象徴的に描いた。『街の灯』は、笑いに涙、そして冷徹な社会批評を、残酷なまでに美しい愛の物語に盛り込んだ、まさにチャップリン映画の全ての要素が詰まった最高傑作である。

チャップリンが、『街の灯』において初めて行なったことが二つある。

一つ目は、本作において初めて劇中の音楽をすべて作曲したことだ。本作をサイレント映画として製作すると発表した時には、各方面から驚きの声があがった。チャップリンはトーキー映画への対抗上、すべての映画音楽を作曲し、「サウンド版」として公開した。

チャップリンは、若い頃チェロを猛特訓し、一九一六年には「チャーリー・チャップリン音楽出版」を設立して、自作のチェロ曲の楽譜を出版したこともある（二〇〇〇部用意した楽譜集は、当時三部しか売れなかった。一部はアメリカの作曲家チャールズ・カドマン、残りの二部は通りすがりの人が買った）。五歳の時から舞台で鍛え上げた天性の音楽センスで、『街の灯』の背景音楽としてメロディアスなバラードからジャズ曲まで二〇タイトル以上を作った。自作の曲以外には、ホセ・パディリヤの「ラ・ヴィオレテラ」やロマン派のクラシック音楽など、ロマンティックな曲を好んで選んだ。編曲者たちは喜劇のシーンには楽しいアレンジを施そうとしたが、チャップリンは拒否して、喜劇的な場面にあえて美しい旋律を対比させることで、喜劇の裏に潜む悲劇性を浮かび上がらせた（その対比を、彼は「ぼくの対位法だ」と編曲者に説明した)。トーキーへの対抗上導入した音楽において、観客はチャップリンの新しい才能を知ることになる。

もう一つは、「ラストシーンを考えてから撮影を開始したこと」である。初期のチャップリンは、定まった脚本を書かずに、頭のなかにあるアイディアを何度も試して撮影し、撮り直しのすえにストーリーを構築していくという仕事法をとっていたが、『街の灯』ではまずラストシーンを思いついて、そこに至るためのストーリーを考えていった。

ごく初期のアイディアのメモに次のように書かれている。目が見えるようになった少女が、花屋の店先に現れた浮浪者を見て、「彼女は彼のみっともないなりを面白がりながらも、ふいにきれいなバラを一本折り、彼の方に手を伸ばして差し出す。浮浪者はまだほほえみを浮かべており、じっと彼女を見つめてゆっくりと彼女に近づき、顔を見つめたまま彼女の手から花を取ってボタンホールに差すと、ゆっくりと彼女に近づき、顔を見つめたままでいるように何度も笑顔で振り向く。花売り娘とほかの娘たちは、いかにもおかしそうに笑っている」。

アイディアのメモに比べて、完成版では最後に娘が浮浪者の手に触れることで、浮浪者に気づく。自分の恩人は目の前のボロボロの浮浪者だった——その時、視力を回復した娘の、心の目が開く。単に感傷的なエンディングであることを超えて、社会の格差や矛盾を見せる。この二人はその後幸せに過ごしたとは到底思えない（それは、『キッド』のラスト

『街の灯』ラストシーン

で母エドナと再会したジャッキー少年とチャーリーが三人で仲良く暮らすことを想像できないのと同様だ)。美しい愛の物語にして、決して成就しない愛の残酷さをえぐりだした名シーンだ。

一九三〇年代初頭に、アメリカで活躍したカメラマンのハリー三村は、『街の灯』の字幕の日本語への翻訳を手伝っていた。最後の"You?"という字幕が、どうしても翻訳できず、数時間の議論を経ても納得のできる訳語が見当たらなかったという。単純に、「あなただったのですか」という意味ではない、と三村は言う。言葉にならずに「まあ！」とおもわず発してしまってその後が続かない。そんなニュアンスをどう翻訳すればいいのだろうか。

チャップリンは、愛の美しさと残酷さ、

社会の格差、再会した二人の言葉にならない想いを、美しい音楽と画面からあらゆる感情の溢れ出るクロース・アップで余すことなく表現しつくした。言葉にならない想いを言葉なしに表現すること——これぞサイレント映画の真骨頂とは言えまいか。

チャーリーの変化　夢の亀裂

登場人物の個性で、大衆・権力・夢を象徴的に描くチャップリンの手法は、『街の灯』でも健在だ。ヒロインが、エドナからジョージア、マーナ、そしてヴァージニア・チェリルと変わっても、夢の象徴たるヒロインは、いつまでもチャーリーの夢であり続ける。『失恋』で、エドナに失恋したチャーリーが、ラストシーンで一人去っていく後ろ姿を見せて以来、チャーリーは夢を求めて放浪し続ける。そして、その夢は決して成就しない。同時代の喜劇役者であるキートンやロイドの作品を見ると、結婚で終わるのが喜劇映画の定石の一つであることがわかる。だが、チャップリン映画では、主人公たちの結婚で終わる作品は、『犬の生活』など数えるほどしかない。そもそもチャーリーが結婚しているという設定は、『一日の行楽』や『給料日』などわずかである。

チャップリン映画におけるヒロインは、常に手の届かない存在だ。例えば、『黄金狂時代』で、盛り場での新年のパーティーの喧噪を、チャーリーが窓ガラス越しに見るシーン

『黄金狂時代』。ガラスの向こうにいるはずのヒロインを探すチャーリー

では、チャーリーは憧れの対象であるジョージアを、窓ガラス越しに探す。わずか一枚のガラスにさえぎられて、二人は同じ空間を共有できない。同じように『サーカス』では、テント小屋の小さな穴から、ヒロインのマーナを見つめる。ここでも夢の対象は、テントの布の向こう側にいる。しかし、小さな穴から覗かれているマーナのほうは、チャーリーのことなど気付いてはいない。

チャーリーにとって、その夢の対象であるヒロインはいつも何かの向こう側にいて、手の届かない存在である。両者を分かつ〈何か〉とは、『黄金狂時代』のガラスのように透明で普段は気にも止めないものであるが、確かに存在する。この〈何か〉にさえぎられて、チャーリーの思いはヒロインには届けられず、ヒロインのほうはチャーリーの存在にすら気付かない。すなわち、それはロマンスを分かつ壁にして、社会的弱者たるチャーリー（大衆の現実）とその憧れの対象（大衆の夢）とを厳然と区別する壁でもある。

『街の灯』でも、弱者の現実と夢のあいだに厳然と立ちはだかるガラスの壁が示される。冒頭近くの、チャーリーがショウ・ウィンドウのガラス越しに裸婦像を見るシーンを見ても分かるように、ここでもチャーリーにとって女性とは、やはり〈何か〉の向こう側にある憧れでしかない。しかも、直後に大柄な男性（＝権力）が工事中の穴ボコから現れて、チャーリーがささやかな夢を見る行為すら禁止する。

『街の灯』のヒロインである花売り娘は、盲目である。〈見える／見えない〉という絶対

『サーカス』。テント小屋の小さな穴から中にいるヒロインを見つめるチャーリー

的な壁の向こう側に娘はいる。『サーカス』で、ヒロインのマーナはテントの穴から覗いていたチャーリーに気付かなかったが、『街の灯』の盲目の娘は、チャーリーのことがそもそも見えていない。視力がないがゆえ、盲目の娘はチャーリーが大金持ちだと勘違いする。『街の灯』は、チャーリーの登場する作品としては例外的に、ヒロインの手を握り、手の甲にキスをするシーンが多い。これも、娘にはチャーリーが見えないからこそ可能な行為である。そもそも「女性に対する劣等感に苛まれる存在」（アンドレ・バザン）であるチャーリーは、面と向かっては愛を伝えることができないのだ。

『街の灯』には、もう一人、奇妙な視力を持つ男がいる。自殺未遂を図《はか》ってチャーリーに助けられる大金持ちだ。彼は、酔っぱらっているときは、チャーリーを「心の友」と呼び、素面《しらふ》に戻るとチャーリーのことを忘れてしまう。このエピソードで、『街の灯』は一気に社会的なテーマを帯びる。この大金持ちは、ブルジョワであるという社会的自我を有する間は、チャーリーが見えない。ところが、泥酔して忘我状態にあると、チャーリーのことを認識する。つまり、大金持ちには貧乏人のことなど見えないのだ。ブルジョワと社会的弱者との間にある社会の壁。その壁は普段はショウ・ウィンドウのガラスのように透明で意識されることはないが、絶対的な断絶として確かに存在する。そのような壁すら見えない盲目だからこそ、娘はチャーリーと心の交流を図ることができるというわけだ。

さて、物語の終盤、チャーリーは大金持ちからもらったお金を、目の手術のために娘に渡す。ところが大金持ちは、泥酔中にチャーリーに金を渡したことを素面に戻ったときには忘れてしまい、そのせいでチャーリーは牢屋に入れられる。数ヶ月後、ようやく釈放されたチャーリーは、目が見えるようになって街角に花屋を開いている娘と偶然再会する。娘は、目の前の汚らしい浮浪者が自分の恩人とは気付かない。ぼろぼろの服をまとったチャーリーを馬鹿にしながらも、花を一輪やり、小銭を恵んでやろうとして手に触れた瞬間、娘の心の目が開く——映画史上に残る感動のラストシーンだ。

今や街角に花屋を開き、社会的な強者となった娘は、物理的な視力の回復と引き換えに、素面のときの大金持ちと同じく心の視力を失っている。その娘が、手の温《ぬく》もりでチャーリーこそが恩人だったのだと分かる。チャーリーは問う。「目は見えるの？」「ええ、見えます」と娘は答える。そう、このとき娘は物理的な視力だけでなく、心の視力を回復したのだ。

その視力で娘が見たものは何か？　それは、社会的な強者と弱者との間の、普段は意識されない壁である。かつて盲目だったとき、娘は街角にただ座って花を売っていた。娘を囲むものはなかった。ところが、視力を回復した娘は、街角に花屋を開店して、一日中ショウ・ウィンドウのなかに座っている。目が見えるようになった途端、それまで存在しなかったショウ・ウィンドウのガラスのように、普段は透明で意識されない社会的な壁が現れたのだ。

そこではじめて、チャーリーとヒロインとが心を込めて見つめ合う。娘は感謝の気持ちを表そうとし、チャーリーは笑顔で娘を包み込もうとする。だが、私たちにはあのラストシーンが単純なハッピーエンドであるとは到底思えない。視力を回復した娘とともに、観客の私たちにも、二人の間の透明な壁とそこに走った亀裂が見える。それは、究極の愛が伝えられた瞬間、もろいガラスに走った美しい亀裂であり、その亀裂のおかげで普段私たちが意識しない社会的な壁の存在を感じ、亀裂の隙間から人間の本当の姿が見える。『街の灯』は、究極的に美しいラヴ・ストーリーにして、普段は見えない壁の亀裂から残酷な現実が噴出する、そんな傑作なのだ。

『街の灯』は、チャップリン映画におけるヒロイン像の到達点にして、ヒロイン像に亀裂が入った作品でもある。一九二九年の大恐慌以降、もはや、女性とのロマンスを夢見て放浪するチャーリー像は成り立たなくなってきたのだ。機械化・資本主義化が急速に進み、チャーリーのような個性は生きにくい世の中になった。実際、どれだけ警官に追われても逃げおおせていたチャーリーが、『街の灯』では長編映画になってはじめて警官に捕まり、牢屋にいれられる。もはや、現代社会に放浪紳士の居場所はなくなりつつあった。

否応なしに〈社会〉のなかに取り込まれようとしているチャーリー。孤独な放浪者であることを捨てなければならなくなったとき、彼はどのような道を歩めばいいのだろうか。

世界旅行と日本

世界旅行と初来日

『街の灯』を完成させたあと、チャップリンは世界旅行に出た。この時期は、チャップリンの生涯においても、またそのキャリアのなかでも、ちょうど折り返し地点にあたる。一年半の長期にわたった世界旅行で見聞を広め、骨休めをしたというわけだ。

一〇年ぶりに訪れた母国イギリスをはじめヨーロッパ各国で、大恐慌後の現状を観察し、チャーチルなど時の政治家やアインシュタインなどの著名人と語り合った。とりわけ、貧しい幼少時代に母と離れて孤独に過ごしたロンドンのハンウェル救貧法学校への再訪と、機械文明を否定するガンジーとの会談は大きなインパクトを与えた（機械も使い方次第で人を幸福にすると主張するチャップリンに対して、ガンジーはインドの現実を例に、機械化反対

ガンジー（前列右から２人目）と

の立場を変えなかった）。

ベルリンでは大群衆がチャップリンを迎えたが、そのなかにはナチスのゲッベルスが手配した妨害工作員も混じっていた。チャップリン人気の前に妨害工作がうまくいかなかったナチスは、記録映画を作ってベルリンの歓迎の様子に「ユダヤ人の道化がベルリンに来ました。大勢の群衆が、敵とは知らずに出迎えたのは悲しいことです」とナレーションをつけた。

日本では五・一五事件に遭遇し自身も命を狙われた。

このときの海軍将校側とチャップリン側の動きは、まさにサスペンス映画を地でいく展開だ。

一九三二年の三月下旬のこと。海軍将校古《こ》賀《が》清志《きよし》たちがテロの計画を練っていた頃、ある話題が新聞紙上を賑わす。当時世界旅行の途上でまだシンガポールにいたチャップリンが来日の折には、犬養毅《いぬかいつよし》総理が喜劇王を招いて晩餐《ばんさん》会を開催する、というのだ。これを読んだ古賀は「チャップリン暗殺」なる荒唐無稽な計画を思いつく。大スターと犬養総理との晩餐会には多くの政財界人が集まるだろうから、彼らを一網打尽にするいいチャンスだ。かつ、「アメリカのスターを暗殺することで日米関係を動揺せしめ、日米開戦に持ち込めると思った」と古賀は後の裁判で証言している。軍国主義者たちのなんたる稚拙な思考であろうか。

しかし、古賀たちにとって不測の事態が起きる。喜劇王は滞在先のバリ島で熱病にかかってしまい、神戸港着は早くても五月一六日になったのだ。古賀たちは五月一五日にクー・デタを実行すると決めていた。理由は、日曜で官邸の警備が手薄なことと、実動部隊である陸軍士官候補生らが満州に旅行に行っており前日の一四日に帰国すること（一週間後に延ばすと、その間に脱落者が出ることを古賀たちは恐れた）、の二つだ。この時点でチャップリンは暗殺の標的からは外れた。

ところが、やはりチャップリンはドラマを巻き起こす。世界的スターのチャップリンだったが、なぜか香港では出迎え客が少なかった。世界中で未曽有の大歓迎攻めに苦しんでいたはずだったが、客が少なければ、それはそれで気に入らないのがスターの性《さが》。結局、香港観光を半日で切り上げた。この時少しでも長く滞在していれば、五・一五事件にはまったく遭遇すらしなかったはずだ。

さらに、乗り込んだ船の調子が良く、なんと予定よりも二日も早く、五月一四日に神戸港に到着してしまった。伝統文化に興味のあったチャップリンは京都・大阪で観光することを望んだが、当時、外国人排斥の機運が高まっていたので、まずは東京に行って総理に挨拶をするべきだという元陸軍大将 櫻井《さくらい》忠温《ただよし》（高野の友人だった）の助言もあり、一行はその日のうちに東京へ向かう。夜の九時二〇分に東京駅に着いた時は、四万人もの群衆が押し寄せた。同行していた兄のシドニーはすんでのところで踏みつぶされるところだった。櫻井の助言に基づき、高野は皇居に向かってチャップリンに遥拝させた。右翼勢力を懐柔する演出のつもりだった。

翌日五月一五日。運命の日の朝一〇時三〇分。犬養健《たける》首相秘書官が帝国ホテルに来て、晩餐会への出席を求めた。政治家主催の晩餐会などめったに行かない喜劇王だったが、このときは上機嫌でOKした。そのまま出席していれば、確実に殺されていただろう。だが、その三〇分後に、チャップリンは突然「やっぱり総理大臣の歓迎会には行かない。相撲に行きたい」と言い出した。一度言い出せば、総理だろうが女王だろうが止めることは出来ない。総理との面会は一七日に延期。相撲見物後、銀座で休憩していたときに、五・一五事件が勃発して犬養総理は暗殺される。高野らは喜劇王の命を守るべく懸命に動いたが、最後に天才を助けたのは、みずからの気まぐれだった。

チャップリン訪日を伝える新聞記事

帝国ホテルで、チャップリンがデザインして三越に特注した「キモノ・スーツ」を着る、左から兄シドニー、松竹の浅利鶴雄、チャップリン

チャップリンと日本

初来日の話題になったところで、チャップリンと日本の関係について触れておこう。

そもそもチャップリンと日本の縁は深い。彼のトレードマークであるステッキは、滋賀県産の根竹《こんちく》で出来たもので、戦前の日本の輸出工芸品だった。ロス・アンジェルスのリトル・トーキョーの土産物屋で見つけたチャップリンは、それを小道具として使うことを思い立った。よく曲がる竹のステッキのしなやかさ、柔軟さは映画のなかのチャップリンにぴったりだ。

チャップリンは、生涯で四回来日した。チャップリンは小泉《こいずみ》八雲《やくも》の『怪談』が好きで（彼は薄気味悪い話が大好きだった）、日本に興味を持っていた。世界旅行中の初来日の時は、五・一五事件の標的になったことは前述した通りだ。その後、身の危険を感じて帰国しようとしたチャップリンを気分転換させるために、高野は箱根に連れて行ったが、連日の雨のため気に入らなかった。それでも約二〇日間の滞在中、上野の美術館で浮世絵を楽しみ、歌舞伎に代表される伝統芸能を愛した。勉強家のチャップリンは、北斎や写楽について高野よりも詳しく、まわりに浮世絵の特徴を説明していたほどだった。歌舞伎役者が大成するのに何十年もかかると聞いて、チャップリンは大いに共感した。

初世中村吉右衛門と

また、銀座の「花長《はなちょう》」に通い詰めて、一回に海老のてんぷらを三〇本も食べたことで、当時の新聞に「てんぷら男」とあだなされた。もっとも、帰国に選んだ氷川丸は、わざわざコックを花長で修業させて、「花長で三〇匹食べたのならうちではその倍を！」と連日六〇匹の海老の天ぷらを出し、人のいいチャップリンは断ることもできず毎日頑張って六〇匹食べていたそうだ。

一九三六年の三月に再来日したときには、のちに著名な映画評論家となる淀川長治《よどがわながはる》が神戸でチャップリンに出会っている。その後、二ヶ月ほどアジア諸国を周遊したあと、五月一六日にまた日本の土を踏んだ。三度目の来日だ。このときに、当時のパートナーで『モダン・タイムス』『独裁者』のヒロイン、ポーレット・ゴダードとともに念願の京都を訪れた。「鴨川をどり」を見て、円山公園を散歩。新京極で買い物をして、創業一八一八年の伝統を誇る京の最高級旅館・柊家《ひいらぎや》に宿泊した。柊家に宿泊した折に、チャップリンは「日本語にはかゆいところに手が届くという言葉があるそうだが、柊家では手が届いたところにかゆいところがあった」と言ったというから、よほど京都のおもてなしの心に感動したようだ。翌日は、清水寺、嵐山、金閣寺を見物し、

二度目の訪日。京都「柊家」にて。右隣はポーレット・ゴダード、その右は当時の秘書であるフランク・ヨネモリ

すっかり都の伝統的風景に魅せられた。祇園の割烹料亭「浜作」では、包丁の背でウズラの肉をリズミカルに叩く美技に拍手喝采を送った。チャップリンはお土産を山のように買い、西陣でもらった絹のガウンは晩年まで自宅でよく着ていて、今もチャップリン家のアイルランドの別荘に飾ってある。最後の来日は一九六一年のことだ。

高野虎市のこと

喜劇王がここまでの親日家になったのは、他でもない秘書・高野虎市の影響である。チャップリンは、こう述べている。「コーノはすべてだ——看護夫、侍者、個人秘書、護衛——彼は日本人で、私のためには何でも屋だった」。喜劇王の全幅の信頼を得た秘書・高野虎市。映画史でも重要な人物でありながら、忘れ去られている高野について書きたい。

高野は、一八八五年に、広島県八木村（現在の広島市安佐南区八木）で生まれた。広島は米国移民の三分の一をしめる移民県だ。移民と言えば、貧しい家の息子が生活に困って行くものと相場が決まっているが、高野家は近しい親戚に初代村長や庄屋がいる村一番の名家だった。

虎市をアメリカへと突き動かしたもの、それは〈野心〉だった。若き日の虎市は相当の不良少年だった。旧家ゆえ、幼少の頃にすでに許嫁を決められていたが、そんな古めかしい因習が嫌で、中学の時には友達とお茶屋で芸者遊びをしていた。放蕩を尽くした揚句に、先にアメリカに渡っていた従兄弟を頼って、シアトルに向かう。一五歳の日本脱出だった。

野心家虎市は、シアトルの日系人社会ではなく、白人社会に入り込んで、駅のポーターの管理や、会社社長の運転手などを務めた。一九〇四年に一度帰国したが、やはり許嫁を勧める父に反発して一年ほどでアメリカに舞い戻る。

さて、許嫁をめぐっての親子の闘いは、一九一三年一二月二三日にあっけなく幕を閉じた。この日、父・兵右ェ門が死去したのだ。そして、なんと虎市は父の死を聞いたまさにその日に恋人イサミとの婚姻届を出している。かくして、自由恋愛を貫いたモダン・ボーイは勝利して、晴れて二人は新婚生活を始めた。

二八歳で家督を相続することになった虎市は、なんと土地を相続した一一日後に、土地のほとんどを売り払い、そのお金でシアトルからロス・アンジェルスに移住して、航空学校に入学する。こうして、高野家先祖代々の土地は、航空学校の授業料に消えた。

若き飛行家を目指していたモダン・ボーイ虎市だったが、大事故を起こしてしまったことがきっかけで、危険だからやめてくれという妻の猛反対で頓挫。スピード狂だった彼は、次にエキサイティングなものは自動車だと、運転手稼業に戻った。そんな時、以前仕えていたシアトルの興行会社社長ジョン・コンシダインからチャップリンが運転手を募集していることを聞いた。コンシダインは、カーノー劇団の初のアメリカ巡業の西海岸公演を仕

チャップリンと高野虎市。1927年に撮影

ヴァージニア・チェリルと

切った人物だ。

一九一六年秋のある朝、高野は、チャップリンが当時住んでいたロス・アンジェルス・アスレティック・クラブの一室に行く。この時の「面接」はたったの三言で終わった。「君は運転が出来るのか」というチャップリンの質問に、高野は「イエス」と答えた。ベッドで朝食を取っていた喜劇王は、「僕には出来ないよ。かっこいいなあ」とにやりと笑い、これで採用が決まったという。

この「面接」のエピソードは驚くべき話だ。というのも、当時アメリカ西海岸では日本人排斥の嵐が吹き荒れており、差別が激しかった。ところが、チャップリンは「あなたは日本人ですか」などとは一言も聞かず、「運転の能力」だけで高野の採用を決めた。人種的偏見のなかった喜劇王の公平さを物語る話である。

高野はそんな喜劇王の期待に応えるべく懸命に働く。誠実な仕事ぶりが評価され、運転手のみならず個人秘書の役割を担うようになる。チャップリンへの連絡は高野を通してでないとできなくなり、チャップリンの友人の電話番号も高野が管理した。チャップリンの妻に対してさえ、本人の代わりに高野が応対した時もあった。喜劇王は高野に、撮影所内に五つの寝室のある邸宅をプレゼントし、長男スペンサー（チャップリンのミドル・ネーム）の名付け親となった。

一九一七年に高野は『冒険』に運転手役で出演。しかし、妻が「御先祖様にあわせる顔がない」と反対し、他にほとんど映画出演はない。

高野に全幅の信頼を置いた喜劇王は次々と日本人を雇った。一九二六年頃、チャップリン邸の使用人一七人は全員日本人。当時の妻リタ・グレイが「日本人のなかに暮らしているようだった」と回想するのも無理もない。

後年高野は、天才らしく気まぐれなチャップリンのことをよく周囲に話した。散歩魔だったチャップリンが、朝早くに長い時間散歩しては、遠く離れた場所から迎えに来いとよく連絡してきたり、妻が自分の不在中に何をしているのか内緒で見ようと言うチャップリンに、「私立探偵を雇いましょう」との高野の常識的な意見は通らず、二人で探偵ごっこをしたことなどは楽しいエピソードだ。

二番目の妻リタ・グレイは、チャップリンの財産を狙う母親や親戚の弁護士らの計略のもと、派手な離婚訴訟を起こすが、思い悩む喜劇王の孤独を癒したのも高野だった。彼は、一九三一年から三二年にかけてのチャップリンの世界旅行に同伴した唯一の人物でもある。

このように高野は一八年間にわたって喜劇王を支え続け、財産相続人の一人にされるほど信頼されていた。だが、一九三四年にチャップリンのパートナーで、女優ポーレット・ゴダードと衝突して秘書を辞任。チャップリンは、辞任を申し出た高野のもとを訪れては、戻って欲しそうなそぶりを見せたが、高野は戻らなかった。「あの時に、女のほうをとった」と高野は晩年まで悔しそうに語っていたという。一八年間喜劇王を支えてきたというプライドと、チャップリンを独占したいという恋愛にも似た思いがあったのだろうか。

チャップリンは高野に莫大な退職金とユナイテッド・アーティスツ日本支社長のポストを与え、高野はそれを元手に事業を始めるが、喜劇王を離れた高野を相手にするものはなく、ことごとく失敗した。それでも、日米親善に尽くしたいという野心は健在で、一九三八年には、米国女子ソフトボール・チームを日本に招聘《しょうへい》。あまり知られていないが、女子ソフトボールを初めて日本に紹介したのも高野である。

そんな折、悲劇が起こる。元俳優の知り合いアル・ブレイクを、友人の友人だった日本海軍中佐・立花止《いたる》に紹介した——これがスパイ行為と見なされ、一九四一年六月高野は逮捕されたのだ。筆者は、一一三六ページにも及ぶＦＢＩファイルを読んだが、金品の授受もなく、ＦＢＩですら「スパイ行為の形跡はない」と認めている。だが、日米関係が悪化の一途を辿っていた当時、日本人というだけで危険人物と見なされた。

当然、不起訴処分となったものの、太平洋戦争開戦とともに再逮捕。戦時中は収容所に入れられて、一九四七年秋まで約七年の抑留生活を送る。そんな目にあっても彼はアメリカを愛し、日米の架け橋となりたい気持ちは変わらず、戦後は、戦中に市民権を剝奪された日系人のための法律相談所「ツールレイク・ディフェンス・コミッティー」の中心的メンバーとして働いた。

一九五六年に広島に帰郷。一九六一年に、チャップリンは四度目の来日を果たすが、高野は勧められてもチャップリンには会わなかった。当時周囲にいた人物は、チャップリンに会いたい、でももう自分はチャップリンにとっては過去の人だから会わないと涙をこらえていた高野の姿が忘れられないという。

チャップリンも高野のことを忘れたわけではなかった。のちにチャップリンがアメリカから事実上追放された際に、かつて高野を陥れたアル・ブレイクがチャップリンに近寄り、高野に汚名を着せて、チャップリンがアメリカに戻る方策を提案したが、もちろんチャップリンはかつての部下を売ることを拒否した。娘のジョゼフィンは、小さい頃、父チャップリンがよくコーノの話をしていたのを覚えている。小さかったので、どんな内容だったかは忘れてしまったが、部下について話しているのではなく、友達のことを話している感じだったという。

高野虎市は一九七一年三月一七日に広島で死去した。世界の喜劇王を支え、戦争をめぐっての日米関係に翻弄された八六年の生涯。晩年まで「あれほどの人物は二度と出ない」とチャップリンを崇拝していた。

世界の喜劇王を支えた日本人（かつ、とびっきりの野心家！）がいたことを覚えておきたいと思う。

日本のチャップリン

チャップリンは大の親日家だが、チャップリンに愛された日本人もまた、チャップリンのことが大好きな国民である。

一九一四年二月二日に映画デビューを果たしたチャップリンは、早くもその五ヶ月後には、日本で初めて雑誌に登場した。日本初の映画評論雑誌『キネマ・レコード』の、一九一四年七月号に、変凹君《へんぺこくん》と名付けられ、「ヘンペコ君の奇妙な容貌、それにあの肩で風を切って歩く動作が思わず失笑する種となります」と紹介されている。このころはまだ記事に「チャップリン」という名前はなく、完全な新人扱いだ。だが、特異な扮装と滑稽な歩き方から「変凹君」と名付けられたことをみても、日本でもまずその個性的な演技が注目されたことが分かる。

デビュー二年目の一九一五年になると、ますます他のコメディアンとは違うチャップリンのユニークさが意識され始めた。大勢が入り乱れて追いかけっこをする従来のドタバタ喜劇に対して、チャップリンは個性をじっくり見せる特異な喜劇役者であることに観客は気づいたのだ。このあたりから日本でもチャップリン人気はうなぎ上りとなっていき、酔っぱらい演技の巧みさと独特の歩き方から「アルコール先生」というあだ名が定着した。

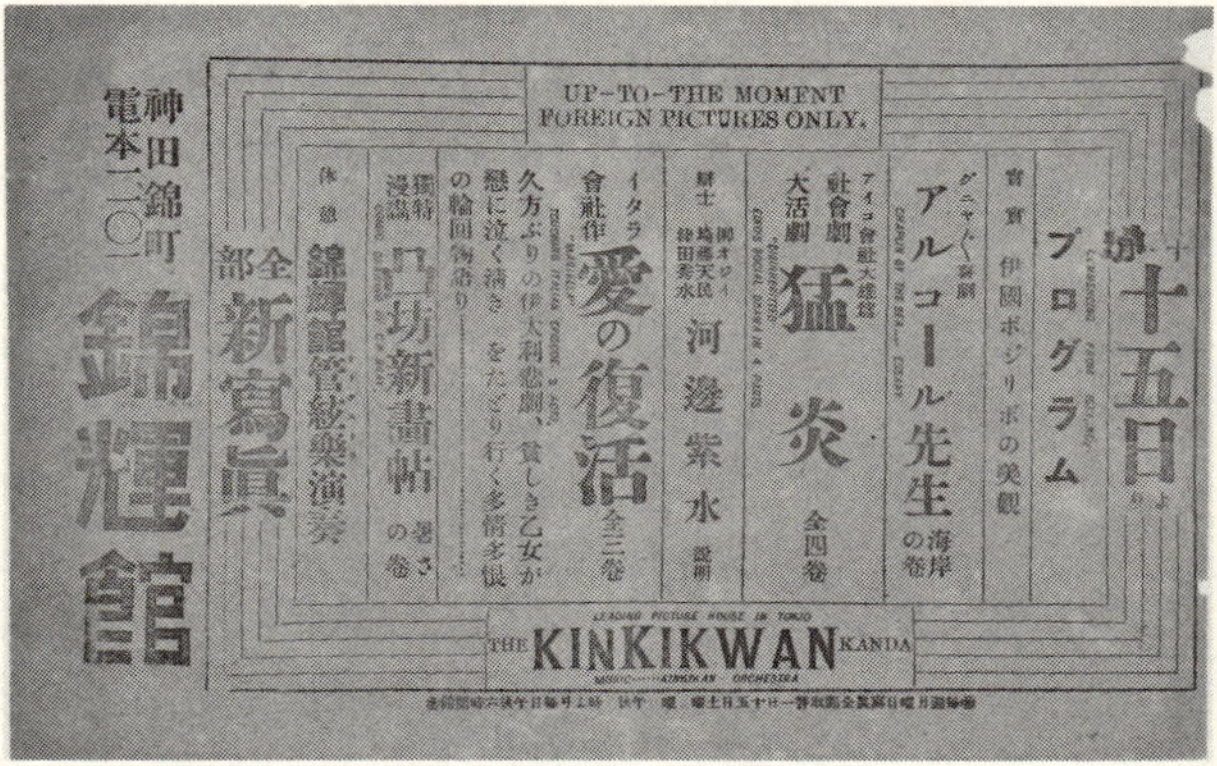

『グニャグニャ喜劇　アルコール先生　海岸の巻』チラシ

以降、ほとんどの作品が『アルコール先生〜』『チャップリンの〜』を冠につけた題名で公開された。

チャップリン映画で現存する最古のチラシは、一九一五年一一月一五日公開の『アルコール先生海岸の巻』のものだ。そこでは作品のことを「グニャグニャ喜劇」と説明している。当初から、チャップリンの、それまでの喜劇とは違う「グニャグニャ」に見えるような独特の動きの身体芸が注目されていたわけだ。

前述の通り、デビュー三年目の一九一六年に、チャップリンは映画スターとして当時最高の契約金でミューチュアル社に移籍した。この頃、日本各地でチャップリンを中心に喜劇作品を集めた「ニコニコ大会」が始まり、人気も不動のものとなった。ちなみに、一九一七年には、上方の漫才師がはじめて東下したが、彼らは日本チャップリン・梅廼家《うめのや》ウグイスという夫婦漫才だった。当時としては「ハイカラ」な洋服にチョビ髭という出で立ち。チャップリンは日本のお笑い界にも強い影響を及ぼした。

欧米でも早くからチャップリン映画の芸術性は高く評価されていたが、日本人は、チャップリンのなかに「人情」や「涙」を過剰に見るようになる。『黄金狂時代』は、無類に楽しい身体芸の連続だが、なぜか日本のチラシでは「白髪《しらが》の苦労」で作られた「淋しい」映画だと宣伝されている。『サーカス』のチラシの宣伝文には、「二ヶ年有余の苦衷、頭髪に淋しき霜《しも》、語り得ぬ血涙《けつるい》を秘めて」とあり、喜劇映画のものとはとうてい思えない。

だが、軍国主義の足音が聞こえてくると、チャップリン評価は急落した。サイレント喜劇にこだわるチャップリンを、室生犀星《むろうさいせい》は「時代遅れ」と言い、映画監督の伊丹万作《いたみまんさく》も「感傷派代表」と貶めた。作家の高見順《たかみじゅん》は、一九四一年にインドネシアで『独裁者』を見て、「ヒトラーの政策を批判したつもりかも知れないが、ドイツの今日の躍進の歴史的な意味と必然を理解しようともせず、もう頭からやっつけ、揶揄《やゆ》する態度なのである。結局、天に唾をするような結果」と記した。むろん、「天に唾をするような結果」に陥っていたのは高見の方だった。歴史は、「たった一人の勇気が正しかった」ということを、のちに証明する。

日本でのチラシ、ポスター。「ニコニコ大会」（左上）、封切時の『黄金狂時代』（右上）と『サーカス』（左下）

歌舞伎になったチャップリン

さて、日本の伝統文化をこよなく愛したチャップリンだが、彼と日本の伝統文化についてはほかにも興味深い事実がある。チャップリン作品がなんと歌舞伎になっているのだ。『街の灯』は、一九三一年一月三〇日にロス・アンジェルスでプレミア上映され、日本では三四年に公開された。が、その日本公開に先だってワールド・プレミア公開のわずか半年後の三一年八月に、東京・歌舞伎座にて木村錦花《きむらきんか》の脚色で『蝙蝠《こうもり》の安《やす》さん』として歌舞伎化されていたことは、意外と知られていない。

当時最高の台本作家の一人であり、『近世劇壇史』『明治座物語』の著作などで知られる劇壇史家でもあった木村錦花は、それまで三年連続で八月納涼歌舞伎のために、「弥次喜多もの」を書いていた。一九三一年の納涼歌舞伎のために、少し違ったものを書こうと思案していたときに、すでに外国で『街の灯』を見ていた一五世市村羽左衛門《いちむらうざえもん》や、二世市川《いちかわ》猿之助《えんのすけ》(のちの初世猿翁《えんおう》)からチャップリンの新作のことを詳しく聞き、映画雑誌にのった筋書きをもとに歌舞伎版『街の灯』を書き上げた。

残された台本を読むと、木村が『街の灯』のストーリーを忠実に翻案して、歌舞伎作品に仕立て上げたことが分かる。木村は、物語の舞台を江戸時代の両国に移し、映画の冒頭の記念碑の除幕式の場面は大仏の開眼供養《かいげんくよう》の場面に、キャバレーの場面は「上絵屋奥座敷」での芸者遊びの場面にした。また、娘の目を治すためになんとかお金を稼ごうと、チャーリーが賭けボクシングをする有名なシーンは、賭け女相撲の場面になっている。映画ではレフェリーの背後に回って相手から逃げ回ったり、形勢が不利になると自分でゴングを鳴らしてラウンドを終わらせたりするというギャグが展開されるが、歌舞伎では、主人公の蝙蝠の安さんは体格のいい女相撲取りから、土俵の上を逃げ回ったり、「待った」を連発して時間を稼いだりといったギャグをする。これに見られるように、チャップリンの原作を尊重しながらも、木村は自由な翻案をも試みている。

「蝙蝠の安さん」とは、歌舞伎作品『与話情浮名横櫛《よわなさけうきなのよこぐし》』の「源氏店《だな》」の場で、主人公の美男子・与三郎にゆすり・たかりを教える人物「蝙蝠安」のことだ。木村は、「弱っ腰でお人好しな」ルンペンの安は、チャーリーに似ていると言って、このキャラクターを主人公に据えた。この、主人公に蝙蝠安を引用してきたという事実は非常に重要である。海外作品の翻案なら当時からたくさん存在した。だが、例えば、明治一九年の仮名垣魯文《かながきろぶん》作の浄瑠璃『葉武列土倭錦絵《はむれっとやまとにしきえ》』では、ハムレットに「葉叢丸《はむらまる》」という名前があてられているし、『シラノ・ド・ベルジュラック』の翻案の主人公には「白野弁十郎」という名前が付けられている。木村は、放浪者チャーリーに単純に日本名をつけたり、外国語の発音からそれらしい名前に置き換えたりすることはせず、そこに蝙蝠安という歌舞伎での馴染みの

『街の灯』の翻案『青天井』で主人公の雷庄九郎に扮した二世實川延若。チョビ髭をつけている

キャラクターを引用したのだ。これは単純な翻案を超えて、文化のもっと深い層における受容だと言えるだろう。

初演の配役は、チャーリーにあたる「蝙蝠の安さん」を一三世守《もり》田勘弥《たかんや》が演じ、ヴァージニア・チエリルが演じた盲目の少女にあたる「お花」を美貌の女形・二世市川松蔦《しょうちょう》が、ハリー・マイヤーズが演じた二重人格の百万長者にあたる「上総屋新兵衛」を六世市川寿美蔵《すみぞう》（後の三世市川壽海《じゅかい》）が演じた。『蝙蝠の安さん』は大当たりをとり、翌月に大阪の中座で二世實川延若《じつかわえんじゃく》主演の『青天井』としてまたもや翻案上演された。

東西いずれも二枚目役者である勘弥と延若がチャップリン役をやったところに、意外性があったと推測される。二人とも本来なら、「与三郎」を演じるべき二枚目役者だ。そこをあえて、二枚目役者がルンペン・キャラクターである「蝙蝠安」を演じることで、チャーリーの持つ「放浪者にして紳士」という二重性を演出しようとしていたのだろう。

チャップリンから歌舞伎へ――日本の伝統芸能にまで翻案されるチャップリンの世界的

な影響力をあらためて思い知る次第である。同時に、当時の日本の情報の早さ、歌舞伎が本来持っていたフットワークの軽さには驚くべきものがある。

翻って現代には外国からの大量の情報がありながら、必ずしもそれらを日本文化の血や肉としているとは言えず、逆に偏狭なナショナリズムを煽る風潮もあり、文化的・政治的に自閉の感さえある。そんななか、『街の灯』が『蝙蝠の安さん』として歌舞伎化されていた事実は、「情報化社会」や「国際化社会」などと呼ばれる現代に生きるわれわれに多くのことを教えてくれる。

古い伝統を残しつつも、外国の最新メディアである映画を伝統芸能のなかに柔軟に謙虚に取り入れ、自国の文化としていた当時の日本。チャップリンはそんな日本の姿を愛していた――果たして今の日本の姿を愛してくれるだろうか。「チャップリンの日本」に思いを馳せることは、私たちの生きる今の日本を考えることでもある。


ところで、チャップリンと日本の関係を記してきたが、チャップリンの人気が高いのは日本だけではない。ただし、「チャップリンは時代・国境を越えて普遍的だ」などとは不用意に言わないようにしたい。以前「香港のチャップリン」と称する俳優の映画を見たことがあるが、日本人の私から見れば、ただチョビ髭をつけた人によるカンフー映画としか思えなかった。また、同様に「インドのチャップリン」も、大勢の女性に囲まれて歌い踊る普通のインド映画だった。しかし、香港の人は「香港映画の役者と同じく類まれな身体を持つチャップリン」に自分たちと相通ずるものを感じ、インドの人は「インド人好みのロマンスたっぷりのチャップリン」に愛着を覚える。むろん、私たちは、日本人に通じる人情喜劇の側面こそチャップリンだと思っている。

つまりは、どの国の人にも、どの個人にも共感出来る「多様性」がチャップリンにはあるのだろう。それは、一つの価値観が時代・国境を越えるという「普遍性」なる暴力とは異なったものだ。チャップリンのたたずまいは、ますます多様化する様々な価値観を認め合うことが求められる現代人に大切な示唆を与えてくれる。

チャップリンの闘い

『モダン・タイムス』――〈現代《モダン・タイムス》〉の映画

チャップリンは、一九三一年から三二年にかけての世界旅行中に、ヨーロッパでのファシズムの勃興、日本のアジア侵略前の不穏な空気を肌で感じた。

彼は、「メッセージ映画」を作るつもりはなく、観客を笑わせることにしか興味はないと、ことあるごとに明言していたが、同時に帰国後の会見で「私は喜劇人だが、世界旅行で恐慌後の世界の現状を見ると、経済人が喜劇人である程度には、私も経済人であるべきだと思った」と述べている。日本から戻る船上で、「経済解決論」（ワークシェアリングの推進を訴え、欧州を通貨統合して、その通貨を「リーグ」と名付けようと提唱するなど、先見性が窺える内容だ。彼は、大恐慌の直前に株を売り抜けて安全なカナダ金貨に変えており、生来の経済センスがあった）と題した論文の執筆に没頭していたことからも、当時の世界の状況に心を痛め、どうすれば貧困や不平等が解決出来るのかについて真剣に考えていた。

ハリウッドに戻ったチャップリンは、トーキー導入後にすっかり変わってしまった映画界に嫌気がさして、引退して（なぜか）中国に住むことまで考えていた。そんなとき、製作者で映画会社の大物プロデューサー、ジョゼフ・スケンクからポーレット・ゴダードを紹介される。貧しい幼少時代を過ごしたこと、家庭環境に恵まれなかったことなど、多くの共通点があった二人はたちまち意気投合する。『モダン・タイムス』には、そのころ公私ともに困難な状況のなかで一人の女性と出会ったチャップリン自身の経験が投影されているのかもしれない。

こうして一九三三年の九一年と三四年の夏までを『モダン・タイムス』の原型となる「大衆《マッセズ》」の脚本執筆に費やしたあと、三四年一〇月より、ハリウッドに建てられた巨大な工場セットを中心に撮影を始めた。三五年の八月に撮影を終え、その後ほぼ一年、作曲と編集に没頭した。前作『街の灯』に続いてチャップリンが全曲を作曲し、名曲「スマイル」を生み出した。

工場シーンの巨大な歯車、機械などのセット建造に一万四〇〇〇ポンド、海に近いセット建造に一万一〇〇〇ポンドが費やされた。撮影日数は一〇ヶ月に及び、使用されたネガ・フィルムは二一万三九六一フィートにのぼった。完成版のフィルムの長さは八一二六

チャールズ・D・ホールによる『モダンタイムス』セットのデザイン画

フィートであることを考えると、撮り直しがいかに膨大な量だったかわかる。

トーキーとの闘いの裏幕

T型フォードの大量生産が本格的に始まった一九一三年に、チャップリンがキーストン社と最初に契約したことは、前に書いた。アメリカ式の産業システムが世界を席巻《せっけん》しようとしていたとき、英国の一人の舞台俳優が映画の世界を席巻しようとしていた。チャップリンは世界の中心が大きく欧州からアメリカへと移る波にうまくのった、まさに時代の申し子というわけだ。

しかし、喜劇王は当初からアメリカ式の大量生産システムとは距離を置く。何度か触れた通り、当時のアメリカ喜劇映画では、大勢の登場人物が追いかけっこする映画が大流行していたが、チャップリンは俳優や喜劇まで大量生産するやり方を好まず、あくまで個性をじっくり見せることにこだわり、それで唯一無二の大スターになった。前述の通り、一九二三年の『巴里の女性』完成直後にはフォードの工場を見学して、当時、人々を労働から解放すると思われていたベルトコンベアの非人間性をいち早く見抜いていた。

ただし、チャップリンと言えば機械嫌い・新技術嫌いとのイメージが強いが、そうとも言い切れない。そもそも、あの独特の歩き方は当時のシュル・レアリストたちから「機械的でモダン」と評され、新しいアートの象徴的人物でもあった。チャップリンの兄シドニーは、（現在の方式とは異なる「ヴァイタフォン式」の）トーキーの第二作である『ベター・オール』（一九二六年）に主演しているし、チャップリン自身も「パントマイムは普遍的な意志伝達手段」と言いながら、早くからトーキーのテスト撮影もしていた。さらに、一九二八年ごろには、キャメラマンのトサローと3D映像の実験もしている。『モダン・タイムス』のローラー・スケートのシーンの、画面左が工事中で落ちそうになるところは、今見ても仕掛けが分からないほどの特殊撮影だ（キャメラの前に置かれたガラスの左半分に工事現場の絵が描かれていていてそれを合成している）。

実は、『モダン・タイムス』においても、チャップリンは当初トーキーを想定した台本を書いており、ポーレットとの会話の台本がチャップリン家の資料庫に残っている。

浮浪児「名前はなんていうの？」
浮浪者「僕？　ああ、馬鹿げた名前だよ。きっと気に入らないよ。『X』で始まるんだ（略）……チャーリーって呼んでくれ」
浮浪児「『X』なんてどこにもないじゃない！」

他にも、刑務所長・副牧師・その妻の名前が、それぞれスタンブルグラッツ／スタンブルラッツ／グランブルスタッツなどで、大混乱するという言葉のギャグもあった。このチャーリーと娘とのノンセンスな会話は一日だけ撮影されたが、チャップリンは出来栄えに満足せず、この時は映像の芸術＝サイレントにこだわった。

トーキーのセリフは冒頭の工場内の監視カメラでの社長の言葉や、自動食事機のセールス・レコード、ラジオの声などの機械から聞こえる声や、チャップリンの芸を生かした歌「ティティナ」などに落ち着いた（ちなみに、胃がごろごろ鳴る音は、チャップリン自身がバケツの水に空気を吹き込んで録音した）。なかでも、監視カメラのシーンで、社長（権力）だけが言葉を持ち、労働者には言葉が与えられていないのは示唆的だ。流行に乗ってトーキーを導入したのではなく、テーマに不可欠な時にのみ新技術を導入したチャップリンのこだわりがうかがえる。

台詞を導入する代わりに、前作『街の灯』に引き続き音楽付きの「サウンド版」として、

『モダン・タイムス』

『モダン・タイムス』撮影風景

モダン・タイムス　Modern Times（1936）

製作・監督・脚本・作曲・編集／チャールズ・チャップリン

巨大な鉄鋼工場のベルトコンベアに運ばれてくるナットを締めるだけの単純作業に明け暮れるチャーリー。社長は、工員たちの作業をモニター画面を通して監視している。やがて、非人間的な労働のために気がおかしくなったチャーリーは警察に連行される。

そんな時、親を失って帰る家もない少女（ポーレット・ゴダード）と出会う。心を通わせた二人は、力をあわせて家を手に入れようとする。チャーリーはデパートの夜警の職につき、深夜の誰もいないデパートで少女にローラー・スケートの妙技を見せて喜ばせるが、その仕事もすぐにクビになってしまう。

再び工場に職を求めるが、労働者らのストライキで工場は閉鎖。運悪く警察に連行されたチャーリーは、釈放後、少女の紹介でレストランのウェイターの仕事につく。ここでチャーリーは、大勢のお客さんの前で歌を披露することになったが、歌詞を忘れてしまいとっさにデタラメ語で歌うと、お客さんに大受け。経営者にも気に入られ、ようやく職にありついて二人の夢がかなうと思った時、かつてのポーレットの微罪のためにそこも追われてしまう。

二人は新しい世界を求めて旅立って行くのだった……。

製作開始／1933年9月　製作終了／1936年1月12日　プレミア／1936年2月5日、ニューヨークのリヴォリ劇場　1936年2月11日、ティヴォリ劇場（ロンドン・プレミア）　長さ／8126フィート劇中の音楽をチャップリンがすべて作曲した。撮影が終わってからのほぼ一年、作曲と編集に没頭し、なんどもシーンを上映しては適切なメロディを生み出すまで休みなくチャップリンがピアノを弾いたりハミングをしたりするのを、アシスタントたちが書き留めていった。編曲アシスタントのデイヴィッド・ラクシンは過労で一一キロも体重が減り、アルフレッド・ニューマンは仕事のきつさに涙をこぼしながら歩いているところを目撃された。ともあれ、そのような過酷な作業の果てに、あの名曲「スマイル」が生まれたのだ。

一本道の意味

最後のサイレント作品となった本作は、チャップリンのパントマイム芸の総決算ともいうべき名場面のオンパレードである。冒頭の工場のベルトコンベアでナットをひたすら締め続ける有名なシーン（この場面に関して、フランスのルネ・クレール監督『自由を我等に』〈一九三一年〉の盗用だとナチス系の会社からいやがらせの訴訟を起こされるが、クレール自身もチャップリンによる盗用を否定し、チャップリンの勝訴に終わった）をはじめ、チャップリンがローラー・スケートの妙技を披露するデパートのシーンなど枚挙に暇《いとま》がない。

名場面というと、やはり映画の終わり近くのレストランのシーンに触れないわけにはいかない。ウエイターとなったチャーリーがお客さんに歌を聞かせることになり、必死に練習したものの、歌詞を書き込んだ両腕のカフスが腕を動かした拍子に飛んでいってしまう。咄嗟《とっさ》にチャーリーはどこの国の言葉でもない、デタラメ語で「ティティナ」を軽妙に歌い踊る。『モダン・タイムス』はチャップリンが映画のなかではじめて肉声を聞かせた記念碑的な作品となった。

ちなみに、この時披露した、上半身をまったく動かさずに足首のモーションだけで前に進むダンスは、マイケル・ジャクソンのムーン・ウォークに大きな影響を与えたとも言われている（マイケルはチャップリンの大ファンで、スイスのチャップリン邸を訪ねてウーナ夫人に面会したこともあった）。

最後のサイレント作品ということもあってか、全体の構成は、「工場」「監獄」「デパート」「カフェ」と四本の短編映画をつなぎ合わせたような作品になっている。それゆえに、復古的との批判もあった。

今でこそ映画史上に残る傑作となっている『モダン・タイムス』も、初公開時の批評は芳しくなかった。批評家のアリスター・クックは、「一九三六年でもっとも人気のあった映画だった」と回想しており、大衆には愛されたようだが、アメリカでの興行収入は『街の灯』の半分にも満たない一五〇万ドルにとどまり、「放浪紳士チャーリー」の登場する長編映画でもっとも利益の少ない作品となった。作品のテーマは、右派からは共産主義的だと攻撃を受け、左派からは社会批判が生温いと批判された。映画がトーキーになって約一〇年たっても、相変わらず実質サイレント映画だったことから、「題名以外は新しいところは何もない」と酷評されたこともあった。

だが、製作から約八〇年たった現代においてこそ、その「新しさ」が理解されるだろう。何より、機械化が人類を幸福にすると信じられていた一九三〇年代に、機械文明に抵抗して個人の幸福を求める物語を作ったチャップリンは、やはり時代を先取りしている。工場で労働者がモニターで監視されているシーンがあるが、そもそも、街中で監視カメラが一般化したのは二一世紀に入ってからのことであり、その先見性には驚かされる。『モダン・タイムス』は、そのタイトル通り、紛れもなく「現代《モダン・タイムス》」の映画なのである。

はじめて肉声を聞かせたこと以外にも、『モダン・タイムス』では、それまでのチャーリー像に重大な変化が見られた。

これまで見てきたように、無声映画時代を通じて、チャーリーは小さな放浪紳士、すなわち大衆の象徴であり、大きな警察官（権力の象徴）と追いかけっこをしても、最後は逃げおおせるというシーンが繰り返された。大衆による権力へのささやかな反抗だ。

それが、『サーカス』で大衆の中に埋没したことを書いたが、本作ではチャーリーはもはや放浪者ですらなく工場労働者になっている。

現代における個人と社会の関係は、最初の二つのショットに端的に示されているように思える。タイトルバックの時計——先にも触れた通り、この時計は『黄金狂時代』のラストでチャーリーたちが黄金を掘り当て億万長者になった時の船室にあるのと同じもので、それが今や労働者を追い立てる時を刻んでいる——の無機的な針の動きに続いて、羊の群れが一方向に走るショットがあり、次に労働者の群れが一方向に走る。ソ連の映画作家セルゲイ・エイゼンシュテインのモンタージュ理論を持ち出すまでもなく、労働者を家畜にたとえているわけだ。

ここまでなら誰でも思いつくことだ。だが、チャップリンが看破したものはそれだけに留まらない。よく見ると白い羊の群れのなかに、一頭だけ黒い羊がいる。白だろうが黒だろうが、どんな個性を持つ羊であっても一つの方向に走らされるわけだ。そして、それはその次のショットの労働者にも当てはまる。きっと、その労働者たちのなかには、いろんな個性の人間、個人がいるはずだ。しかし、羊同様、全員十把一絡げに同じ方向に走らされる、それが現代《モダン・タイムス》という時代の本質であることをチャップリンは見抜く。

チャーリーをはじめ労働者たちは工場で懸命に働く。単純労働の果てに精神がおかしくなったということ以前に、何度見てもあの工場がいったい何を作る工場なのかよく分からないという点の方が恐ろしいように思える。鉄鋼会社ということになっているが、チャーリーがしているナットを締める作業は何の役に立っているのだろうか。最終的にどのような製品ができるのだろうか。かつての職人なら、自分の思いと技術を形にして世に出すことができた。しかし、現代の恐ろしさとは、自分の働きや個性が社会にとってどんな役に立っているのかが実感できないところだ。

警官とのいたちごっこの末に必ず逃げおおせてきた放浪者が、前作の『街の灯』で、ついに逮捕されたと指摘した。さらに、本作では四回逮捕されるばかりか、進んで刑務所に入ろうとする。チャーリーほどの個性も機械文明のなかで埋没してしまい、権力によってたやすく逮捕される。そんな〈現代〉の危機をチャップリンは描いている。

ラストシーンで、チャーリーとポーレット・ゴダード演じる恋人は、手を携《たずさ》えて去っていく。機械文明から逃れ、個人の自由を求めてどこまでも放浪していく美しくも感動的なこの場面は、チャップリン映画のなかでももっとも印象的なシーンの一つだ。

当初ラストについては、チャーリーが牢屋にいる間に尼になったポーレットと別れて行くという感傷的なシーンを構想していたが、二人が一本道を歩き去っていくものに変更された。

多くの批評家の指摘する通り、孤独な放浪者チャーリーは、このシーンにおいてはじめて恋人と二人で歩いていく。もはや〈二人の個性〉として歩いていけないような機械社会・巨大な資本主義社会が本格的に到来したのだ。

ちなみに、このラストシーンでは、二人が歩き出した時は影が前に伸びていて、カット

『モダンタイムス』ラストシーン。ラストのショットでは、二人の影は後ろに伸びている

が変わって二人の後ろ姿になった時は影が後ろに伸びている。つまり、ワンカットで二人の影が前から後ろに変わっている。直前に「夜明け」との字幕が出るが、もしこれが一本道だとすれば歩き出したときは朝日で、カットが変わって一瞬にして夕日になるという演出だろうか？　筆者は、それを確かめるためにロケ地を訪ねた。ロス・アンジェルスから北に一時間半のシエラ・ハイウェイにあるロケ現場を訪ねると、確かにラストの方角は夕日だった。つまり、二人は朝から夕方まで歩き続けているが、目的地にはまだ到達していないとも解釈できるわけだ。希望への道を歩むもその道のりは果てしなく長い。

一本道をどこまでも歩き続けるチャーリー。個人の自由を押しつぶす〈現代〉から逃がれ、放浪するもたどり着かない――かの放浪紳士は一体どこに向かうのだろうか。

チャップリンとヒトラー

世界旅行中のチャップリンが、ベルリンを訪れてファシズムの勃興する不穏な空気を感じてから二年後の一九三三年一月三〇日、ナチス党首アドルフ・ヒトラーはドイツ首相に任命され、ついに政権の座についた。この間、ヒトラーが政治家として力をつけてくるにつれて、各国のメディアは、チャップリンとヒトラーという同じ髭を持つ似かよった容貌の二人を盛んに話題にするようになった。

チャップリンは一八八九年四月一六日にロンドンで生まれ、ヒトラーは同じ週の四月二〇日にオーストリアのブラウナウ・アム・インで生まれた。世界でもっとも愛された喜劇王ともっとも憎まれた独裁者とが、わずか四日違いで誕生していたという歴史の皮肉だ。

　二人の偶然は他にもある。チャップリンは、一九一四年二月七日公開の出演第二作『ヴェニスの子供自動車競走』で、初めてチョビ髭をつけた。対して、現存するヒトラーの写真のなかで、もっとも早くチョビ髭を生やしているのは、一九一四年八月一日の、第一次大戦開戦の報せを聞く群衆の写真に偶然写り込んだものだ。当時ドイツとオーストリアではチャップリン出演作はまだ公開されていない。すなわち、四日違いで生まれた二人は、まったくの偶然でほとんど同時期にお互い知らずに同じ髭をつけ（生《は》やし）始め、それぞれ笑いと独裁者を象徴する世界的なイメージとなったのだ。

チャップリンとヒトラーを比較する当時の雑誌の表紙

　すでに見てきた通り、チャップリンは、極貧の少年時代を送ったが、舞台で頭角をあらわし、アメリカで映画デビューした後は、瞬く間にスターへと上り詰める。

対して、ヒトラーは幼少より画家を志すも、美術学校の試験に落ちた後は、親の年金で無為徒食の日々を送っていた。一念発起して第一次大戦に従軍したが、今でいうひきこもりが戦果をあげられるはずもなく、敵の毒ガス攻撃で失明の危機に見舞われた（とされているが、実際は攻撃を受けた際のショックによる心因性のものだったらしい）。国は敗戦し、失意のなか、不満のはけ口を過激な人種主義に見つけて、ユダヤ人に対して憎悪を募らせた。しかし、第一次大戦後にナチスの前身となる党に入党し、そこで煽動的な演説を披露したことでヒトラーの人生は変わった。それまでほとんど人と喋らなかった、親の年金で暮らす売れない画家が、大衆をひきつける演説ができるという能力を発見したのだ。

こうしてヒトラーはナチスを率いて、支持を拡大していく。ヒトラーの職業は何かと問われると、政治家というより「煽動家」と言った方がぴったりくる。のちの「業績」、例えば、「アウトバーン（高速道路）を建設した」などの多くは前政権からの計画であったりするので、実のところ、極端な人種政策以外に政治家としての目立った実績は乏しいと言わざるを得ない。第一次大戦に負けて、莫大な賠償金を課せられ未来の見えない敗戦国ドイツで、人々は祖国が強国だった過去に郷愁を感じ、ユダヤ人への攻撃にはけ口を求めた。そして、既存の政治家ではなく、「何かを変えてくれるかもしれない」という夢を常にもたせてくれる煽動家ヒトラーに期待したのだ。

アドルフ・ヒトラーとは、敗戦のためにずたずたにされた国全体の歪んだ誇りと、彼個人の強烈な自負と劣等感とを究極的に一致させ、それをメディアで際限なく増幅させたモンスター的な現象に他ならない。――そして、その対極にいるのが、前述の通りT型フォードの大量生産が本格化した一九一三年に映画界入りし、第一次大戦が勃発した一九一四年にデビューし、まさにヨーロッパからアメリカへと世界の中心が移り変わる時流の波に乗って個人の才能を開花させ、それをメディアでさらに高めて大スターになったチャップリンなのだ。

さて、煽動家ヒトラーが、人々を常に祝祭状態に置くための装置とは、当時新興メディアだった映画だった。

一九二〇年代には、チャップリンはすでに世界的な存在となっていたが、その頃ヒトラーのナチスは、ミュンヘンを中心に勢力を伸張させていった。煽動的な音楽でムードを高め、求心力のあるスローガンと大きな身ぶりで熱く語る独自のスタイルで人々を熱狂へと導く大演説会が人気だった。しかし、演説会だけだと、地域政党に終わってしまう。ところが、当時支配的なメディアだったラジオは、政権与党だった社会民主党しか使えなかった。そこで、ヒトラーは映画に注目した。サイレント期にはその効果も限定的だったが、ユダヤ人のワーナー・ブラザーズがトーキーを発明すると、ヒトラーの運命は変わった。彼はみずからの演説をフィルムにおさめ、全国の映画館で上映させた。このように（他ならぬチャップリンが世界的なインフラとした）メディアたる映画を巧みに使って支持を広げ、政権の座についたのだ。ヒトラーの発明したもの。それは、敵をひとつに定めて叩きのめし、分かりやすいフレーズをメディアで連呼し煽ること――彼はまさに二〇世紀以降の、メディアを主戦場としイメージを武器とした政治のパイオニアだった。

メディアの力を知っていたからこそ、ヒトラーは自分と同じチョビ髭を持つチャップリンのイメージを恐れていた。そして、一九二〇年代半ばから反チャップリンの大キャンペーンを開始することになる。

実は一九二〇年代前半には、ナチスは機関紙において、例えば兄シドニーの主演作を「あの有名なチャップリンの兄の作品」と好意的に紹介していた。それが、突如チャップリン攻撃を開始したのは、一九二六年のことだ。この年、ベルリンで『黄金狂時代』がプレミア上映され、大ヒットした。チャップリンの新作のプレミア上映ということで、ドイツ映画界あげての大イベントとなったのだが、その際に記念パンフレットに推薦文を寄せた著名な劇作家マックス・ラインハルトら三人の名士たちがすべてユダヤ人だったのだ。

ナチスはそこに嚙《か》み付いた。ユダヤ人が褒《ほ》める映画は劣悪な映画だ、ユダヤ人が褒めるということはチャップリンもユダヤ人に違いない――そこから激烈な反チャップリン・キャンペーンが始まった。盗作疑惑をでっち上げて、女性問題をあげつらって、チャップリン人気を落とそうとした。チャップリンを褒めた評論家を「チャップリンを褒めたということはユダヤ人だ」と無茶苦茶なやり方で迫害した。ユダヤ人でもなんでもないジャッキー・クーガンのことをゲッベルスが間違ってユダヤ人と言ったことで、彼も新聞紙上で批判された。それにしても、ユダヤ人でもない人をユダヤ人と認定して、メディア上で悪口雑言の限りを尽くす様子は、少しでもリベラルなことを口にすると「在日認定」してネット上で叩きのめす現代の日本の状況を思い起こさせる。

ヒトラーは一九三三年に政権の座につくと、チャップリンの映画上映はもちろん、マスコミでチャップリンについての論評を書くこと、果てにはチャップリンのポストカードの販売まで禁止した。総統は、何よりも彼のイメージを「茶化されること」を恐れていた。

ナポレオン・プロジェクト

ナチスの極端な人種政策、イタリア、日本の軍国主義化、そして出口の見えない世界的不況――このような世界の危機に対して、チャップリンがみずからの考えを表明すべく、ナポレオンを題材に映画を作ろうとしていたことはあまり知られていない。ここで、彼が長年にわたって取り組み、脚本を完成させ、製作直前の段階まで進んでいた「ナポレオン・プロジェクト」について触れておきたい。

一九二〇年代初頭に、チャップリンはエドナを主演にナポレオンとジョゼフィーヌのス

ナポレオンに扮したチャップリン

トーリーの映画化を試みたが、その時は結局『巴里の女性』を作ったことは前に書いた。しかし、「父はナポレオンに似た美男子だった」と小さい頃から母に聞かされていたチャップリンは、その後もナポレオンの映画化にこだわった。身長の低い俳優にとってナポレオンは魅力的な役柄だったのだ。

　一九二五年に、女優のマリオン・デイヴィスの開いた仮装パーティーにチャップリンがナポレオンの扮装をしてあらわれた時の写真も残っており、なみなみならぬ関心が窺える。一九二六年にはスペイン人の国際的女優ラケル・メラー（『街の灯』に挿入した曲「ラ・ヴィオレテラ」を歌ってヒットさせた歌手でもある）にジョゼフィーヌ役をオファーし、映画化の具体的な準備に入ったのだが、翌年アベル・ガンス監督の超大作『ナポレオン』が公開されたことで、一度は断念した。

　しかしながら、やはり諦めきれず、ほどなくして次回作はナポレオンだと公言するようになり、一九二九年ごろからその話題が新聞紙上を賑《にぎ》わせた。世界旅行中には、ウィンストン・チャーチルがチャップリンに「君がナポレオンの生涯を映画化しようとしているのを読んだことがある」と切り出して、「風呂場で横柄な弟の金ぴか衣裳に、ナポレオンが水をぶっかける」という喜劇のアイディアを披露する一幕もあった。パリでは、ナポレオンの墓を訪れて思いを馳せた。

一九三二年にハリウッドに戻ったチャップリンは、ジャン・ヴェベールの小説「ナポレオン一世の秘められた生涯」をもとに脚本のアイディアを練り始めた。それはセント・ヘレナ島に幽閉された後のナポレオンの後日譚で、史実とは異なったフィクションだ。以下のようなストーリーである。

セント・ヘレナ島に流されたナポレオンは、そっくりさんを身代わりにして、島から脱出する。パリに着いたナポレオンは、身分を隠してフランス史の教師の職を得る。「ナポレオンのエジプト遠征」についての迫真の講義が聴衆を驚かせたり、ある時はパレ・ロワイヤル劇場で上演される劇のナポレオン役のオーディションを受けて、落ちてしまうといったギャグも展開される。

複数の脚本家を雇って共作していたため、いくつかのバージョンがあるが、最終版のラストシーンでは、かつて「英雄」として君臨していた日々が独裁政治に過ぎなかったことに気付かされ、民主主義に目覚めたナポレオンが、身分を明かしたうえで、皇帝だったかつての自分を否定し、人民によって王制を倒し民主政府を打ち立てることを呼びかける。が、ちょうどその時に、セント・ヘレナで身代わりのナポレオンが死んだというニュースがかけめぐり、本物のナポレオンは、「お前はニセモノのナポレオンだ」と捕えられて処刑される。かつての皇帝は、「平和の旗印のもとで統一されたヨーロッパ」というユートピアを手に入れることは決してないだろうと悟って、悲しみに暮れて死ぬ、というものだ。

一人二役という設定、独裁政治の否定と民主主義を訴えるプロットなど、のちの『独裁者』との共通点は容易に見出せる。実現していれば、チャップリンにとって初のトーキー映画であり、ワンマンの天才としては異例のことだが初めて脚本家を雇って共作した作品であり、なにより初の「社会派」映画になるものだった。だが、先に『モダン・タイムス』を製作し、最終的に『ナポレオン』企画は棚上げとなる。

『ナポレオン』を中止にしたのは、正しい判断だったと思われる。チャップリンは、過去の出来事に仮託して、みずからの政治的考えを表明するよりも、今そこにある危機に真っ向から立ち向かうことを選んだのだ。

『独裁者』製作のきっかけ

『モダン・タイムス』公開後、チャップリンは当時のパートナーだった女優のポーレット・ゴダード（三番目の妻とされており、チャップリンもそのように公言していたが、結婚したという公的な書類は存在しない）のための題材を探していた。「ナポレオン」企画の頓挫の後は、アイルランドの小説「リージェンシー」や長年温めていたダンサーを主人公としたストーリー（のちの『ライムライト』につながる）、さらには「密航者」（のちの『伯爵夫人』の原型）という企画を発展させようとしたが、どれもうまくいかなかった。

他には、「バリ」という映画を考えていたこともある。世界旅行中にバリ島を気に入ったチャップリンは一九三六年もそこを訪れた。チャップリン家の資料庫には「バリ」と名付けられた二つのストーリーが残っている。一つは、バリの王女がアメリカに留学するも近代文明の空疎さや自分を追い回すゴシップ・ジャーナリズムに嫌気がさし、バリに戻って古来からの伝統を引き継ぐ決意をするというもの。もう一つは、国王の反対を押し切って王子が小作人の娘と結婚する悲恋もの。後者では、現地の風習を描写したり、「国王が今わの際に残した呪いの言葉を寺で探して解く」など東洋的なモチーフを取り入れている。チャップリンが、この時期に、東洋文化を深く研究していたことは注目に値する。ここで多様な価値観を得ていたことが、全体主義批判の作品を製作するうえで必要不可欠なことだったに違いない。

そんな時、一九三七年に、イギリス映画界のプロデューサー、アレグザンダー・コルダが「放浪者チャーリーがヒトラーと同じようなヒゲをはやし、人違いされるという喜劇を、二役で作ったらどうだろうか」と提案した。

チャップリンは当初コルダの提案を気に留めていなかったが、ある時アイディアがひらめいた。

これだ！　ヒトラーに扮したわたしが、大衆相手にわけのわからぬ長広舌をふるって思う存分にしゃべりまくる。そして浮浪者のわたしは、多かれ少なかれ、サイレントでいられる。ヒトラー・テーマは、風刺とパントマイムを両立させる絶好のチャンスだ。（『自伝』）

チャップリンは、「放浪紳士チャーリー」をどうするべきか真剣に考えていた。安易に台詞を喋れば、そのイメージが崩れてしまう。そんな時、ヒトラーのテーマならば、独裁者役ではデタラメなドイツ語など言葉のギャグを存分に使って風刺し、「放浪紳士チャーリー」のキャラクターの時はあまり喋らずにサイレント映画からのイメージを守ることができる。すなわち、みずからの大切なキャラクターを守りながら、そのイメージを武器に、同じチョビ髭を持つヒトラーへの痛烈な風刺を展開できるというわけだ。

チャップリンはポーレット・ゴダードのための企画を棚上《たなあ》げし、世界恐慌の後、各国で軍国主義が台頭する中、「甘いロマンスや愛の問題を考えたりしていることができるものか」（『自伝』）と、『独裁者』製作を決意した。

一九三八年前半に保養地ペブル・ビーチで静養しながらアイディアを練り、同年の秋か

J・ラッセル＝スペンサーによる『独裁者』のデザイン画。完成版には登場しない「一人飛行機」。のちの日本軍による自爆攻撃を思わせる設定だ

らストーリー構築を開始。年があけて一九三九年からスタジオでの準備や脚本執筆が本格化した。『独裁者』製作の噂が流れると、ドイツは外交ルートを通じて妨害工作を始めた。ヒトラーは、「ユダヤ人の軽業師」と彼が思い込んでいたチャップリンを徹底的に排除していたわけだが、それゆえに生涯を通じてチャップリンのことを名指しして言及することを避けていた。しかし、この時ばかりは我慢できなかったようで、『独裁者』製作に対するヒトラー本人の反応の記録がある。一九三九年一月三〇日の国会演説において、ヒトラーは「反ナチ――すなわち、

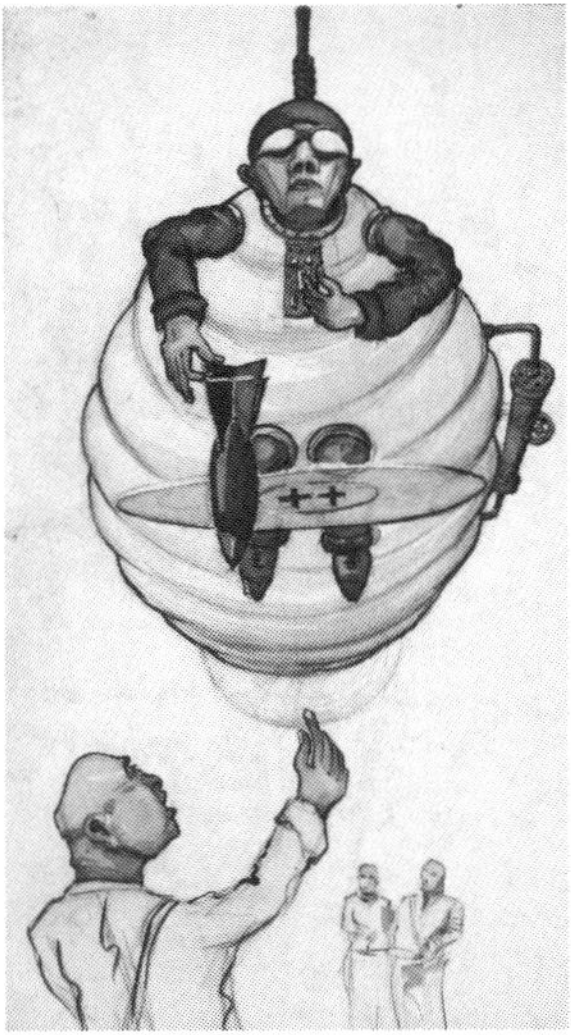

『独裁者』のデザイン画

反ドイツ映画の製作を企図しているというアメリカ映画会社の声明は、ドイツにおける反ユダヤ映画の製作を誘発するものでしかない」と批判した。明らかに『独裁者』に関して述べたものであり、恐らく、ヒトラー本人からのチャップリンに向けた唯一残っている言及である。

形勢は巨大な市場を握っているドイツに歩があった。ハリウッド映画は輸出産業であり、海外市場を失うことは産業の死を意味していた。メジャー・スタジオはドイツの検閲に引っかからないように、ナチスのいいなりになっていた。映画業界はみずからの保身のために、チャップリンの『独裁者』製作に反発した。一九三九年一月二八日付の「スミス・ウィークリー」誌は、「ハリウッドはこれらの映画を作れないのだ！」なる長文評論を掲載した。それによると、論争を巻き起こすような題材を映画化する際、「映画製作者たちは産業全体と特に仲間たちに悪い影響を及ぼさないように、二度、あるいは六度考え直さなければならない」と論じ、複雑化する世界情勢のなかで、「縮小する海外市場を保持し、外国の権力者たちの反感を避けるために、プロデューサーたちは他国民を好ましくない感じで描いたり茶化したりしないように極端に気をつけなければならない」として、ハリウッドの自己検閲機関であるヘイズ・オフィスに「ヒトラーさん（筆者註／なぜかヒトラーにのみ敬称がつけられている）をユーモラスに示唆する主人公」が登場する新作を作らないように、チャップリンの脚本を「根本的に変えさせる」よう求めた。

ドイツに多額の投資をしているアメリカ財界はもちろん、ナチスに、ソヴィエト連邦の共産主義に対する防波堤の役割を期待していたアメリカ政界も、『独裁者』には批判的だった。

なにより、アメリカ世論のかなりの割合がヒトラーを支持していた。今では信じがたいことだが、当時まだ中立国だったアメリカでは、世論調査で反ユダヤ主義を標榜する人は全体の九割を超え、親ナチス勢力も存在した。それどころか、恐慌を切り抜けたリーダーとしてヒトラーを英雄視する向きもあった。

そんななか、一九三九年二月七日に『独裁者』製作について、ユナイトからの初の公式声明が出された。その直後の、二月一五日付のカンザス紙は、出来上がった作品が面白くなければ、「アメリカ政府はヒトラーとムッソリーニに謝罪し、チャップリンを牢屋に入れなければならない」と、いったいどこの国の新聞か分からぬ論調の記事を掲載した。

もっとも直接的な妨害工作をしたのは、チャップリンの母国のイギリスだった。ドイツと同盟国だったイギリスは、外務省の役人を撮影所に派遣して、チャップリンに脚本の提出を求めるなど、国をあげて製作を中止させようとした。一九三九年四月四日付の「モーション・ピクチュア・デイリー」紙にも、「チャップリンの『独裁者』は英国政府の反対を受けていることが知られており、それゆえにあるはずの市場の大部分が消えるとするなら、それは製作されないだろうと当然想定されている」という事情通の見方が載った。映画を作っても、ドイツ、イタリア、日本はもちろん、イギリスとその植民地で公開されず、さらにはアメリカでの公開も危ぶまれる状況だった。

アメリカでの製作中止を求める声は日増しに大きくなっていった。一九三九年三月には、チャップリンが風邪をひいて撮影所に姿を現さなかったことを根拠に、多くのマスコミが「『独裁者』製作を断念」と報じた。

チャップリンはすぐさま声明を発表し、一九三九年三月二〇日付の各紙に掲載された。

私が独裁者たちに関する映画製作を断念したという間違った新聞報道のために、はっきり述べておきたい——私は、この映画を作るというもとの決心から決して揺らいだことはない。私がこのアイディアを諦めたという類いの報道は、過去・現在、そして未来においても、どんなものであれ真実ではない。私は、脅迫、検閲その他について心配していない。私は独裁者たちの人生についての喜劇映画を作る。それが、世界中にとても健康的な笑いを生み出すだろうことを望んでいる。

ついには、みずからが設立したユナイテッド・アーティスツの幹部も「『独裁者』は絶対に製作されないだろう」と新聞に語りはじめ、一般市民からの脅迫の手紙も舞い込むようになった。だが、チャップリンは『独裁者』製作に邁進する。

そんな最中、世界中が恐れていた最悪の事態が起きた。一九三九年九月一日にヒトラーがポーランドに侵攻して、第二次世界大戦が始まったのだ。

そしてその八日後――チャップリンは、あたかも参戦するかのように『独裁者』の撮影を開始した。九月から一一月中旬までに、ユダヤ人街のシーンをまとめて撮影し、その後チャップリンはヒンケルを演じるために髪を染めて、宮殿のシーンの撮影に入った。独裁者の扮装をするやいなや、チャップリンの人格は明らかに変わったと多くの人が証言している。それまで彼の口から聞いたことのないような汚い言葉が発せられたとき、側近たちは驚いた。

一二月初頭には、季節はずれの猛暑のなか、炎天下でヒンケルがデタラメのドイツ語演説を叫び続けるロケを敢行し、一二月後半から翌年二月初めまで地球儀の風船のダンスシーンを何度も撮り直すなど、精力的に撮影を行なった。

一九四〇年三月末までに本撮影は一通り終了し、あとは、独裁者ヒンケルと間違われた

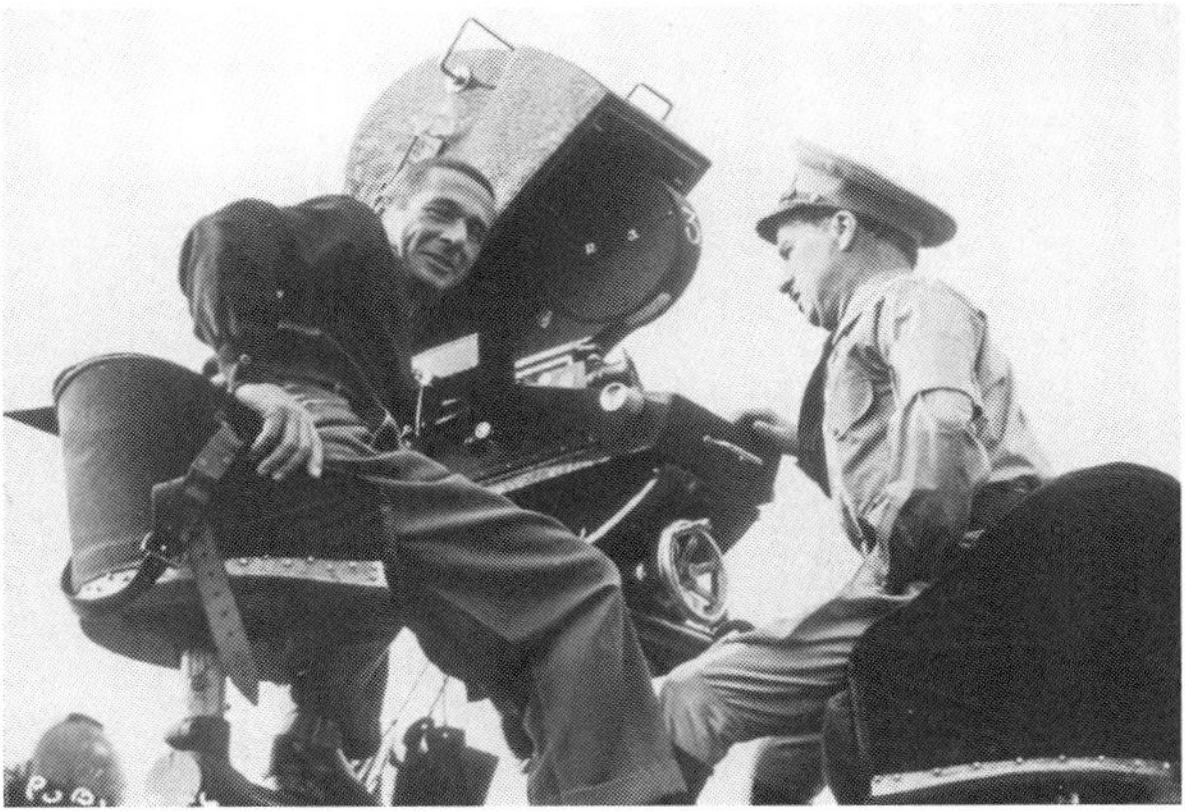

『独裁者』撮影風景。カメラマンのローランド・トサローと

『独裁者』撮影風景

ユダヤ人の床屋が、大群衆を前に平和と民主主義を訴える演説をするラストシーンを残すのみとなった。

その間ドイツは破竹の勢いで進撃し、五月一〇日に西部戦線の総攻撃を開始、五月一五日にオランダ軍が降伏、一七日にはフランスの誇った七五〇キロメートルにも及ぶ要塞「マジノ線」が崩壊、同日ベルギーの首都ブリュッセルが陥落した。一方、ソヴィエト連邦でもスターリンが『独裁者』の上映を許可しない決定をくだしたと報道され、いよいよ主要国すべてで上映の見込みが立たないという異常事態になっていた。

四月以降、『独裁者』の撮影はストップしたままだった。チャップリンが撮影所に姿を見せなくなってしまったことで、様々な憶測を呼んだ。五月一八日付の「デイリー・ヴァラエティ」紙が、チャップリン側からの話として、「国民は、ヒトラーのことを、笑い飛ばすべき人物というより、今や文明への深刻な脅威と見て」おり、そのような大衆の態度の変化のために、『独裁者』は公開しないかもしれないとチャップリンが漏らしていると報道。その三日後には、「チャップリンは、ヨーロッパ戦争の状況に変化が訪れる時まで、『プロダクション#6』（筆者註／『独裁者』のこと）のすべての作業を中止することにした」と各社が一斉に製作中止を報じた。身内であるユナイト幹部も、「『独裁者』はスクリーンには届かないだろう」と語り、一五〇万ドルとも言われる製作費が無駄になる運命のチャップリンは、「ヨーロッパ戦争の、ハリウッドにおける最初の犠牲者」とされた。

『独裁者』

『独裁者』。カットされた床屋のダンスシーン。左端はハンナ役のポーレット・ゴダード

独裁者　The Great Dictator（1940）

製作・監督・脚本・作曲／チャールズ・チャップリン

1918年。ユダヤ人の床屋（チャップリン）は一兵卒として従軍したが、敗戦間近に負傷し記憶をなくして病院に収容された。病院を抜け出した床屋は数年ぶりにユダヤ人街へ戻る。隣人の美しい娘ハンナ（ポーレット・ゴダード）らが温かく迎えてくれた。

床屋が記憶を失くしている間に、トメイニア国に政変が起こり、ヒンケル（チャップリンの二役）独裁政権が成立。不況の中、国民の不満をそらすため、厳しいユダヤ人迫害を行い、突撃隊は日常的に床屋やハンナらの住むゲットーを襲っていた。

重臣シュルツ（レジナルド・ガーディナー）は気紛れなヒンケルをいさめようとして解任されてしまう。かつて戦中にシュルツを助けたことがある床屋は彼をかくまうが、二人とも逮捕され収容所に。ハンナは同居人らとともにオスタリッチ国へと亡命した。

その頃、バクテリア国の独裁者ナパローニ（ジャック・オーキー）もオスタリッチ侵略を企てるが、ヒンケルはナパローニを出し抜いてオスタリッチに進軍する。

収容所に入れられていた床屋とシュルツは軍服を盗み、オスタリッチをめざし、国境を超えた。国境警備の兵士たちは、ヒンケルに瓜二つの床屋を独裁者と勘違い。床屋は大群衆を前にして、演説をしなければならないことになった……。

製作開始／1939年1月1日　最初の撮影／1939年9月9日　最後の撮影／1940年10月2日　プレミア／1940年10月15日、ニューヨークのキャピトル劇場およびアスター劇場　1940年12月16日、プリンス・オブ・ウェールズ、ゴーモン、ヘイマーケット、マーブル・アーチ、パヴィリオンの各劇場（ロンドン・プレミア）　長さ／11625フィート

チャップリンは談話を発表した。

私が新作から撤退するという報道はまったく根拠のないものです。私は今編集作業に入っており、音との同期作業が済み次第、映画は公開されるでしょう。今以上に、世界が笑いを必要としている時はありません。このような時代においては、笑いは、狂気に対しての安全弁となるのです。

もちろんチャップリンは怯えて逃げていたのではない。この間ずっとラストの演説の推敲を重ねていたのだ。

演説

チャップリンは、ごく初期からラストシーンを演説で締めくくることにしていた。『独裁者』がストーリーとしてまとめられた最初のものは、一九三八年一一月一〇日付のまだ“The Dictator”と題されていた「五幕とエピローグからなる劇的構成《ドラマティック・コンポジション》」である。著作権登録のためにワシントンの議会図書館に送られたこのストーリー構成では、ラストは「チャーリー」（まだ床屋という設定ではなかった）が、ウィーンをもじった「ヴァニラ」という街で演説をする。その際、彼は聴衆にヴァニラアイスをふるまって、平和を祝うというファンタジーが描かれており、なおかつ、次のシーンではチャーリーが強制収容所で眠りから覚め、すべては彼が見た夢に過ぎないという悲しい結末を構想していた。

その後、脚本執筆にあたって何度も演説の部分を書き直していった。一九三九年七月頃には撮影用の台本が完成した。それによると、六分間にわたってカメラに向かって演説をし続ける完成版のラストとは異なって、各国の民衆に向かってラジオを通じて語りかけ、民衆たちが敵も味方も手を取り合ってダンスを始めるという平和的な映像の饗宴になる予定だった。

以下に、撮影台本のラストシーンの部分を訳出する。そこまでの部分では、独裁者と間違われた床屋が演台に立つと、完成版とは違って暗殺者が銃を床屋に向ける。しかし、床屋が平和を訴える言葉を発したとき、暗殺者は銃を下ろす。ヘリングとガービッジは総統がおかしくなったと思って演説を中止させようとし、逆にシュルツはヘリングとガービッジを逮捕しようとするが、床屋は「誰も牢屋に送りたくない」と言って演説を続ける。演説の主要な部分は空白になっており、まだ推敲を続けていたようだ。演説は「人生は美しいものであるはずだ！　そして、私たちがそう望めば、人々はそうできるのだ」、もしくは「あなた達人民がこの世界を欲するならば――そうなるべきだ！」という言葉で一旦締めくくり、その後、各国への呼びかけへと続く。

チャーリーの話は続く。　カット

【シーン17】中国の都市　日本の戦闘機から爆弾が雨のごとく降っている。砲弾の爆発音、けが人の叫び声が聞こえる。子供達は怯えて防空壕に走る。　カット

【シーン18】日本の戦闘機　飛行士が爆弾を落とす準備をしている。チャーリーの声が聞こえてくる。

チャーリーの声「中国にいるあなた！　あなたは残酷な人ではない！　子供達を爆撃することが好きではないのだ！　誇り高いあなたは無防備な人々を殺すことなんてできないのだ！」（飛行士は驚きの表情を浮かべる）　カット

【シーン19】破壊された家　中国人の母親が空襲から子供達を守ろうとしている。チャーリーの声が彼女たちに届く。

チャーリー「お母さんと子供たち！　あの飛行機はあなたたちを傷つけにきたのではありません！　全て変わったのです！　彼らはあなたの味方です！　彼らは死をもたらしにきたのではありません！　あなたたちにすてきなものを運んできたのです！」

（小さなパラシュートに付いたおもちゃがふわりと落ちてくる）

チャーリーの声「スペインの皆さん――」　カット

【シーン20】何も描かれていない壁　壁の前に列になっている男達。銃殺隊が狙いを定める。チャーリーの声がラジオを通じて彼らに届く。

チャーリーの声「スペインの皆さん！　あなたたちは、復讐などしたくない！　流血は十分に見た！　兄弟同士の闘いはもうたくさんだ！　新しい日が来たんだ！」（銃殺隊は一瞬呆然とする。将校は銃殺を命じるが、銃殺隊は銃を置き、壁の前の男達と抱き合う）　カット

【シーン21】閲兵式のロングショット（資料映像）兵士達が大通りを、膝を曲げずに足を高くあげて行進するのに合わせて、軍のバンドが大きな音で演奏。

【シーン22】閲兵式の観覧席――セミ・クロース・アップ　軍隊歩調の行進で観覧席を通り過ぎる兵隊たち。将軍は彼らの前で自慢げに馬に乗っている。ここにもチャーリーの声……

チャーリーの声「人生は短い！　訓練と軍隊歩調で無駄にしないようにしよう！　銃を置いて！　制服を破って！　行進をやめて！　行進なんて人間らしくない！　踊ろう！　軍の階級なんか無視して、踊ろう！」（兵士達は銃を置く。ワルツの調べが聞こえる。皆、膝やももを叩いて農家のダンスに参加する。将軍は秩序を保とうとする。将軍の馬はワルツにあわせて踊り始める。ガソリーニ（筆者註／この頃ナパローニ役はガソリーニという役名だった）は観覧席で彼の部下に怒鳴る。彼もまた、

意思に反してダンスに引き込まれる）　カット

【シーン23】ゲットーの街路　突撃隊が街路でダンスしている。ユダヤ人の料理店主は後ずさりする。突撃隊は、料理店に入って――前払いで――ゲフィルテ・フィッシュを注文し――店主とその妻と踊る。その間、チャーリーの声……

チャーリーの声「仲間たちを憎んではならない。憎むことは難しい！　それは不自然だ！」（ユダヤ人の子供が道を横切る。車に轢かれそうになったのを、突撃隊が助ける）「ほら！　あなたの本能は正しい！　無力な人々を助けるのが、本能だ！　その上に文明はあるのだ――科学や発明よりも、本能の上に――」

この撮影台本に基づいて、一九四〇年三月の撮影で、兵士たちが武器を捨ててダンスをするシーンが撮影された。しかし、チャップリンはそのアイディアに満足せず、その後三ヶ月にわたって演説を練った。ラストの演説についての草稿類は、現存するだけで一〇〇〇ページにのぼる。しかし、それらを読んでいると、その一〇〇〇ページのあいだに、内容を練りこんで変わっていった部分よりも、むしろ、何度も同じような言葉を繰り返し書きつけていることの方が印象に残る。あたかも、祈りを捧げているようにも思えるほどだ。

一九四〇年六月二二日。独仏休戦協定が調印され、フランスはドイツに降伏した。ヒトラーは、調印の場所に、二二年前の第一次大戦においてドイツがフランスに降伏した屈辱の場所、パリ近郊のコンピエーニュの森を選び、まったく逆の立場を再現した。これに先立つ一七日に、フランス降伏申し出の報せを聞いたヒトラーが、歓びのダンスをしているニュース映像を、チャップリンは自邸で繰り返し見ては、「この忌々しいやつめ。お前が何を考えているかは分かってるんだぞ」と罵り、そして必ず「しかし、こいつは最高の役者だよ」と付け加えるのだった。

さて、フランスが降伏文書に調印した翌日、フランスに代わって参戦するかのように、チャップリンは撮影を再開した。だが、その日の撮影終了後に、さらに忌まわしいニュースが飛び込んできた。この日、ヒトラーが征服者としてパリに入城した。まさに全世界がその恐怖におののいた瞬間だった。ヒトラー研究家のヨアヒム・フェストによると、この時こそ、「ヒトラーはまさしく人生の絶頂にいた」（ヨアヒム・フェスト著『ヒトラー』）。

そして、チャップリンは、その翌日にたった一人、ヒトラーに真っ向から闘いを挑むかのように演説を撮影する。

四日違いで生まれ、同じ時期に同じ髭を持った、二〇世紀の光と影。一方が第二次世界大戦を引き起こした八日後に、他方が『独裁者』の撮影を開始し、そして、パリ入城の翌日にラストの演説の撮影をすることになる。ここまで来ると、何度目かの偶然でまたもや二人の運命が交差したという言い方は正しくないかも知れない——もはや必然的偶然としか呼べないこの日、二人は真っ向から闘ったのである。

チャップリンがたった一人で闘ったというのは誇張ではない。ユナイテッド・アーティスツの営業担当は「この演説をすると売り上げが一〇〇万ドル減る」と反対したが、チャップリンは「五〇〇万ドル減ったって構わない」と信念を貫いた。正統派のマルキシストだった助手のボブ・メルツァーとダン・ジェイムズは、「もう少し簡単な話にできないのでしょうか」と進言したが、逆に演説の撮影中はセットから追い出された。チャップリンは、まさにたった一人で、平和への闘いをフィルムに焼き付けた。

一九四〇年の夏頃になると、戦局はますます激しくなり、一年前はなんとしても製作中止に追い込もうとしていた世論が、打って変わって『独裁者』を求め始めた。果てには、なぜ早く公開しないのか、戦争が終わるのを待っているのか、などと暗にチャップリンを臆病者扱いする記事まで現れた。チャップリンはきまぐれな世論などには惑わされず、公開一三日前まで撮り直しを続けて、ようやく完成させた。

プレミア上映は、一九四〇年一〇月一五日、ニューヨークのアスター、キャピトル両劇場にて行なわれた。アメリカ、イギリスを初め各国で記録的ヒットとなり、ドイツの妨害工作にもかかわらず、南米諸国でも大ヒットした。結果、それまでのチャップリン映画の中で最高の興行収入を記録。本作は一九四〇年度のニューヨーク批評家賞の主演男優賞を受賞（但し、役者は競争するものではないとして、受賞を拒否）。アカデミー賞では、作品、主演男優、助演男優、脚本、作曲の五部門にノミネートされた。

EVERY PATRON CAN POSE AS "THE GREAT DICTATOR"!

Invite your patrons to pose behind a Chaplin cut-out, adding moustache and derby. Photograph each patron (local photographer provides personnel and equipment) and give the picture to each as a souvenir. Or, you can place a large mirror opposite to permit patrons merely to see what they look like—as Chaplin! Cut-out should be life-size, with head cut away. Use any of the Chaplin photos in the regular set—either in uniform, as the barber, or in the most familiar baggy pants. For newspaper breaks, get local celebrity to pose—and submit picture for newspaper layout.

Everybody Loves To Impersonate Chaplin!!

No greater tribute can be paid to any man than the warm-hearted, affectionate flattery of impersonation. No man in history has ever enjoyed more of this kind of homage than Charles Chaplin. Here on this page are several suggested means of channeling this enthusiasm straight to your box-office.

EXAMPLE: Paulette Goddard says: "What do you think of dictators, Charlie?" One retort might be: "A great dictator is wonderful—for stenographers!"

STILL P-27

FANS WIN PRIZES FOR FUNNIEST CHAPLIN ANSWER!

Impersonating Chaplin's wit may be the toughest of all, but it could be the most rewarding. Post this photo in lobby—or print in newspaper—with a remark by Paulette Goddard in the balloon. Entrants are asked to make a funny response for Chaplin—the one deemed most humorous winning guest tickets. Contest can be staged daily—or for a full week.

CHAPLIN CAVALCADE!

Arrange with a local department store to dress a group of mannequins as the various characters played by Chaplin in his wondrous career. There is the familiar Chaplin with the baggy pants and cane; the prospector of "Gold Rush," the mechanic of "Modern Times;" the performer of "Limelight;" the dandy of "Monsieur Verdoux"—and most prominent of all—The Great Dictator! Store labels the display a "Chaplin Cavalcade" . . . saluting Chaplin's performance in "The Great Dictator" as his comedy masterpiece.

Kids love to dress up and these stunts give them just such an opportunity. It also acquaints them with Charles Chaplin even though they may never yet have seen him on the screen.

IMPERSONATION STUNTS APPEAL TO KIDS

Kids are natural mimics and you can capitalize on this by offering prizes either for the best individual imitation of Chaplin—or for the best group impersonations offered by Boy Scouts, school groups, boys clubs or organizations.

Let the boys present their impersonations in lobby—or perhaps on stage—with either a panel of judges or audience applause determining the winner. Local merchants will provide prizes for tie-in publicity.

* * *

Since Chaplin dances in "The Great Dictator," you can enlarge this contest by selecting winner not only for the best imitation but for the best dance. This will give you an opportunity to tie-in local dance studios who may wish to send boys to the competition and offer prizes as well.

* * *

Newspaper may wish to tie-in by publishing a photo of a boy dressed as Chaplin each day for several days and then inviting readers to vote for their favorite Chaplin "double." Boy with the most votes gets an all-day tour of the town climaxed by honorary guest appearance at your opening night's performance.

PAGE 2

Copyright 1958 by United Artists Corp., New York, N. Y.

ユナイテッド・アーティスツが各劇場に配布した『独裁者』宣伝キット。子供たちに独裁者ごっこを勧めるといった内容で、宣伝部は作品から戦争色を消そうと努めている。戦争の本当の恐さとは、戦争に対して本気で向きあえない雰囲気になることだというのがよく分かる資料だとりわけ、ナチスの脅威が目の前にまで迫っていたイギリスでは熱狂的に迎えられた。日本初公開は戦後になってからの、一九六〇年一〇月二二日のことだった。

『独裁者』にはいくつもの名場面がある。なかでも、チャップリンがもっともこだわった場面の一つは、独裁者ヒンケルがワーグナーの「ローエングリン序曲」にあわせて地球儀の風船で踊るシーンだ。世界征服の狂気に憑かれて恍惚と踊るさまは、即興のように見えるが、実はその細い動きを七ページ以上の台本に記して、延べ二ヶ月間かけて撮り直したものだ。独裁者の幼稚性を際立たせる名ダンスは、入念に準備された。

『独裁者』。地球儀のダンス

ダンスといえば、地球儀のシーンの後、チャップリンが二役で演じる床屋がブラームスの「ハンガリー舞曲　第五番」に乗せて客の髭を剃るシーンも見事なダンスと呼べまいか。これぞ喜劇王の名人芸とも呼べる場面だが、実はこのシーンは一九三九年九月三〇日に、三時間のリハーサルの後、わずか一時間五分で撮影されている。

風船のダンスがフィルムの逆回転なども駆使した映像作家チャップリンの技だとすれば、

フィルムのスピード調整なしにワンカットで見せた床屋のダンスは喜劇王の身体芸の真骨頂だ。しかも、ヒトラーその人がこよなく愛したワーグナーに乗せて風船と舞い、風船が割れて、その後床屋がブラームスで仕事をするという流れは、芸術が政治に従属する悪しき関係を否定した後に、民衆と芸術のポジティヴなつながりを肯定していて、音楽の使い方にもチャップリンの演出の巧さが光る。

独裁者と床屋の対比といえば、劇中の二つの演説が顕著だ。映画前半のヒンケルのスピーチでは、ドイツ語の単語や英語の単語を変型させたデタラメのドイツ語を混ぜた独特の「ヒンケル語」でまくしたてる。詳細に解読すると、言葉遊びの他に、意味的に過激な部分もあり、馬鹿馬鹿しいジョークもある。冒頭の部分を翻訳するとこんな感じだ。

ヒンケル「兵士たちよ、突撃隊は正しく組織されなくてはならない！　同じく、ウィンナシュニッツェルを食べる時は、ラガービールと酢漬けのキャベツも一緒に食べなくてはならないのだ。トメイニアは、イッヒ・アッハ・エッヘ・オッホ・ゴホン・ゴホン・ゴホン（せき払い）ユダヤ人には厳しい刑罰でのぞむぞ！　刑罰を！　刑罰を！」

通訳「アデノイド・ヒンケルは、昨日までトメイニアは衰退していたが、今日復活したと言いました」

デタラメドイツ語演説のなかで、注目すべき点は、「ラガービール」などドイツの食べ物の名前に混じって、ドイツ語の喋れないチャップリンが、「刑罰」や「電撃戦」など政治や軍隊に関する本物のドイツ語の単語を発していることである。これらはヒトラーの演説の中にはあまり出てこず、チャップリンがあえて入れたと推測される。

「ヒンケルのスピーチ」では、デタラメのドイツ語の滑稽さで、独裁者の演説の中身の無さを強調する狙いがあっただろうことは容易に推測されるが、もう一つ忘れてはならないのは「通訳」の存在だ。このシーンは「トメイニア国からのニュース映像」という設定になっており、「通訳」が付けられている。ところが、実際にヒンケルが言っていることと、通訳が伝えていることには大きな開きがある。客観的に真実・現実を伝えるはずのニュース映像がフィクションを孕《はら》んでいる危険性をチャップリンは告発する。「映像には毒が入っている」とはチャップリンの言葉だ。ニュース映像で、あるいはインターネットなどで、多くの情報を得ることが出来る現代人に、現実とフィクションとを主体的に見極めることの大切さを、ヒンケルのスピーチの解読は教えてくれる。

さて、ここまでチャップリンとヒトラーの闘いを見てきたわけだが、それに決着がついた。

本作が大ヒットを記録し、世界中にチャップリンの演説が響き渡った一九四一年を境に、当のヒトラーの演説回数は激減する。多い時は一日三回も大演説をしていた稀代の煽動家ヒトラーが、一九四一年に行なった大演説は合計七回。〈笑い〉にされたことで、ヒトラーの演説は力を失った。リアルな戦場で戦闘が始まる前からチャップリンとヒトラーのイメージを武器としたメディア戦争は始まっており、リアルな戦場で決着が着く前に、メディア上では勝負はついていたのだ。笑いこそが独裁政治への武器となることを、『独裁者』は教えてくれる。

ヒトラーはそのことをよく知っていた。それゆえに、これまで見てきたように、一九二〇年代から徹底してチャップリンのイメージを貶めようとし、政権奪取後は、上映禁止はもちろんチャップリンのポストカードを売ることまで禁止し、雑誌社には「チャップリンを褒めてはならない」という命令まで出した。『独裁者』が完成すると、中立国を通じてフィルムを入手し、ナチスによる上映禁止ランクのうち最高位の「ランク６　煽動映画」として、国内では上映されないよう厳しく管理した。

ヒトラーがこの作品を見たかどうかという興味深い問いについては、一九四四年八月一五日にドイツ外務省は帝国フィルムアーカイヴからフィルムを取り寄せて上映会を開いているので、おそらくその時に見たものと推測される。

何より、ナチスがチャップリンの〈笑い〉を恐れ、研究していた証拠がある。ミュンヘンにあるナチスの党資料室は、外国の記事を分析して、党幹部に報告する役目を担っていた。通常、外国の記事は要約の上、報告されていたのだが、とりわけ重要とみなされた記事は全翻訳された。その全翻訳された重要記事がたった一つだけ現存している。それは、一九四〇年一〇月一九日付の英国の「デイリー・メイル」紙掲載の「『自由のために』作られた彼の映画」というインタビュー記事だ。チャップリンが、「何が起ころうとも、全体主義は続きません。（略）それは存続しえない――存続することはない」と予言している文章が、全訳されてナチス政権幹部に渡されていたのだ。

コメディとペイソスは密接に結びついていて、両者を分けることはできません。多くの人から「どうやって痛ましさや人々の苦しみからコメディを作れるのだ？　どうやって世界のもっとも大きな悲劇を笑うことが出来るのだ？」と聞かれます。私はこう説明します、私たちが生き延びることができる唯一の方法は、私たちの困難を笑うことなのです、と。

かくしてチャップリンはヒトラーに勝利した。チャップリンは、〈笑い〉こそが困難に立ち向かう武器であることを証明した。

『独裁者』。床屋の演説

もう一度、ラストの演説に戻ろう。

あの演説には、映画の映像にとって大切な要素が一つ抜けている。つまり、映画は「ショットA（この場合、演説する人）」と「ショットB（聞く人）」を切り返して編集することで物語を紡ぐのだが、床屋のラストの演説では、延々と床屋が話すだけで「ショットB（聞く人）」がない。

前述の通り、当初の脚本では、床屋がラジオを通じて世界各国に呼びかけ、「ショットB（聞く人）」として呼びかけられたドイツの軍隊は行進をやめてダンスを始め、スペインでは銃殺をやめて敵味方が抱き合い、日本軍の飛行機は中国に爆弾を落とすのをやめてオモチャを落とすという切り返しショットがあった。これが実現していれば、まさに映画的ファンタジーの傑作になっていただろう。しかし、チャップリンはそのアイディアを捨てて、床屋の演説に集中した。では、「ショットB」は誰か？――それは、実際に映画を見ている私たちということになる。チャップリンは現実に直接訴えかけ、私たちはショットBの登場人物として現実で行動を起こす。こうして『独裁者』は永遠の現在性を獲得したと言えるのではないだろうか。

チャップリンは、ラストにおいて、映画を映画の中で完結させずにリアルな人々に向けて開いた。『独裁者』はまさに映画の枠を超える作品だ。

二〇〇二年の秋。フランスで『独裁者』が再公開され、新作を押さえて堂々週間四位を記録した。世界が混迷を深める中、困難な状況でもたった一人で立ち向かったチャップリンが現代人の心を捉えたのだ。『独裁者』は、ヒトラー亡き今も「ヒトラー的なもの」と闘い続けている――ユーモアという武器でもって。

ともあれ下手な解釈はこの辺にして、ラストの床屋の演説をここに全訳することにする。

『独裁者』結びの演説

申し訳ない。私は皇帝なんかにはなりたくない。そんなのは私のやることじゃない。

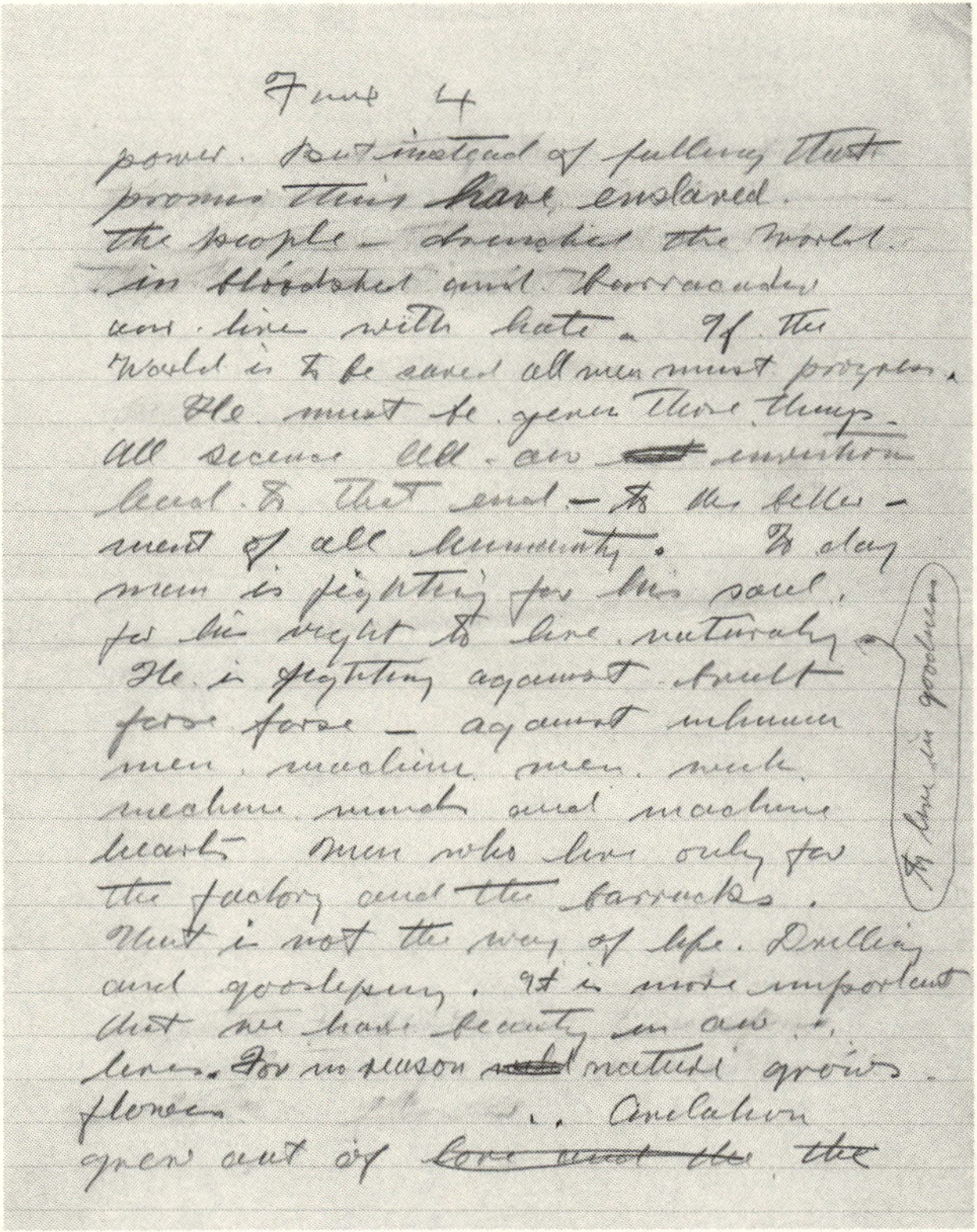
Page 4
power. But instead of fulfilling that
promise they have enslaved.
the people — drenched the world
in bloodshed and barricaded
our lives with hate. If the
World is to be saved all men must progress.
We must be given those things.
All science all art — invention
lead to that end — to the better-
ment of all humanity. To day
man is fighting for his soul,
for his right to live naturally.
He is fighting against brute
force force — against inhuman
men, machine men, with
machine minds and machine
hearts. Men who live only for
the factory and the barracks.
That is not the way of life. Drilling
and goosestepping. It is more important
that we have beauty in our
lives. For no reason nature grows
flowers ... Civilization
grew out of ~~love and the~~ the

to live in goodness

『独裁者』クライマックスの演説の手書きの草稿

誰かを支配したり征服もしたくない。できれば、ユダヤ人にしろキリスト教徒にしろ、黒人にしろ白人にしろ、みんなを助けたいと思っている。

私たちはみんな、お互いを助けたいと望んでいる。人間とはそういうものだ。他人の不幸によってではなく、お互いの幸福で支えあって生きていきたい。私たちは、お互いを憎んだり軽蔑したりしたくはない。この世界には一人ひとりのための場所があるんだ。そして、良き大地は豊かでみんなに恵みを与えてくれる。

人は自由に美しく生きていけるはずだ。なのに、私たちは道に迷ってしまった。貪欲が人の魂を毒し、憎しみで世界にバリケードを築き、軍隊の歩調で私たちを悲しみと殺戮へと追いたてた。スピードは速くなったが、人は孤独になった。富を生み出すはずの機械なのに、私たちは貧困の中に取り残された。知識は増えたが人は懐疑的になり、巧妙な知恵は人を非情で冷酷にした。私たちは考えるばかりで、感情をなくしてしまった。私たちには、機械よりも人の心、抜け目のない利口さよりも優しさや思いやりが必要だ。そういったものがなければ、人生は暴力に満ち、すべては無になってしまう。

飛行機とラジオは私たちを結び付けた。本来それらの発明は人間の良心に訴えて、国境を超えた兄弟愛を呼び掛け、私たちを一つにするものだ。今も、私の声は何百万という人々に届いている。何百万もの絶望する男や女、そして小さな子供たち、人々を拷問し罪なき者を投獄する組織の犠牲者たちに。そんな人々に言おう、絶望してはならない、と。今、私たちを覆う不幸は、消え去るべき貪欲、人間の進歩の道を怖れる者の敵意でしかない。憎しみは消え去り、独裁者たちは死に絶える。彼らが民衆から奪い取った権力は、再び民衆のもとに戻るだろう。人に死のある限り、自由は決して滅びることはない。

兵士たちよ！　けだものに身をゆだねてはならない！　あなたたちを軽蔑し、奴隷にし、生き方を統制し、何をして、何を考えて、どう感じるかまで指図する奴らに。彼らはあなたたちを猛訓練させ、食事まで規制し、家畜のように扱って、大砲の餌食にする！　そんな血が通っていない奴らに身をゆだねてはならない。機械の頭と機械の心を持った機械人間に。みんなは機械じゃない、みんなは家畜じゃない、みんなは人間なんだ！　心に人間の愛を持っているんだ。憎んではならない。ただ愛されない者だけが憎むのだ。愛されない者と血の通わぬ者だけが。

兵士たちよ！　隷属のためにではなく、自由のために闘おう！「神の国はあなた方のうちにある」と『ルカ伝』一七章に書いてある。それは、一人の人や、一つの集団ではなく、すべての人々、みんなのうちにあるんだ！　あなたたち、民衆は力を持っている！　機械を生み出す力を。幸福を創る力を。あなたたち、民衆はこの人生を自由で美しいものにし、素晴らしい冒険にする力を持っている！　さあ、民主主義の名のもとに、その力を使うんだ！　力を合わせて、新しい世界のために闘おう！　人々に仕事の機会を与え、若者に未来を、老人に保障を与える立派な世界のために。けだものたちもそんな約束をして権力に上り詰めた。だが、彼らは嘘つきだ！　彼らは約束を守らない。絶対に守ろうとしない。独裁者たちは自分たちを自由にし、民衆を奴隷にする。今こそ、あの約束のために闘おう！　世界の解放のために闘うんだ。国同士の壁を取り除くために、貪欲と憎しみと偏狭を取り除くために。理性ある世界――科学と進歩がすべての人々の幸福へと通じている、そんな世界のために闘うんだ。兵士たちよ、民主主義の名のもとに、持てる力を集めよう！

ハンナ――僕の声が分かる？　どこにいても空を見上げて、ハンナ！　雲が切れて、日がさし始めた。僕たちは暗闇を抜けて、光の中に入っていく。僕たちは新しい世界に近づいている。もっと心優しい世界に。人間が自分たちの憎しみや貪欲や残忍さを克服する、そんな世界だよ。

元気を出して、ハンナ。人間の魂には翼が与えられていた。今、やっと飛び始めた。それは虹の中へと飛んでいく――希望の光へ、未来へと。輝かしい未来は、君や僕、そして僕たちみんなのものだ。上を向いて、ハンナ、元気を出して――。

追放された「世界市民」

戦争中から始まっていた冷戦

前作『独裁者』で、ヒトラーに一人立ち向かったチャップリン。製作中は、ヒトラーを刺激したくないアメリカ政府、ヒトラーに対して一定の支持をしていた世論を背景に、製作中止を求める声が上がっていたが、公開時にはファシズムの脅威が現実のものとなっていたため、大衆に熱狂的に支持され大ヒットを記録した。

一九四二年にはサイレント時代の傑作『黄金狂時代』に、みずからナレーションを吹き込んで、弁士版として公開し、これも大ヒット。この頃のチャップリンは、そのキャリアの絶頂にいた。

だが、映画界のみならず大衆に大きな影響を及ぼすチャップリンのことを当局は合衆国にとって危険な人物と見なすようになっていた。一九四一年の秋頃には、アメリカ参戦に反対する政界の保守派の一部が、『『独裁者』はアメリカを戦争へと駆り立てる好戦的な映画だ」と意味不明の批判を展開。その後、真珠湾攻撃の後アメリカが参戦すると、平和主義的な発言を繰り返すチャップリンを今度は「愛国心がない」「共産主義者だ」と一八〇度方向を変えて非難した。

チャップリンは共産主義を支持したことはなく、なにより大事なのは個人の自由であり、その意味でアメリカこそ自分の住む国だと考えていた。だが、息子二人を兵隊にとられ、自身も対ファシズムのために役割を果たしたいと考えていたチャップリンは、一九四二年から四三年の前半にかけて、前線の兵士のために、またアメリカに残る民衆の鼓舞のために、集会などでの演説を多く引き受けた。それらの機会に、ファシズム国家を挟み撃ちにしようと同盟国ソヴィエト連邦を応援する内容の演説をしたチャップリンは、反共主義者たちから攻撃を受けることになる。

戦争を推し進めるアメリカにとってチャップリンは邪魔な存在だった。FBIはなんとかチャップリンのスキャンダルをでっち上げようと躍起《やっき》になっていた。「共産党に五〇〇〇ドル寄付をした」などという噂を聞いては、証拠を摑《つか》もうとしたが、彼が共産主義者を支援している形跡は見つからなかった。かつてナチスが出版した「ユダヤ人があなたを見ている」というパンフレットの中で、チャップリンのことをユダヤ人の軽業師だとして、その本名は（どこから出てきたのかよく分からないが）「イズレイル・ゾーンシュタイン」だとでっち上げたことがあった。ＦＢＩはこの情報に飛びついて、イギリスの情報機関ＭＩ５に「チャップリンの本名はイズレイル・ゾーンシュタインだという証拠はあるか」と照会した。ＭＩ５はくそまじめに調べて、「そのような証拠はない」と当たり前の回答をした（二〇一二年になって、この時のファイルが情報公開された時に、世界中のマスコミが無責任に「チャップリンの本名は不明」などと報道した）。

筆者は、チャップリンについて「捜査」したというＦＢＩのファイルを読んだが、そこにはなんら真実はなく、彼らにまったく調査能力がないことと、罪を捏造しようと延々と噂話をファイルしていたことが分かっただけだった。冗談のような話だが、ＦＢＩはチャップリンの死後に霊媒師を呼んで、彼が共産主義者だったかどうかを問い詰めている。まったくもってまともな仕事とは思えない。

しかし、そんなＦＢＩにとって、極めて好都合な女性があらわれた。

その頃、チャップリンは、アイルランドの戯曲『影と実体』の映画化を企画しており、主演女優として無名の女優ジョーン・バリーと契約した。バリーはチャップリンに好意を抱くようになり、チャップリンは困惑していたが、バリーに演技の才能があると思い、二人は一時期親密になった。その後、バリーが精神的に不安定な女性であることがわかり、距離を置いたが、チャップリン邸に忍び込んでピストルで脅して復縁を迫るといったストーカー行為を繰り返し、チャップリンはバリーに故郷に戻るための交通費を払って関係を清算した。

数ヶ月後、バリーは突如チャップリンの子供を身ごもったと主張し始めた。ＦＢＩは、このストーカー女性の登場を願ってもない好機として、彼女の認知裁判を支援した。血液検査でチャップリンの子供ではないという結果が出たにもかかわらず、民事裁判では合衆国政府の巧妙な策略（血液検査を証拠として採用しない州で裁判を起こした）の末チャップリンが敗訴した。新聞はチャップリンを共産主義者で女性の敵だと書き立て、国をあげてネガティヴ・キャンペーンを展開した。第二次大戦中から、すでに冷戦は始まっていたのだ。

一九四五年に第二次大戦が終わると、戦勝国アメリカに反共主義の狂気の嵐がさらに吹き荒れた。密告を奨励し、でっち上げの罪状でマスコミを使って吊るし上げる。そのやり口はファシズムと何ら変わりはなかった。

『殺人狂時代』――「チャップリンは変わる」

そんな中でもチャップリンは次回作『殺人狂時代』の準備をしていた。きっかけは、一九四二年一〇月にオーソン・ウェルズがチャップリン邸を訪れたことだった。ウェルズは、財産目当てに次々と女性と結婚しては殺した実在の人物ランドリューを主人公に映画を作りたいが、その主役をぜひチャップリンにやってもらいたいと持ちかけた。

俳優だけをすることに気乗りしなかったチャップリンは、ウェルズの申し出は断ったものの、このフランス史上でも稀な犯罪者について自分で映画を作りたいと思うようになった。チャップリンはトラブルを避けるためウェルズに「原案料」として五〇〇〇ドルを払い（このために、あとからウェルズが『殺人狂時代』の生みの親は自分だと吹聴したことにチャップリンは心を痛めた）、『影と実体』の企画は棚上げし、四二年の一一月ごろから『殺人狂時代』（当初「ランドリュー」というタイトルだった）の脚本執筆を開始する。

ジョーン・バリーとの忌まわしき裁判のあいだも休まずに作業を続け、一九四六年には製作の準備が整った。その間、一九四三年に結婚したウーナ・オニールが困難にある夫を支え続けた。当初「ランドリュー」だったタイトルは、その後「青髭」となり、撮影開始時には「殺人の喜劇」というタイトルになった。

最後にして最愛の妻ウーナ

チャップリンは懐かしい気持ちから、グローネ夫人役にかつてヒロインを務めていたエドナ・パーヴァイアンスを起用するつもりでいた。一九四六年三月一八日に二〇年ぶりに撮影所にやってきたエドナと一ヶ月ほどリハーサルした。演技は悪くなかったのだが、どうしても二人のあいだに過去の感傷が入り込んでしまう。結局エドナを起用しないと決めた時はエドナ本人もほっとした。その後二度とチャップリンと会わなかったエドナは、生涯チャップリンの活躍を伝える新聞記事を集め続けた。チャップリンはエドナに撮影所の一員として彼女が死ぬまで給料を払い続け、彼女の癌の治療代を出した。一九五八年に彼女が死去したときは、「父は激しく気が動転していました」と娘ジョゼフィンは語る（なお、本作と『ライムライト』にエドナがエキストラ出演しているという噂があったが、その事実はない。撮影所日誌はもちろん、当時の関係者の証言にもそのような話はない。昔の仲間ということであれば、カーノー劇団の恩人フレッド・カーノーの息子がグローネ夫人の結婚式でヴェルドゥのサンドウィッチを探す老人の役で出演している。彼はわざわざ作中で「カーノー氏」と呼ばれており、チャップリンが特別に尊重していたことが分かる。もしエドナが出演していたとすれば、義理堅いチャップリンならそれと分かるように起用したはずだ）。

すでに『独裁者』でジャック・オーキーら当時のスター俳優を起用していたが、本作でも売れっ子喜劇女優マーサ・レイが相手役に起用された。マーサにとってチャップリンは雲の上の人だった。出演依頼のために「チャップリンですが……」とみずから電話をしたが、マーサはいたずら電話だと思って切ってしまい、後から本物と気付いて大慌てで謝罪

『殺人狂時代』の撮影現場を訪れたヘンリー・バーグマンの最後の姿（前列中央）。

したという。他に、イギリスの著名な舞台女優のイザベル・エルサムやオーストラリア出身の性格女優マージョリー・ベネットを助演に据えるなど、それまでの「気心の知れた仲間と気のすむまで何度も撮り直す」という作り方とはまったく異なった方法で撮影が行なわれた。それは、撮影前後に長年撮影所主任だったアルフレッド・リーヴズや、一九一六年の『質屋』以来、忠実な側近だったヘンリー・バーグマンらが相次いで死去したことも大きい。激変する撮影環境と猛烈なバッシングのなか、『殺人狂時代』の撮影は、一九四六年六月三日に始まった。

　新しい撮影所主任のジョン・マク

ファデンは、チャップリン撮影所にそれまで存在しなかった「効率化」を導入し、撮影は三ヶ月後の九月五日に終了した。『独裁者』が五五九日間の製作期間をかけたことを思うと、たいへんなスピード・アップだ。戦後ハリウッドは度重なるストライキを経てスタッフの賃金が上昇し、組合の要求でチャップリンには必要のないスタッフを大量に雇わなくてはならなくなっていた。編集まで自分で行なうチャップリンにとって多くの編集助手は不要だった。実際の編集はチャップリンが熟練の手つきで手早くフィルムを首に巻きつけながらハサミを使わずにカットする独特のやり方で行ない、助手たちはそばで見ているだけだったという。ともあれ、急上昇するコストの結果、チャップリンといえどもかつてのように際限なく時間をかけることはできなくなっていたのだ。

『殺人狂時代』は、チャップリンにとって大きな転機となった。一九一四年一月六日に、『メイベルのおかしな災難』の撮影のためにその扮装を思いついて以来、一九四〇年の『独裁者』まで二六年間演じ続けたチョビ髭の放浪紳士チャーリーを捨てて、新しいキャラクターを演じた。新たに演じた「ヴェルドゥ氏」は、あらゆる意味でチャーリーとは正反対である。ぼろぼろの服を着た放浪者ではなく、身なりのいい紳士であり、サイレントのキャラクターではなく饒舌に喋る。チャーリーは女性に対して無垢で自信を持てない存在だったが、ヴェルドゥ氏は手当たり次第に女性を口説いて資産目的で殺す。ささやかではあれ庶民の夢を見ていたチャーリーに対して、ヴェルドゥ氏は人生に完全に絶望している。悪事が露呈した時も、追いかけっこの末逃げおおせることもなく、進んで警察に捕まる。

前作『独裁者』で、〈笑い〉という武器をもってヒトラーに対して勝利をおさめたチャップリン。だが、勝者として君臨することは放浪紳士チャーリーにはふさわしくない。笑いとは価値の転倒だと知っていたチャップリンは、みずからのイメージを壊すことを選んだ。

その姿勢は、製作過程にも表れている。初期のチャップリンは台本を書かずに頭にアイディアが浮かんだ順番に撮影していた。後年、脚本を用意するようになっても、ストーリーの順番に撮ることを好んだ。だが、本作では詳細に準備した脚本を元に、なんとラストシーンから撮影された。それまでと正反対の順番で撮影し、正反対のキャラクターを生み出したというわけだ。後ろ姿を見せながら去っていくラストシーンは、『失恋』や『偽牧師』、『サーカス』などチャップリンお馴染みのものだが、本作でヴェルドゥ氏が去っていく先は処刑場であり、ブラックなセルフ・パロディとなっている。

トップシーンはすでに死んだヴェルドゥが自分の墓を見せながら語るというものだ。当時流行のギャング映画ジャンルであるフィルム・ノワールでは、悲観的な主人公が夜道を歩きながらヴォイス・オーヴァーで過去について語るシーンが多用されるが、ここでは死

『殺人狂時代』。アナベラ役のマーサ・レイと

『殺人狂時代』

殺人狂時代　Monsieur Verdoux（1947）

製作・監督・脚本・作曲／チャールズ・チャップリン

「アンリ・ヴェルドゥ（チャップリン）1880～1937」と刻まれた墓標。物語は生前を回想するヴェルドゥの声から始まる。

クーヴェ家の婦人テルマが行方不明となり、預貯金が引き出されていた。結婚した男の行方も分からない。家族は途方に暮れる。

一方、南仏の庭園でバラ作りに専念しているヴェルドゥ。毛虫一匹殺せない男だが、庭の片隅から立ちのぼる煙は、彼が手をかけた女性を焼いていることを物語る。彼は、次なる獲物グローネ（イザベル・エルサム）に求婚する。そんな彼も、病弱な妻（メイディ・コレル）にとっては良き夫だった。

ある日、ヴェルドゥはパリの下町で女（マリリン・ナッシュ）と知り合う。新しい毒薬を試すためにワインを勧めるヴェルドゥ。だが、戦争障碍者の夫を失ったばかりの彼女の身の上話を聞き、毒薬を試すのをやめる。

アナベラ（マーサ・レイ）の殺害はうまくいかず、グローネとの挙式を早くすませて彼女の財産を手に入れようとする。その頃、パリ市警はヴェルドゥの犯行をつきとめ始めていた。次第に運から見放されていくヴェルドゥ。株の大暴落で一文なしになり、妻子も失う。そんなある日、いつかの女と偶然再会する。彼女はいまや軍需成金の愛人におさまっていた。

やがて、ヴェルドゥはパリ市警に逮捕され、この類をみない凶悪犯罪の審判の時が来た……。

製作開始／1946年4月　最初の撮影／1946年6月3日（それに先立ってアロウヘッド湖でのロケが5月21日から23日まで行われた）　最後の撮影／1946年9月5日　製作終了／1947年3月4日　プレミア／1947年4月11日、ニューヨークのブロードウェイ劇場　配給／ユナイテッド・アーティスツ　長さ／11332フィートんだ人物が回想しており、皮肉な効果を生み出している。本作の三年後にビリー・ワイルダー監督が『サンセット大通り』でこの手法を模倣した。

トーキーになってからのチャップリン映画からは、多くの名台詞が誕生した。本作でもっとも有名なセリフは、死刑を目前にしたヴェルドゥがいう「一人殺せば悪党で、一〇〇万人殺せば英雄だ。数が殺人を神聖なものにする」だろう。戦勝に沸くアメリカで、ここまで明確な反戦メッセージを打ち出した映画人はいなかった。

なぜアメリカ市民権を取らないのかという質問には、チャップリンは「私は世界市民です」と答え、共産主義者かと問われると、「戦争屋（Warmonger）」をもじって、「平和の煽動者（Peacemonger）です」とユーモアたっぷりに答えた。ここで「平和主義者（Pacifist）」と答えなかったことが面白い。向こうが「戦争」と煽るのなら、くそまじめに平和主義と言わずに、こっちも「平和」を煽ろう、今風に言えば「炎上」させようという感じで、ネット世代に通じる感覚の新しさだ。

一九四七年四月一一日に『殺人狂時代』が公開されたとき、記者会見では作品のことはそっちのけで「あなたは共産主義者か？」「愛国心はあるのか？」などと質問が飛び、チャップリンが「私は国際主義者です」と答えたことで、ますます右翼勢力は激昂した。右翼団体は本作の劇場の前に立ち、上映妨害を行なった。前作の『独裁者』が、アメリカ国内だけで五〇〇〇万ドルの売り上げを記録したのに対して、激しい妨害に見舞われた本作の売り上げは、わずか三二万五〇〇〇ドルであり、チャップリン映画として、公開当時アメリカ国内で損失を出した唯一の作品となった。

『殺人狂時代』のキャッチコピーは、「チャップリンは変わる！　あなたは変われる？(Chaplin changes. Can you?)」だった。アメリカがチャップリンにアカデミー特別栄誉賞を授与して事実上謝罪したのはヴェトナム戦争での敗戦が誰の目にも明らかになっていた一九七二年のこと。アメリカが変わるためには二五年もの時間を要した。

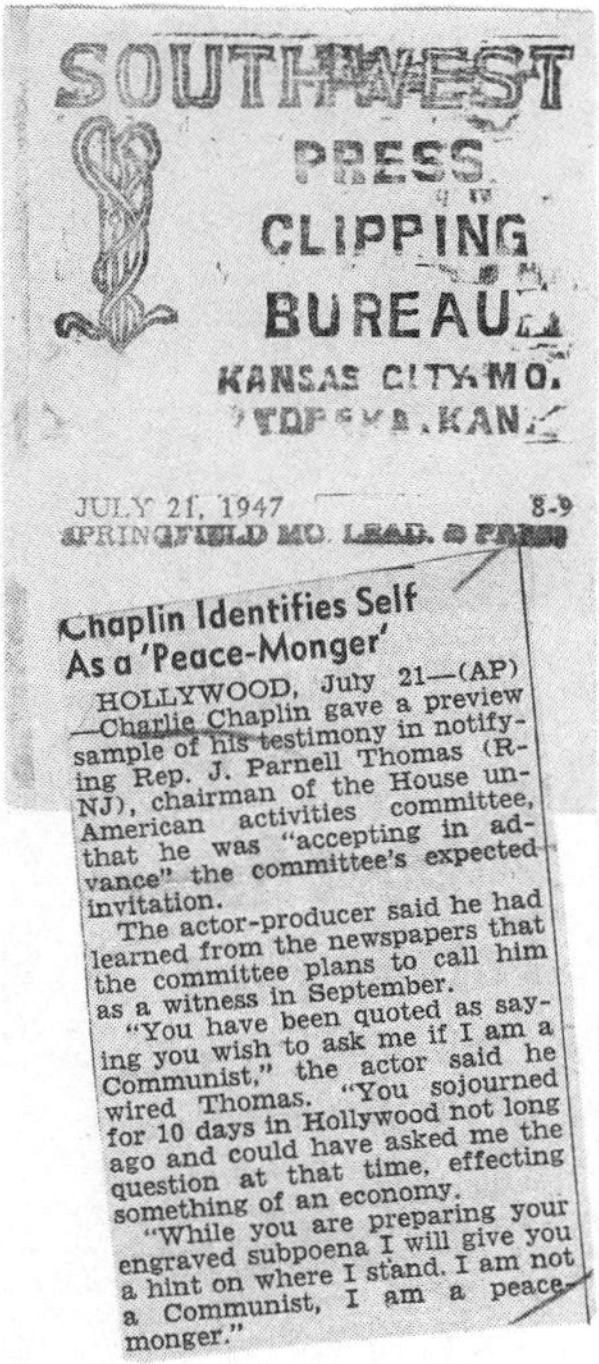
SOUTHWEST PRESS CLIPPING BUREAU
KANSAS CITY, MO.
TOPEKA, KAN.

JULY 21, 1947　8-9
SPRINGFIELD MO. LEAD. & PRESS

Chaplin Identifies Self As a 'Peace-Monger'

HOLLYWOOD, July 21—(AP)—Charlie Chaplin gave a preview sample of his testimony in notifying Rep. J. Parnell Thomas (R-NJ), chairman of the House un-American activities committee, that he was "accepting in advance" the committee's expected invitation.

The actor-producer said he had learned from the newspapers that the committee plans to call him as a witness in September.

"You have been quoted as saying you wish to ask me if I am a Communist," the actor said he wired Thomas. "You sojourned for 10 days in Hollywood not long ago and could have asked me the question at that time, effecting something of an economy.

"While you are preparing your engraved subpoena I will give you a hint on where I stand. I am not a Communist, I am a peace-monger."

自らを「平和の煽動者です」と答えるチャップリンの声明を伝える記事

チャップリンの残したNGフィルムのなかで、現存する最後のものは、本作でヴェルド

『殺人狂時代』のＮＧフィルム。電話帳をめくるシーン

ゥが電話帳のページを、元銀行員という設定らしくお金を数えるようにめくるシーンだ。完璧主義者のチャップリンのこと、電話帳のページを何度もめくって練習したのだろう。彼はその単純なシーンを少なくとも五回撮り直している。撮影前の真剣な表情、満足のいかない演技は容赦なくカット、それでいてセリフを間違えたときに見せる照れ隠しの笑顔——すっかり白髪の五七歳になっても若い頃と変わらず何度もやり直しているその姿はあくまで誠実で、そしてなにより心から楽しんでいる。筆者は、ロンドンの研究所の地下室で一人その映像を見ていて、なぜか涙が出てきた。やれ共産主義者だの、やれ女性の敵だのとひどいバッシングを受けていた最中の撮影。私が見たのは、そんななかでも、ただひたすら演技を繰り返し、ストイックに笑いを追求する喜劇王の姿だった。

『ライムライト』——喜劇王の集大成

前作『殺人狂時代』は興行的に大失敗に終わった。戦勝に沸くアメリカで、平和を説くチャップリンは「共産主義的」と見なされ、かつてはハリウッドの社交場だったチャップリン邸でのテニス・パーティーにも、この頃はだれも近づかないようになっていた。『殺人狂時代』公開直後の一九四七年九月には非米活動委員会の公聴会に召喚されたが、チャップリンは「放浪紳士チャーリー」の扮装で出廷すると声明を出した。公聴会はテレビ中継されるのだが、もし放浪紳士が出廷すると完全にチャップリンのショーになってしまうことを非米活動委員会は恐れたため、結局、尋問は行なわれなかった。次々と無実の人たちを槍玉に挙げていた非米活動委員会だったが、やはりチャーリーのイメージには敵わないと思ったようだ。

そんな中、チャップリンは、次回作『ライムライト』の原作となる、小説『フットライツ』の執筆に没頭する。反共主義の狂気のなか、生まれ育ったロンドンのミュージック・ホールの世界に沈潜していったのか？——しばしば、『ライムライト』は戦後の冷戦期に、チャップリンが政治的な題材から離れてみずからのルーツに戻った作品などと解説されてきたが、実はそうではない。この作品こそ、デビュー当初からずっと温めてきたアイディ

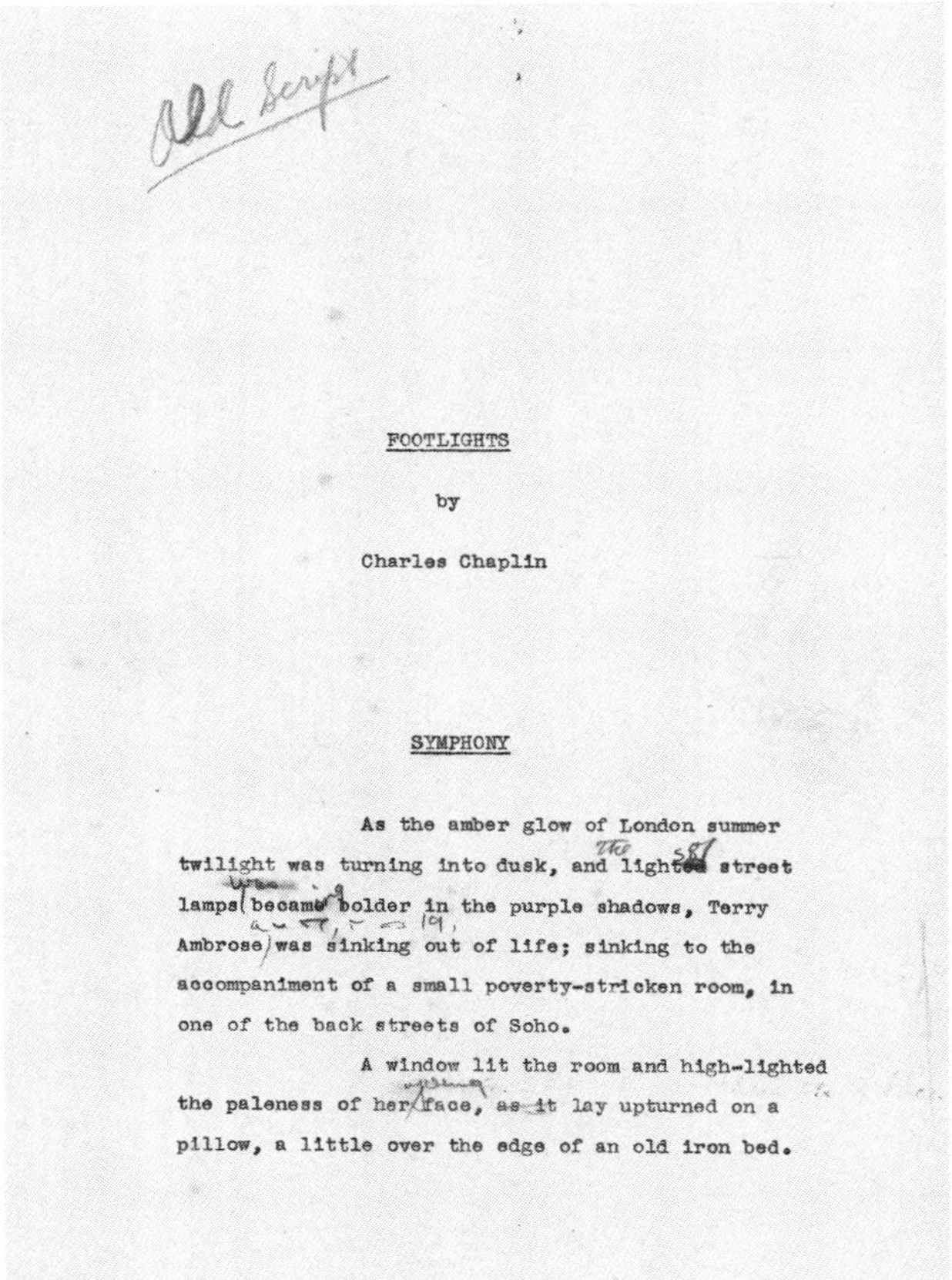

FOOTLIGHTS

by

Charles Chaplin

SYMPHONY

As the amber glow of London summer twilight was turning into dusk, and lighted street lamps became bolder in the purple shadows, Terry Ambrose was sinking out of life; sinking to the accompaniment of a small poverty-stricken room, in one of the back streets of Soho.

A window lit the room and high-lighted the paleness of her face, as it lay upturned on a pillow, a little over the edge of an old iron bed.

『ライムライト』の原作小説として書かれた『フットライツ』

アが結実したものなのだ。

前述の通り、一九一六年一二月にチャップリンはニジンスキーのロス・アンジェルス公演を訪れ、二人は意気投合した。

最大限尊敬しあった二人だったので、のちにニジンスキーが精神に異常をきたした時、チャップリンは大いにショックを受けた。チャップリンは、バレエダンサーの身体と精神の問題を題材に映画を作ろうと思い立つ。一九三〇年代には、チャップリンが全盛期を過ぎた天才ダンサーを演じ、ポーレット・ゴダードが彼の元恋人で今は若いダンサーに心を奪われるヒロイン役を演じるストーリーを考えていた。それとは別に道化のストーリーも構想していた。

だが、その時はそのアイディアを棚上げして、〈世界の危機〉と真っ向から対峙する二つの作品『独裁者』と『殺人狂時代』を製作した。

その後、ようやくダンサーのストーリーに戻ってきた頃には、いくらチャップリンといえども「天才ダンサー」を演じるには年を取り過ぎていた。そこで彼は、ダンサーの物語と道化の物語とを統合することを思い立つ。それが可能になる場所は、ミュージック・ホールしかなかった。というのも、ミュージック・ホールは労働者の娯楽だったのだが、品格に欠けるという批判を避けて、幅広い階級に受け入れられるために、劇場主たちが上品な出し物も取り入れていた。そんなわけで、それは、バレエと道化の寸劇、さらにはコミック・ソングまでもが共存する世界でも稀有な舞台ジャンルとなった。こうして、ルーツであるミュージック・ホールを舞台に、チャップリンが道化を演じ、自殺をはかったバレリーナを助けるストーリーに至った。

チャップリンが書いていた小説『フットライツ』は、出版予定はなく作品世界を構築するためのものだったが、近年刊行された遺稿には、映画に比べて登場人物の背景が詳しく描かれている（二〇一七年一月に集英社より『小説ライムライト　チャップリンの映画世界』として翻訳出版された）。映画には登場しないテリーの母親についての、「背中を丸めてミシンを踏んでいた」という描写は、チャップリン自身の母を思わせる。カルヴェロは五回結婚したという設定だが、小説での若い妻の不貞に悩み、酒で身を持ち崩す描写は、チャップリンの父がモデルだ。また、カルヴェロに情けをかけるエンパイア劇場のポスタントの名前は、その昔駆け出しのチャップリンを引き立ててくれたロンドンのデューク・オヴ・ヨークス劇場の舞台監督ポスタンス氏から取られている。「『ライムライト』の舞台をロンドンにしたのは、ひとつにはノスタルジックな気持ちからということもあったが、もうひとつの理由は、やさしさと人間性とを描きたかったので、その舞台としてロンドンがふさわしく思えたからだ」（「BBCライト・プログラム」より、チャップリンの発言）。チャップリンは、『ライムライト』に世紀の移り目の輝くばかりに美しいロンドンの思い出をこめた。

ウジェーヌ・ルーリエによる『ライムライト』のセットのデザイン画。テリーが売り子をしていた文房具の店

チャップリンは、『街の灯』以降の作品と同様、劇中音楽をすべて作曲した。バレエ曲「テリーのテーマ」はポップソングとしてもヒットし、映画音楽のスタンダードとなった。チャップリンは、この曲がバレエに合うかどうかについて、ニューヨーク・バレエのスターだったアンドレ・エグレフスキーとメリッサ・ヘイドンに相談をした。二人はすっかり曲に惚れ込み、結局チャップリンとともに振付をし、『ライムライト』にダンサー役で出演した。

音楽といえば、『ライムライト』はミュージック・ホールを舞台にしている。「春の歌」から続くノンセンスな寸劇、「ノミのサーカス」のパントマイム、コミック・ソング「いわしの歌」――チャップリンは、古きよきミュージック・ホールの芸や歌を少しでも残しておきたかったようで、いろんなタイプの舞台芸を披露している。とくに、「いわしの歌」では、自身が子供のころにスター歌手だったジョージ・バストーの英語のアクセントまで真似ている。

一九五一年一一月一九日撮影開始。五二年一月二五日にすべての撮影を終えて、編集作業に取りかかった。撮影日数は五五日だが、編集や再撮影に時間をかけたので、公開は五二年一〇月となった。この作品には、次男のシドニー・チャップリンが助演のピアニストのネヴィル役で抜擢され、長男のチャールズ・チャップリン・ジュニアがバレエ・シーンの警官役、ジェラルディン、マイケル、ジョゼフィンの幼い三きょうだいは冒頭の子供、さらには遠目のテリーの吹き替えに妻ウーナがエキストラ出演するなど、チャップリン一家が総出演している。

キートンとの共演　映画コメディアンたちの盛衰

しかし、出演者といえば、何よりも、サイレント時代の好敵手バスター・キートンとの最初にして最後の競演が最大の見ものだ。

チャップリンは、当時すでに忘れられた存在となっていたキートンを『ライムライト』

の共演者に迎えた。かつて衣装で使っていた帽子をかぶって撮影所にやってきたキートンに、チャップリンは「君のための衣装は用意しているよ」と優しく告げたという。二週間スタジオに参加して撮影されたシークエンスは、映画史上に残る名場面となった。普段は友人同士のチャップリンとキートンが、撮影が開始されると、途端《とたん》に芸で火花を散らし合う様子を見て、スタッフたちは大いに驚き、また楽しんだという。

なお、キートンの面白いギャグをチャップリンはカットしたなどという話には、もちろんなんの根拠もない（そんな噂を喜んで広める人は、あの奇蹟のようなシーンを見て、いったい何を感じ取ったのだろう。二人の名優に失礼としか言いようがない）。助監督のジェリー・エプスティーンの回想によると、「このシークエンスだけで五本の映画を公開出来るぐらいの分量があった。問題は二人のベスト・パフォーマンスを編集して取り出すことだ。チャップリンはキートンのギャグをカットしたが、同じだけ自分のいいギャグもカットした。『物語が大事なんだ。このシーンだけのために映画を止めるわけには行かない』とチャップリンは言った」とのことだ。

撮影記録を見ると、チャップリンはキートンのギャグをカットした形跡はない。対して、チャップリンは、襟《えり》が高すぎて苦労をするという自分のギャグをすべてカットした。

一九二〇年代は人気者だったキートンも、トーキーが到来すると凋落していった。無表情でひたすら走るキートンの超絶的な運動は、台詞が入った途端に失速してしまったのだ。

『ライムライト』。テリー役のクレア・ブルームと

『ライムライト』。バスター・キートンと

ライムライト　Limelight（1952）

製作・監督・脚本・作曲・振付／チャールズ・チャップリン

1914年、夏の夕暮れ。ロンドンの下町のフラット。軽演劇ミュージック・ホールのかつての人気者で今は落ちぶれた老芸人のカルヴェロ（チャップリン）は、ガス自殺を図ったバレリーナ、テリー（クレア・ブルーム）を助ける。

テリーは、自分にバレエを習わせるために姉が街娼をしているのを見て、その苦い思い出のために足が動かなくなっていた。カルヴェロはテリーを舞台に戻そうと懸命に励ます。

そんなある日、カルヴェロが久しぶりの舞台でさんざん失敗をした後、「自分はもう終わりだ」と嘆くのを叱咤して、テリーは思わず立ち上がる――再び歩くことが出来たのだ。

６ヶ月後、テリーはエンパイア劇場の舞台に復帰して、プリマ・バレリーナになった。かつてほのかに思いを寄せたピアニストのネヴィル（シドニー・チャップリン）とも再会した。

テリーは、自分を励まして、再び舞台に立たせてくれたカルヴェロに求婚する。だが、カルヴェロは笑ってとりあわず、ネヴィルとテリーを結び付けるために自分は姿を消す。テリーは、ロンドン中を探し回りようやくカルヴェロと再会する。戻って来てと懇願するテリー。かたくなに拒否するカルヴェロ。だが、エンパイア劇場のポスタント氏（ナイジェル・ブルース）がカルヴェロのための記念公演を企画していると告げると、お情けは受けないといいつつも「もう一度健在ぶりを見せたい」と芸人魂を見せる。

そして、カルヴェロのための特別公演が盛大にとりおこなわれるのだった……。

製作開始／1951年11月12日　最初の撮影／1951年11月19日　最後の撮影／1952年1月25日　プレミア／1952年10月16日、ロンドン、レスター・スクエアのオデオン劇場　1952年10月23日、ニューヨークのアスター劇場とトランス・ラックス劇場（アメリカ・プレミア）　長さ／12636フィート

三大喜劇王の一人、ハロルド・ロイドも同じくトーキー到来とともに没落した。チャップリンやキートンとは違って、都会的な上昇志向の好青年の夢物語を演じたロイドは、大恐慌でアメリカの夢が萎《しぼ》むとともに消えていった。

それ以前の一九一〇年代には、キーストン・コップスに代表される追いかけっこのドタバタ喜劇や、チャップリンと人気を二分したロスコー・アーバックルがいた。三〇年代にはローレル・アンド・ハーディ、四〇年代にはマルクス兄弟と、それぞれの時代を代表する人気コメディアンがいた。だが、いずれも時代の移り変わりとともに没落していく。

ヨーロッパに目を向けると、イタリアにはポリドールやクレティネッティなどの人気コメディアンがいて、シュル・レアリスムにも影響を与えた破壊的なコメディを得意とした。彼らの特徴としては、人が急に消えるなどのトリック撮影を多用して、荒唐無稽なコメディを展開したことだ。

イギリスを代表するサイレント映画コメディアンは、ピンプルだ。ピンプルは、イギリスらしくウィットに富んだ皮肉なユーモアを得意とした。『ピンプルのナポレオン』（一九一三年）では、ピレネーを越えるナポレオンのシーンで、アルプスを描いたハリボテの大道具が倒れてきて大騒動になるといった、メタ映画的なギャグもある。あるいは、「いざワーテルロー（Waterloo）の闘いへ！」の字幕のあとに、ナポレオンがロンドンのウォータールー駅（Waterloo）に行っているという脱力系ギャグも面白い。

マックス・ランデーを迎えるチャップリン

舞台出身のチャップリンは、映画界入りする前に映画コメディアンを熱心に研究したという形跡はない。だが、ただ一人、チャップリンが「私の先生」と呼んだ映画コメディアンがいる。フランスのマックス・ランデーだ。

マックス・ランデーも、他のヨーロッパのコメディアンと同じく、トリック撮影を多用した破壊的なコメディを得意とした。映画のなかのマックスの出で立ちは、シルクハットに立派なステッキ、綺《き》麗《れい》なタキシードにピカピカの靴という上流階級の紳士だ。上流階級の紳士が姿に似合わぬちぐはぐなことをやらかして、大騒動を引き起こすというのがマックスのパターンである。

チャーリーの衣装は、「先生」である

マックスの衣装に一見似ていなくもない。しかし、シルクハットは山高帽に、綺麗なタキシードはぼろぼろの上着とズボンに、ピカピカの靴はドタ靴に、といわばマックスの衣装をすべてぼろぼろにしたものがチャーリーの衣装と言えるだろう。タキシードを着るヨーロッパの上流階級ではなく、チャーリーは地域や階級に限定されない放浪者になることを選んだのだ。

マックスとチャーリーには、どちらも一人の存在が状況を変えてしまうような破壊的な存在であるという共通点がある。その点で、アメリカ映画界でチャップリン以前において最大の喜劇スターだったジョン・バニーのように、ある状況のなかでほのぼのとした陽気なドラマを展開するコメディアンとは異なっている。また、同じくアメリカのキーストン・コップスのように大勢で追いかけっこをする喜劇とは違って、マックスもチャーリーも個性を前面に押し出す。

だが、トリック撮影を多用するマックスと違って、チャップリンはストーリーやテーマから離れたトリック撮影は使わない。チャップリンは、荒唐無稽な展開や大げさな演技を避けて登場人物のリアルな心理にこだわる。

マックス・ランデーは、一九一七年に満を持してアメリカ・デビューする。ヨーロッパでの絶大な人気を引っさげて大々的に宣伝されたが、結果は思わしくなかった。というのも、アメリカに渡っても相変わらず上流階級のおかしみを描いたコメディを演じていたのだ。

ヨーロッパという地域に限定されたコメディがアメリカで理解されるはずもなく、一九一九年には早々に帰国する。そして、チャップリンの『黄金狂時代』が次々に世界の興行記録を塗り替えていった二五年に、彼は若い妻と心中してしまう。

ユーモアについての考察

このように、チャップリンは、一九一〇年代からずっとスターであり続け、多くのスターたちの浮き沈みを目の当たりにしてきた。彼は、『ライムライト』のアイディアは、アメリカの有名な喜劇人フランク・ティニーの思い出から得たものだと語っている。はじめてニューヨークに行ったとき、人気絶頂だったティニーの舞台を見た。何年かたって再び見たとき、舞台にいたのは「喜劇の女神が去って」しまい、元気と自信を失ったティニーだった。

ほかにも、チャップリンが幼少のときに道化のスターだったマルセリーヌが、のちに旅回りのサーカス一座で端役で出ていたのを目撃したことなど、幼いときから見てきた多くの喜劇スターたちの盛衰がヒントになっている。年齢とともに「喜劇の女神が去って」しまうこと――それはまた、誰よりもその人気と才能に自負を持っていたチャップリン自身の恐れでもあったのだろう。

『ライムライト』の主人公のカルヴェロは、自殺を図ったダンサー・テリーを助けて、自分のフラットに住まわせる。テリーを勇気づけるために、人生の素晴らしさを説く言葉を紡ぎ出す。『ライムライト』に名セリフが多いのも、冷徹な喜劇役者の目を通した人生訓と思えば理解できる。「人生に必要なのは、勇気と想像力――」と言って、「それに少しのお金もね」と付け加えるところが単に格言に終わらないチャップリンらしいリアルさだ。「人生は意味じゃない、欲望だ。欲望があるからこそ、バラは美しく咲き、岩はがっしりと踏ん張る」とテリーを励ましたあと、「とにかくバラはバラ、バラでしかない。こりゃ名言だな」と自分の発言を茶化すあたりに、年齢とともに理屈っぽくなってしまったみずからを笑う喜劇役者の哀愁が滲《にじ》む。「笑わせるって悲しい仕事ね」とテリーに言われても、かつて客を爆笑させたことが忘れられない。テリーの求婚を断り、彼女とネヴィルとの将来を祈りつつカルヴェロは姿を消す。自分が姿を消して、若い世代に譲ること、「それが進歩だ」と言いつつも、もう一度舞台で一花咲かせたいと思う。「もう舞台には立たない」と言いながら、ポスタント氏がカルヴェロのための特別公演を企画しているとテリーが告げると、直後に考えを変える。テリーには格調高い台詞で人生を説きながら、本人はどうしてもかつてスターだったころの夢が忘れられない。舞台は嫌いだと言ってはみるが、「血も嫌いだが、自分の体のなかに流れている」。そして満場のサクラの喝采のなか、「あれはサクラではない」と言って死んでいく役者の業。

『ライムライト』の名台詞は、聖人君子の格言ではない。人生に悩み、舞台に死んでいった男の哀愁とユーモアに満ちた言葉だ。しかし、チャップリンの考えは一貫している。「死とともに避けられないことが一つだけある。それは生きることだ」。笑いが取れなくなったことを苦に自殺したコメディアンたち、酒に溺れて若くして死んだ父を見てきたチャップリンは、「生きること」を貫いて揺るがない。生涯の傑作『ライムライト』には、チャップリンの人生が刻み込まれている。

山口淑子、クレア・ブルームの証言

『ライムライト』は、戦後の作品なので、筆者の年代でもかろうじて関係者から直接お話を聞く機会を得た。ここに貴重な証言を書かせていただきたい。

一九五一年、彫刻家のイサム・ノグチと婚約していた山口淑子《やまぐちよしこ》（李香蘭）は、ビヴァリー・ヒルズのチャップリン邸を挨拶に訪れた。手土産に持参した鯉《こい》のぼりを、日本通の喜劇王はもちろん知っていて、風のない日だったので子供達の前で走り回って鯉のぼりを泳がせた。数日後、山口の驚いたことに、『ライムライト』の音楽の録音を見学しませんかとウーナ夫人から連絡があった。当日、チャップリンは朝から、ヴァイオリンには「触れたらちぎれてしまうような、繊細なフランスのレースみたいな女心を弾いてくれ」、チェロには「老いらくの恋の話だ。老人の哀愁を奏でてくれ」とオーケストラに演出をしていた。「チャップリンさんは、音のないところに音があるんだ、としきりに言っていらっしゃいました」。それにしても、筆者の目の前で当時八五歳だった山口淑子さんが衰えをしらぬソプラノで「テリーのテーマ」を口ずさんだ、あの歌声が耳に焼き付いて離れない。

筆者はチャップリンのピアノによる作曲テープを聞いたことがある。左手でワルツのコードを弾きながら、右手でメロディを探し続けて一〇分間ほど経ったとき、突如演奏をやめて、一瞬の間のあと、あの「テリーのテーマ」を弾き始めた。メロディが降りてきた瞬間に立ち会えた気分で、深い感動を覚えた。

ヒロインのテリーを演じたクレア・ブルームは、一九歳のころ、エージェントから「チャップリン氏が次回作のヒロインとして君に興味を持っている」と聞いても、「シェイクスピアが君に興味を持っている」と同じぐらい非現実的な話だと思って信じなかった。しかし、二週間後に、「君の写真はどこだ？　チャールズ・チャップリン」と電報が来て、あわててプロフィールを送り、オーディションに合格した。

「私が選ばれた理由の一つは、私がチャーリーと釣り合う身長だったのと、奥さんのウーナに私がとても似ていたからだと思います。撮影所でもよく間違われました」。クレアがイギリスに帰った後に、一シーンだけ再撮影しなくてはならなくなり、遠目でウーナが代

『ライムライト』。クレア・ブルームと（上）。同じく、カットされたテリーの少女時代のシーン（下）

役として演じている。ついでに、家族のことに触れると、前述の通り、ネヴィルを次男シドニーが演じ、長男チャールズがバレエ・シーンの警官を演じた。長男の方が小さな役だが、放浪紳士を追いかけ続けた警官という象徴的な役を、最後に演じたのが長男かと思うと感慨深い。最初のシーンの三人の子供はジェラルディン、マイケル、ジョゼフィン。ジェラルディンが「オルソップさんは留守よ」と言ったあと、ジョゼフィンが繰り返すが、実は台本にはそのセリフはなく、二歳半のジョゼフィンが姉の言葉を本番で繰り返してしまっただけとのこと。マイケルは「妹は勝手に自分のセリフを作ったんだ」と笑いながら教えてくれた。

クレア・ブルームの証言に戻ろう。演出は、すべてチャップリンが手本を見せてその通りに演技をするだけだったので、「陽気な猿回しの主人に飼いならされた猿になった気分」だった。しかし、一ヶ所だけ、動かなかった足が再び動くようになって立ち上がり、「カルヴェロ、私、歩いてる！」と号泣する演技がどうしてもできなかった。

チャップリンは楽屋に彼女を呼び、感情をこめずに普通にセリフを読んでごらん、と言った。彼女が言われた通りに感情をこめずに言うと、急にチャップリンは激怒して、「なんだその言い方は！」「だってあなたが普通に読めと……」「そう読めとは言ってない。だいたい、君はこないだリハーサル室の鏡を割っただろ！」「あれは、謝ったじゃないですか」「許されたと思ってるのか！」たまらず彼女はわあっと泣き出した。「今だ！『私、歩

クレア・ブルームと筆者。2012年9月ロンドンのサヴォイ・ホテルにて

いてる』とセリフを言いなさい！」。すべてはチャップリンの作戦だった。そして、長年のスタッフはすべて理解して待ち構えていた。「チャーリーは、私にそんなトリックを三つぐらい使ったわ」。あの名シーンはこのようにして撮影されたのだ。ちなみに、舞台袖でカルヴェロがテリーを殴るシーンは、本当に叩いているように見えて、実は指一本触れていないとのこと。「あれも、チャーリーのトリックよ。チャーリーは指先だけでぽーんと山高帽を飛ばすことができるでしょ？　あれと同じよ」。筆者にはなにがどう同じなのか分からないが、その時は妙に納得してしまった。

「チャーリーの映画に出たヒロインで

生きているのは、私と『伯爵夫人』のソフィア・ローレンだけね。彼女も語ればいいのにね」と、メイク担当に髪を整えてもらいながらクレア・ブルームは筆者に言った。「ローレンさんも発言してますよ」「なんて言ってるの?」「私はチャーリーの映画に出られて幸せです。もしチャーリーが電話帳を持ってきて、これが台本だと言っていても、私は映画に出たでしょう、って」。すると、クレアは鏡を見るのをやめて、筆者に向き直って真面目な顔でこう言った。「彼女、正しいわね」。

クレアは一度だけキートンと会話をした。キートンはポケットからボロボロのポストカードを取り出した。大きなお城のような家の絵柄。「僕、ここに住んでたんだよ」そういってキートンはカードをポケットにしまった。彼女は、没落した喜劇役者の悲しみをじかに感じ取った。

ボダリンク役のノーマン・ロイドは、ラストシーンの撮影のことを覚えている。カルヴェロが死んで、白い布をかけられる演技をしている最中、ずっとバスター・キートンは口を動かさずに、カメラの動きをチャップリンに教えていた。その時キートンがチャップリンにかけた言葉は、サイレント喜劇の黄金時代を作り上げた二人の友情がにじみ出る感動的なものだ。「今カメラが来た。いいぞ、チャーリー、最高の演技だ。カメラが離れていく。チャーリー、今、君はみんなの中心にいる」。

『ライムライト』完成直後の一九五二年九月一七日、チャップリンはロンドンでのプレミア上映のために家族とともにニューヨーク港からイギリスへ渡るクイーン・エリザベス号に乗り込む。船が出航した直後に当局によりアメリカ再入国許可が取り消され、チャップリンは事実上国外追放される。その分、イギリスをはじめとするヨーロッパでは民衆から最大級の歓迎を受け、映画も記録的なヒットとなった。ワールド・プレミアは、同年一〇月二三日、ロンドンの劇場街レスター・スクエア（現在チャップリンの銅像が建っている）のオデオン劇場で、王室も臨席して盛大に執り行なわれた。この催しは、英国ではじめてTV中継されたプレミア上映となった。

製作から二〇年後、アカデミー特別賞受賞のために、チャップリンは再びアメリカの地を踏んだ。それは、決してチャップリンの名誉回復などではない。それは、全世界に喜びを与えた偉大な芸術家にして真に自由な人たるチャップリンを、かつて反共主義の狂気でもって追い出したアメリカによるせめてもの謝罪だった。

『ニューヨークの王様』——自由人の映画

『ニューヨークの王様』は、アメリカから追放されたチャップリンが、故郷のロンドンで製作した最後の主演作だ。反共主義の嵐が吹き荒れるアメリカを痛烈に風刺したコメディ

『ニューヨークの王様』

ニューヨークの王様　A King in New York（1957）

製作・監督・脚本・作曲／チャールズ・チャップリン

原子力の平和利用を訴えて閣僚と対立し、王座を追われたシャドフ国王（チャールズ・チャップリン）。亡命先の「自由の国」アメリカは、シャドフを入国検査の指紋押捺で「温かく」迎える。シャドフと大使のジョミエ（オリヴァー・ジョンストン）は、ロックン・ロールやＢ級映画などのアメリカ文化に戸惑いながらもニューヨークで亡命生活を始めた。そんなある日、ＴＶパーソナリティのアン・ケイ（ドーン・アダムス）騙されてハプニング番組に出演してしまったことから人気者になってしまい、ＣＭ出演依頼が次々と舞い込む。シャドフ国王は、ＣＭ撮影のために美容整形手術なども経験する。

そんな時、天才少年ルパート（マイケル・チャップリン）と出会う。彼の両親は共産党員で、非米活動委員会に召喚されていた。その息子ルパートが、シャドフのホテルの部屋で見つかったことから、シャドフも反共の馬鹿騒ぎに巻き込まれていく。結局、ルパートは両親を釈放してもらうために、両親の仲間の共産党員の名前を密告させられる。子供の心にまで深い傷を負わせる反共主義の狂気に嫌気がさしたシャドフ国王は、アメリカを捨てて旅立って行くのだった。

封切：1957年9月12日　ロンドンのレスター・スクエア劇場　配給／アーチウェイ
アメリカ公開：1973年12月19日　ニューヨークのプレイボーイ劇場　配給：ブラック／クラシック・エンタテインメント　長さ／9891フィート

である。

再入国許可を取り消されたチャップリンは、アメリカに帰らないことにして、しばらくイギリスを旅したあと、一九五三年一月にスイスはレマン湖のほとりのヴヴェイの中腹の屋敷を購入した。息子のマイケルによると、幼いながらも何か悪いことが起こっていることには気づいていたが、父チャップリンは子供達には決してそのようには言わなかったという。

しばらくして、創作意欲に掻き立てられ、秘書を雇って口述筆記を始めた。当初は、以前に諦めたアイルランドの戯曲「影と実体」の映画化も考えていたが、一九五三年末ごろには『ニューヨークの王様』のアイディアは浮かんでいたようで、翌年の五月に当時は「かつては王様（The Ex-King）」と呼ばれていた作品の構想が公にされた。続いて脚本の執筆に長い期間を費やし、五五年秋には製作の準備が整った。

ヒロインには当初『ジュヌヴィエーヴ』のケイ・ケンドールが有力候補にあがっていたが、結局『ライムライト』のテリー役のオーディションも受けていたドーン・アダムスに決定した。マッカーシーイズムの犠牲者となるルパート少年は、製作開始直前になって、急遽息子のマイケル・チャップリンが演じることになった。

撮影は、ロンドンのシェパートン撮影所で一九五六年の五月七日に始まり、わずか一二週間で撮り終え、チャップリン主演の長編映画のなかではもっとも短期間で作られた作品となった。ハリウッドのチャップリン撮影所を離れて、スタジオを借りて作ったはじめての作品のため、以前のように完璧な映像が得られるまで何度も撮り直すこともできなくなり、気心の知れた仲間は皆引退してしまって、新しいスタッフにはチャップリン流の仕事法はまったく通じなかった。そんな不自由な環境のなかでも、六七歳のチャップリンは、連日朝の八時三〇分から夜の九時三〇分まで精力的に仕事をこなした。

五六年の八月から一〇月までパリで編集。翌年の音響効果のやり直しなどを経て、五七年九月一二日にロンドンでプレミア上映された。

もしチャップリンのフィルモグラフィが、『ライムライト』で終わっていれば、と言うファンや評論家は数多くいる。カルヴェロが死んだ後にチャップリンが引退していれば、彼の映画人生はなんと見事にして美しい完結を見たことだろう。しかし、チャップリンは巨匠の地位に安住することなく、創作を続けた。そして、マッカーシーイズムが吹き荒れるなか、ファシズムとなんら変わりのない反共主義に対して果敢に挑んだ。

ただし、チャップリンは共産主義の肩を持っていたわけではない。作中で、共産党員の息子ルパート少年がまくしたてる議論は、頭でっかちな教条主義のパロディだ。演じたマイケル・チャップリンは子供だったので、なんのことか分からず父親の言う通りにセリフを稽古していたというが、実際にこのような発言をしている党員たちも内容が分かって言っている人は少ないかもしれない。『独裁者』において、ゲットーに住むユダヤ人たちを善人として描かずに、日和見《ひよりみ》主義的な人たちとしてリアルに描いたのと同様に、本作でもチャップリンは敵味方白黒つけることを避けている。

むしろ、ルパート少年が親を助けるために、親の仲間の名前を言わされ、あれだけ饒舌だった少年が言葉を失って静かに泣くしかないラストシーンに、チャップリンの思いがあらわれている。チャップリンが見ているのは、常に弱者だ。子供に深い傷を負わせるマッカーシーイズムがアメリカの本来の姿だろうか。シャドフ国王もアン・ケイもさかんに、この反共主義の嵐が「一時的なこと」であると言い、「誰もがそう望んでいる」と言う。チャップリンはアメリカこそ自由な個人、芸術家が住む国だと信じていた。

チャップリンは長くアイディアを温めることが多かったが、本作でも長年のアイディアをフィルムに焼き付けている。冒頭近くの空港での記者会見の席で、「まじめな顔をしてくださ い」と言われたシャドフ国王は、一瞬手をジャケットのなかに入れるナポレオンのポーズをとるが、幼少より、「父はナポレオンに似た人だった」と母から聞かされ、一九二〇年代から三〇年代にかけて真剣に映画化を検討し脚本を書き上げたナポレオンを一瞬だけでも演じたかったのかもしれない。ちなみに『独裁者』でジャック・オーキーが演じたムッソリーニのパロディの役は、当初元の名に近い「ムッセムップ」という名前で、次に「ディガディッチ」——当時イタリア移民に土木作業員（ディッチ・ディッガー）が多かったことと、ムッソリーニが名乗った「ドゥーチェ（総帥）」をかけている——となり、脚本印刷時に「ガソリーニ」と決定されたが、撮影段階でナポレオンを諦めきれなかったのか、「ナポロニー」、最後に「ナパローニ」となった。筆者は、今は博物館となったスイスの旧チャップリン邸に、博物館になる前に入らせてもらったことがあるが、生前そのままというチャップリンの書斎の本棚にナポレオン関連書がずらりと並んでいるのを見て、喜劇王のナポレオンへのこだわりを改めて知った。

もう一つは、『ハムレット』である。実は、『ライムライト』の原作小説となった『フットライツ』では、カルヴェロが、最近はハムレットの「生きるべきか死ぬべきか」のセリフを内省的に演じる演技が流行しているが、あそこのハムレットの役作りは気高い王子というキャラクターでやるべきだとテリーに語り、自宅で朗々と演じる場面が書かれている。おそらく、それはチャップリン本人の考えだったのだろう。『ライムライト』では撮影に至らなかったハムレットを、奇妙な形ではあるが本作において演じた。

チャップリンの『ハムレット』独白は、イギリスのシェイクスピア演技の伝統を踏まえつつ本人の解釈も入った立派な朗読である。しかし、注意深く聞くと、二箇所ほど似た意味の形容詞の順番が逆になっていたり、はずみで接続的な単語を加えている。「素人のハムレット」の設定なので別に不自然ではないが、かつての完璧主義ならこのようなことはなかったかもしれない。

二〇一六年一二月に発売された「チャップリン Blu-ray BOX」（ＫＡＤＯＫＡＷＡ）で、

筆者はトーキー作品の日本語吹替台本を翻訳・制作したのだが、細見して驚いたのは、トーキー作品におけるチャップリンのセリフの間の取り方・話し方が、それぞれの作品でまったく異なっているという点だった。まるで別の俳優が演技をしているようで、トーキー俳優としてのチャップリンの演技力にあらためて感嘆した。その見地から言えば、『ライムライト』のカルヴェロが、間の取り方のヴァリエーションについてはもっとも複雑だったので、練りこまれた役作りだったことが窺える。

対して、本作はやや単調に傾いている。むろん六七歳とは思えない潑剌《はつらつ》とした演技で、これほどはっきりとした滑舌で正確に早口で話す俳優はそういないし、どんなドタバタをしても王の気品を失わない名優ぶりを見せつつ、整形手術後で笑ってはいけないのに笑ってしまうシーンや、ホースに指を突っ込んでしまうところなどのパントマイムも相変わらずの名人芸だ。だが、借り物のスタジオで、気心の知れたスタッフもおらず、急ごしらえで作った作品ゆえ、かつてのレヴェルから数段落ちたことは否めない。

『ニューヨークの王様』は、アクチュアルなアメリカ文明批判として批評的にも温かく迎えられ、ヨーロッパではヒットした。近年も再評価が進んでおり、アメリカ文学者の中垣恒太郎は、アン・ケイのパーティーの隠しカメラによって王様がテレビ出演してしまうシーンについて、一九九〇年以降に世界的に流行したリアリティTVを先取りしたものであると論じた。他にも国境の問題から原子力利用の話題まで、今こそ見直されるべきテーマを多く扱っている。だが、いずれにしても、過去のチャップリンの傑作をこえる作品だという声はほとんど聞かれない。

アン・ケイとの性的なドタバタをはじめ、初期映画に後退しているギャグもある。「原子力の平和利用を訴えたために革命が起こった」という物語にも疑問は残る。

では、私たちはこの作品をチャップリンの晩年の弛緩した駄作として片付けてもいいのだろうか。

ネオ・レアリズモの大家ロベルト・ロッセリーニは、『ニューヨークの王様』を見て「これは自由人の映画だ！」と叫んだ。ヌーヴェル・ヴァーグの旗手フランソワ・トリュフォーは、理想を掲げて亡命してきた王様をキリストに、非米活動委員会をヘロデ王に見立てて、聖書の言葉を引用しつつ本作を現代版キリストの物語であると論じた。もっとも過激な映画作家であるジャン＝リュック・ゴダールは、その年のベスト10に『ニューヨークの王様』を数えた。

様々な悪条件のために過去の傑作に比べるとどうしても欠点が目立ってしまう『ニューヨークの王様』。だが、いわば穴だらけの画面からほとばしるチャップリンの創作意欲、巨匠の地位に安住することなく挑戦を続ける姿勢に、ゴダールやトリュフォーは魂を揺さぶられたのだろう。

『ニューヨークの王様』の公開からほどなく、ゴダールらの長編デビュー作がスクリーンを席巻する。チャップリンの最後の主演作は、確かに彼のベストとは呼べない。だが、その存在は、世界を襲った〈新しい波〉の震源となって、映画の未来を拓いたのだ。

何よりも、『ニューヨークの王様』におけるチャップリンの偉大さは、巨大な市場であるアメリカを敵にまわすことを承知で、それまで誰もしなかったアメリカ批判を驚くべき率直さと衰えないユーモアとで成し遂げたことにある。

私の映画は政治的ではない。私が気にしているのは、観客が笑ってくれるかどうかというだけだ。……『ニューヨークの王様』は私の映画のなかではもっとも反抗的なものだ。私は、今話題になっている死に行く文明の一部になるのはごめんだ。（チャップリン）

一九五二年にアメリカの司法長官マグラネリーは、チャップリンの合衆国への再入国を禁じる行動をとった根拠となる事実を国民が知ったら、皆その決定が正しかったと分かるだろうと主張した。しかし、その「根拠」を明らかにするとチャップリン側の防御を助けることになるので、明らかにはしないとも述べた。——半世紀後に、まったく同じ論法で、「大量破壊兵器の存在の証拠」を主張し、アメリカはイラクへと攻め込む……。

『ニューヨークの王様』は、製作における数々の悪条件もあり、決してチャップリンのべストとは呼べない。だが、この作品が本当に意味を持つのは、一九五七年当時よりも、二一世紀の今なのかも知れない。

チャップリンのラストシーン

『伯爵夫人』――最後の監督作

スイスに居を定めてから、チャップリンは『チャップリン自伝』の執筆に取り掛かる。みずからの人生を振り返るなかで、放浪紳士チャーリーのキャラクターについても振り返る心境になったようだ。

一九一四年のデビュー二作目から一九四〇年の『独裁者』まで四半世紀以上にわたって演じ続けたチョビ髭のキャラクターを捨てたことについて、チャップリンは「あの小男は時代に合わなくなったんです。原子時代の到来で彼のいるべき場所がみつけられない時期があった」と語ったこともあった。しかし、『自伝』執筆中のインタビューでは、『自伝』の執筆が済んだら「また、山高帽のあの小男を、今度はカラーで登場させます」と答えている。

七〇歳にしてカラーで放浪紳士を演じる計画は実現しなかったが、チャップリンはかつての自作に音楽をつけて蘇《よみがえ》らせる作業に邁進した。こうしてまず、『犬の生活』『担へ銃』『偽牧師』の三本をまとめて一九五九年に『チャップリン・レヴュー』として再公開された。チャップリンはその時音楽を作曲したのだが、初期作のネガを長年のキャメラマンだったローランド・トサローが保管していた。アメリカを追われたチャップリンは取りに戻ることができず、スイスの自邸でいつプリントが届くかと待ちわびていた。

しかし、いつまでも待つわけにはいかない。先に作曲を始めようということになり、手元に作品がない状態で作業が始まった。チャップリンは居間にソファを平行に並べて、それを塹壕の土壁に見立てて演技を始め、メロディを口ずさんだ。それを楽譜に書き留めた音楽助手のエリック・ジェイムズが驚いたことに、後から届いたフィルムを上映してみると、居間でソファを並べての七〇歳のチャップリンの演技は、その四一年前に製作されたフィルムの中の二九歳の彼とまったく同じテ

晩年、スイスの自宅にて

ンポと長さだったという。

ところで、キャメラマンのトサローは、ベストのプリントを作ってスイスに送付したのだが、一部はすでに劣化が進み、以前と同じショットが使えないものもあった（戦前の初公開版と戦後に音楽をつけた決定版とでショットに異同があるのはそのせいだ）。それを見たチャップリンは、より良い素材を求めてトサローに電話を掛け続けた。孫のデイヴィッド・トサローは筆者に、夏のあいだじゅう電話が鳴り響いているのに、「おじいちゃん、なんで電話にでないの」と聞いたら、「どうせチャーリーが他にフィルムはないのか、とうるさく言ってくる電話だろうから」とのユーモラスなやりとりを語ってくれた。機械のように正確な演技も、遠く離れても変わらない撮影所時代の仲間とのやりとりも、昔のままだった。そして、チャップリンはかつてと同じく厳しい目で、時代の変化に応じてもう面白くないと思った部分は容赦なくカットした。

こうして『チャップリン・レヴュー』は、七〇歳の誕生日から五ヶ月ほど過ぎた一九五九年九月二四日にパリでプレミア上映され、大ヒットを記録した。

『チャップリン自伝』は、一九六四年に出版され、各国でベストセラーとなった。『自伝』のなかの幼少期の鮮やかな描写は並外れた記憶力の賜物で、少年時代に舞台に立ったときの賃金の細かい値段なども、なんの資料もなしに書かれていて、あとから研究者が伝票と照らし合わせてその正しさが証明されることも多々あった。

対して、後年の描写は、各界の偉人との交流に多くのページが割かれていて、ロンドンの片隅から身を立てた彼の心境が窺える。有名人と交流するほど出世したと言いたげであるが、そこに登場する誰よりもチャップリンの方が有名だということに本人は自覚がないのだ。

『自伝』に映画製作の裏話がほとんどないのは、彼がまだ現役を引退するつもりがなかったからだと思われる。

一九六七年に、七七歳のチャップリンは『伯爵夫人』を公開する。主演はマーロン・ブランドとソフィア・ローレン。チャップリンは一瞬だけの出演にとどめ、監督に徹した。映画生活五四年。チャップリン最後の監督作だ。

原作は、一九三〇年代にポーレットの主演を想定して書いていた『密航者』だ。香港からアメリカへの亡命を企てた娼婦ナターシャ（ローレン）が豪華客船に乗って、オグデン大使（ブランド）の部屋に潜り込む。追い出すわけにもいかず匿《かく》まううちに、二人の間には愛が芽生え、オグデン大使は妻（ティッピ・ヘドレン）も地位も捨ててナターシャを追う、という筋立てだ。

この作品は、チャップリンが当時の二大スターを起用したということで話題を呼んだが、興行的には失敗した。ブランドは明らかにミスキャストで、コメディ演技には向いていない。チャップリンのコメディにおいて、チャップリン自身の身体芸の力がいかに大きいかというのを思い知らされる。

『伯爵夫人』の脚本について、一九三〇年代のロマンティック・コメディとしてはある水準に達していると、デイヴィッド・ロビンソンは指摘している。確かに、「チャップリン作品」ということで、過剰な期待をしてしまい、作品の評価を下げてしまっているようだ。

それにしても、一九六七年といえば、ルイス・ブニュエル監督が、貞淑な妻が夫に飽き足らず娼婦をするという『昼顔』を発表し、アメリカン・ニューシネマが勃興し、ヨーロッパではゴダールらが実験的な作風の作品を次々と発表している時代だった。そんな過激な作品群がもてはやされた時代に、豪華客船上のロマンスはいかにも古風でヒットするはずもなかった。

そんな失敗作『伯爵夫人』のなかで、大成功したものが一つある。チャップリン作曲の音楽だ。『伯爵夫人』のサウンドトラックは世界中でヒットし、ペチュラ・クラークが劇中曲“This is my Song”を歌って、UKチャートで一位を獲得した。映画は興行的に惨敗したが、音楽のヒットで製作費を回収した。英米では酷評されたものの、ヨーロッパ大陸ではおおむね好意的な評論が載った。スウェーデンの「ダーゲンス・ニハテット」誌は、「彼の映画の世界は、今度もまたナイーヴな温かさとおおらかさがあり、人を安心させ、のびのびさせてくれる」と書いた。

もう一度、あの美しい音楽に身を委ねながら『伯爵夫人』を見直すと、チャップリンが

『伯爵夫人』撮影現場

描きたかったことが見えてくる。本作には、斬新なカメラのテクニックも、あっと驚く仕掛けもない。ただ二人の男女が出会う。当初は身分の差が二人のあいだの壁になるが、やがてお互いの本当の心を感じ始める。結婚や国境といった制度に個人の思いが邪魔されるプロットも、それをコミカルに乗り越えるのもチャップリンらしい。ラストで冷たい妻と別れて、地位も捨てた男が元娼婦の女と踊る。彼らにとってハッピーエンドなのか悲劇が待っているのか分からない。だが、二人は踊り続けるのだ。チャップリンが終生失わなかった、温もりのあるユーモアと人生への透徹した眼差しがここにある。

なにより、チャップリンの最後の演技——老いた給仕がひどい船酔いに苦しみ、よろよろとドアを開けて、しかし気分が悪くなりドアを閉める——幼少から舞台で鍛え上げた完璧な間に、一瞬だけカメラに視線を投げて観客と感情を共有する技術、そして緩急自在にシーンを操るかのように急いでドアを閉めるスピード。七〇年以上演じ続けてきた喜劇王が、幼少からミュージック・ホールで何度も演じたふらつく男のギャグを、初期作品と同じくサイレントのパントマイムで見せて、その役者人生を締めくくったのかと思うと、あの一瞬の出番の演技は感動的である。

街を歩く

晩年のチャップリンは各国への旅行を楽しみ、一九六一年七月には最後の来日も果たした。だが、久しぶりに訪れた日本は、かつてとは姿を変えていた。チャップリンは、高度経済成長で近代的なビルが建ち並び始めた東京を見て、「これは文明ではない」とがっかりした。戦前はあれほど愛した長良川《ながらがわ》の鵜飼《うかい》も、「昔の鵜匠は芸術家だった。船上のどんちゃん騒ぎもなかったし、照明もかがり火だけで幻想的だった」とここでも落胆した。

しかし、京都に来ると、かろうじて残る日本の風景に喜んだ。あいにくの雨だったが、都ホテルから見た雨に煙る東山を指差して、息子のマイケルに「これが浮世絵の美だ」と説明した。龍安寺《りょうあんじ》で抹茶を出してくれた女性の所作の優雅さをバレエのようだと称え、錦市場では味付けのりに興味を持って歩きながら食べた。

京都の上七軒《かみひちけん》のあたりを通ったとき、車中から銭湯に目を留めて、見学したいと言い出した。まだ開店前の銭湯にあがって、中を興味深く見ていると、噂を聞きつけた近所の子供達が集まってきた。チャップリンは、大人にはビールを子供達にはアイスクリームをふるまった。ガイドの与倉正明さんは「本当に庶民がお好きなんだ」と感じた。実は、一九世紀末のロンドンには同じような公衆浴場があり、少年時代のチャップリンが路上で寝起きしていた時、公衆浴場のおかげで生き延びることができた。口には出さなかったが、極貧の時代を思い出しながら見ていたのだ。

「私たちはみんな父が極貧の幼少時代を過ごしたのは知っていましたが、父はそのことは言いませんでした」と娘のジョゼフィンは言う。ただ、一年で一日だけ、クリスマスの日だけは苦い記憶がよみがえり、子供達へのたくさんのプレゼントを見て、「ぼくが子供の頃は、オレンジ一個しかもらえなかった」とだけ言って寝室にこもったという。

最後の訪日。京都の上七軒の銭湯の前で

チャップリンの子供達に聞くと、広大な庭でサッカーをしたりテニスをしたり、あれほど子供と遊んでくれる父はいなかった、とみんな口をそろえる。教育としつけには厳しく、ユージーンによると、食事中に立つときには理由を言ってからと決められていた。

激怒することはないが、例えば学校でさぼったのがばれたときなど、「そんなことでは大人になればやっていけない……」などと延々と説教され、終わったと思えば翌日に「昨日の話だが」とまた始まる。それが三日間ぐらい続くので、母ウーナが子供達に「もうすぐパパがこのへんを通るから逃げなさい」と教えていたという微笑ましいエピソードもある。「父は、私たちに人生はすばらしいものだということだけを教えてくれました」とジョゼフィンは語る。「人は優しいものなんだ。だって、お前の帽子が風で飛ばされたとしても、後ろの誰かがきっとひろってくれるだろ?」。苦難を経験し尽くしてもなお、人間は優しいものだと娘に教えていたことを知り、あらためて彼の作品の、厳しさに裏打ちされた本物のヒューマニズムに胸が打たれる。

一九七〇年代になり、世界的なリバイバル・ブームが起きた。ブラック社は「ビバ・チャップリン」と題して代表作の世界配給をした。前金としてチャップリンに五〇〇万ドル支払われたが、日本一国だけの収益で元が取れた。

その頃、各国がこぞって彼の業績を顕彰した。一九七二年のアメリカのアカデミー特別名誉賞で、二〇年ぶりにアメリカに降り立った。授賞式ではアカデミー賞史上もっとも長いスタンディング・オヴェイションとなった。

その時、アメリカに居合わせた黒柳《くろやなぎ》徹子《てつこ》さんは、ニューヨークのリンカーンセンターで、振袖姿でチャップリンに駆け寄った。日本から来たと告げると、「ジャパン！」と目を真っ赤にして、「天ぷら、歌舞伎、京都」と知っている限りの日本語を言って、「日本のことは忘れない」と黒柳徹子さんの手を握りしめた。

一九六〇年代に、山口淑子がチャップリン邸を訪れたとき、しばらく屋敷で待っていると、庭の向こうからテニスラケットを持って、「シャーリー！」と顔をピンクに上気させて若者が走ってきた——それは七〇歳をとうに過ぎたチャップリンだった。

山口淑子と

八〇歳手前までテニスを楽しむほどの体力を誇っていたが、一九七〇年ごろから、自覚症状のない脳梗塞が始まったと思われる。もっとも当初は軽いもので、むしろ「脳梗塞以来、話すのが疲れます」と言って、嫌な人と話さない理由にしていたようだ。ドキュメンタリー映画『放浪紳士チャーリー』でも、昔のことを聞かれて「何も思い出せない」と繰り返しているが、あれは明らかに凡庸な質問を嫌って答

ナイトの叙勲に臨む。妻ウーナと

えていないだけで、他の部分では歌を歌ったり普通に受け答えもしている。実際、最晩年に『映画の中の我が人生』という写真で綴《つづ》った自伝を出版するが、その写真の注釈をすべて（いくつかの間違いはあるにせよ）自分で行なうほどだった。

一九七五年三月四日にエリザベス女王より、ナイトに叙された。このときのサヴォイホテルでの晩餐会では、映画史家のデイヴィッド・ロビンソンが付き添った。立食パーティーで、ある女性が歩くたびに彼女の子供が可愛らしく走ってついていくのを見て、チャップリンが「母と子のあいだには磁石が働いているようだね」と言ったウィットがデイヴィッドには忘れられない。

全世界で行なわれたリバイバル公開のための音楽の作曲が、晩年の大きな仕事だった。この頃のチャップリンは、『街の灯』より前にチャップリン撮影所で撮られた作品に次々と音楽をつけていった。『サーカス』再公開のときは冒頭歌「ブランコをこげ、少女よ」を歌い、八〇歳を越しても味わい深いバリトンの歌声を披露した。

一本だけまだ音楽をつけていなかった『巴里の女性』のための作曲が、長年にわたる創造活動の最後の仕事となった。一九七五年のことだ。録音現場に居合わせたデイヴィッド・ロビンソンが、「長編の作曲は大変だったのではないですか？」と聞いたところ、八五歳になっていた喜劇王は、たった四言でこう答えた——Not really, inspiration mostly（そんなに大変じゃないよ。ほとんどインスピレーションだから）。

あまり知られていないが、『サーカス』や『偽牧師』と同じように、『キッド』の再公開に際しても主題歌をつけるつもりで、作詞・作曲を終えていた。一九七〇年頃に書かれた歌詞を訳出する。文字で書いたものという意味では、ほとんど最後の創作物の一つである。

私は街を歩く　大通りを
人生は完全なものだったけど、私たちはこれで終わり
あなたは去ってしまい　私の胸を裂いた
どうして言えたの？　絶対離れないって
あなたがしていた些細なこと
思い出が絡みつく　愛してるから
多分私の心は　静かな希望をもって
きっと悟るでしょう　ただの夢だったと

一見して『キッド』とは直接関係ないようにも思える。おそらく、チャップリンは『キッド』に、親子の情愛や子供のストーリーに留まらない、もっと大きなテーマを見ていたのだろう。「街を歩く」のは、チャーリーやキッドのような浮浪者のことでもあり、娼婦のことでもある。『犬の生活』の犬も、『キッド』のジャッキー少年も、『殺人狂時代』の女も、『ライムライト』のテリーも、そしてなにより放浪紳士チャーリーも、チャップリン映画の弱者たちはみんな街を歩いている。

孫のチャーリー・シストヴァリスは、子供の頃、晩御飯のあとに居間でピーナッツを食べていたとき、いとこのオレリアのピーナッツを横取りした。そのとき、亡くなる直前でほとんど動かなかった最晩年のチャップリンが突如椅子から立ち上がり杖を振り上げて怒った——食べ物はみんなで分けなくてはいけない、誰かを飢えさせてはいけないという心を最後まで持ち続けていたのだ。

幻の『キッド』の主題歌は、社会の底辺の人々へのまなざしを一貫して持ち続けたチャップリンのラストシーンにふさわしい「主題歌」かもしれない。

一九七七年クリスマス・イヴの晩、いつものようにチャップリンは猫と一緒に眠りについた。プレゼントをもらって喜ぶ子供たちの歓声が聞こえるように、ドアは半開きにしておいた。未明に、猫がすっといなくなったことで、妻ウーナは異変に気付いた。

チャップリンの翼

一九七七年一二月二五日に、チャップリンは人生の歩みを止めた。

チャーリー・チャップリンは、そこでラストシーンを迎えたのだろうか？

しかし、ここで、チャップリンが最後に作ろうとしていた作品を思い出す――一九六九年、八〇歳の彼が、道化の才能を最もよく受け継いだ娘ヴィクトリアを主演に据えて構想していた作品「フリーク」だ。

1977年のチャップリンのクリスマス・カード。最晩年の1977年４月に撮影された最後のポートレイト

物語は南米チリのとある海辺の一軒家から始まる。ある歴史家（次男シドニーが演じる予定だった）が嵐の夜に、翼の生えた少女サラファと出会う。噂はたちまちに広がり、奇蹟を目撃するために遠くから大勢の人がやってくる。そんなある日、サラファを使って新しい宗教を起こして金儲けしようとする

一味がやってきて、彼女を誘拐して英国に連れて行く。意に反して教祖に祭り上げられたサラファ。救いを求める人々の熱狂に恐怖を感じた彼女は、夜空を羽ばたいて逃げ回る。

新興宗教の一味はサラファを見つけ襲おうとする。その時、身を守るために手にしたハサミで襲いかかった男を刺してしまい、男は絶命する。殺人の罪を着せられたサラファを当局は捕獲し、拘留する。そこで当局は難問に頭を悩ませる――サラファは動物か、それとも人間なのか。人間だとしたら、出生記録やパスポートが必要だが、サラファにはそれがない。と、くだんの歴史家が出生記録を見つけ、彼女が人間であることを証明するべく拘置所に急ぐ――。

チャップリンは、特撮で飛翔シーンを撮影しようとしていた。八〇歳にして新しいテクノロジーに挑戦する姿勢にまず驚かされる。物語は、安易に宗教が作られる現代文明の批判としても面白い。羽根の生えた少女という奇蹟を前にしても、他のことよりもまず「戸籍がない！」と大騒ぎする国家というシステムへの痛烈な皮肉でもある。

途中、サラファがバレエ作品「天使」を上演中の劇場に迷いこんで、楽屋係の女性に「あら、もう衣装を着てるの？」と言われるギャグに思わず笑い、群衆を前にしたサラファが「私は自分が天使かどうか知りません。皆は私のことを特別だと言います。でも、人は皆特別なのです！」と人々に訴える、そのダイレクトなメッセージにまぎれもないチャップリンを感じた。

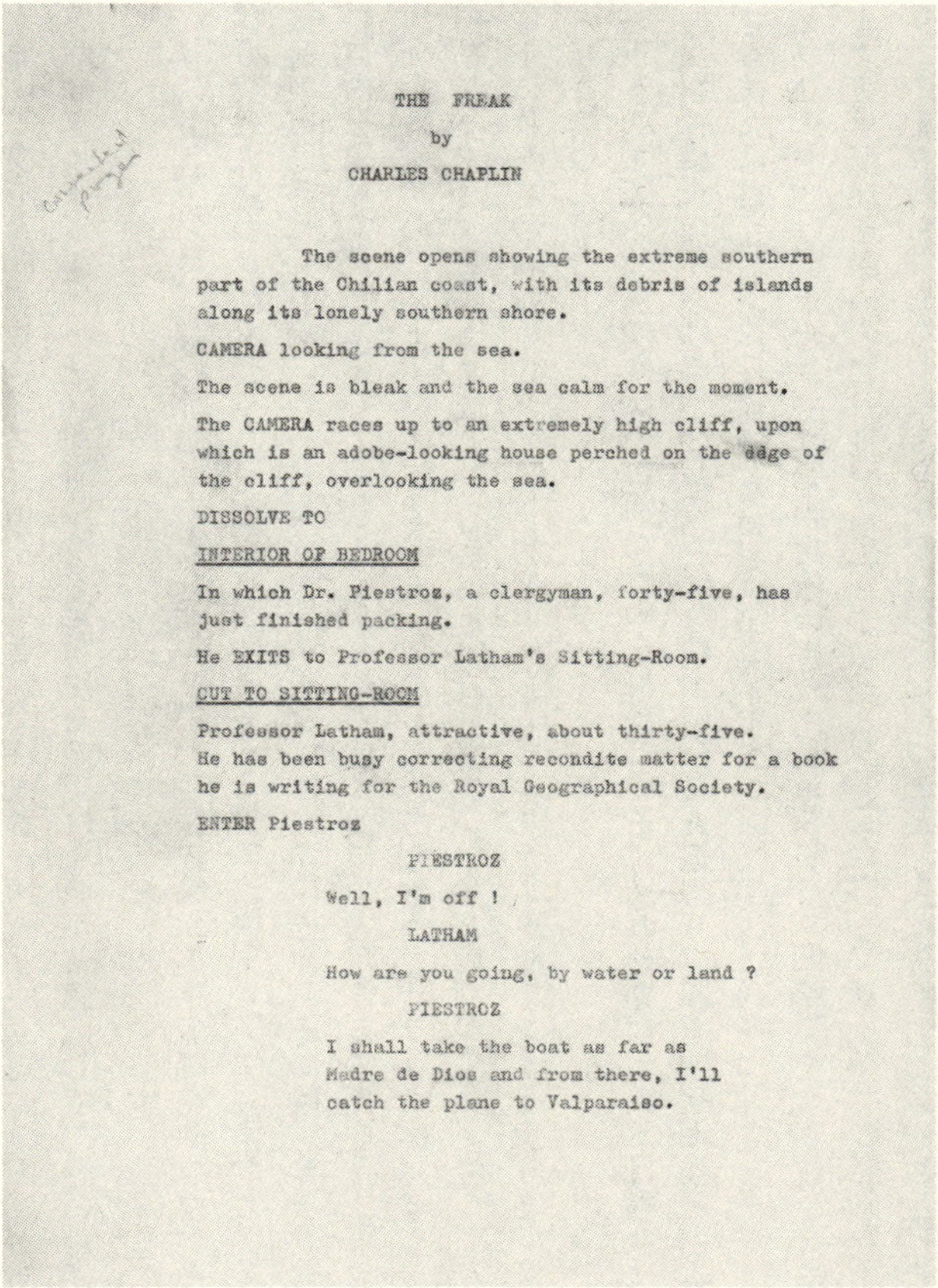

THE FREAK

by

CHARLES CHAPLIN

The scene opens showing the extreme southern part of the Chilian coast, with its debris of islands along its lonely southern shore.

CAMERA looking from the sea.

The scene is bleak and the sea calm for the moment.

The CAMERA races up to an extremely high cliff, upon which is an adobe-looking house perched on the edge of the cliff, overlooking the sea.

DISSOLVE TO

INTERIOR OF BEDROOM

In which Dr. Piestroz, a clergyman, forty-five, has just finished packing.

He EXITS to Professor Latham's Sitting-Room.

CUT TO SITTING-ROOM

Professor Latham, attractive, about thirty-five.
He has been busy correcting recondite matter for a book he is writing for the Royal Geographical Society.

ENTER Piestroz

PIESTROZ

Well, I'm off !

LATHAM

How are you going, by water or land ?

PIESTROZ

I shall take the boat as far as Madre de Dios and from there, I'll catch the plane to Valparaiso.

『フリーク』の脚本

他に、夜空を飛ぶサラファを見て、年老いた浮浪者が驚くという短いシーンがある――それはきっとチャップリンが演じる予定だったのではないかと想像して、老いた浮浪者がびっくりする演技を思い浮かべて楽しい気分になった。

ラストシーンは、私の予想と大きく違っていた。歴史家は出生記録をサラファと政府に届け、殺人についてもサラファの正当防衛であることが認められた。歴史家は、「これで普通の市民として静かに暮らせる。一件落着だ」と喜ぶ。だが、その晩、サラファは本当の自由を求めて夜空に舞い上がり、しかし灼熱の大西洋で力尽きるのだ。

何たる破綻したストーリー、そして、何たる力強さだろう。サラファは、与えられた幸福を選ばずに、あくまで個人としての真の自由をもとめて舞い上がり、そして力尽きた――これが八〇歳のチャップリンが最後に考えていたラストシーンかと思うと、深い感動が私を襲った。

サラファは他の人にはない特別なものを持っている。それゆえに、人々は彼女に熱狂し、彼女を神にまつりあげる。そして、それゆえに彼女を迫害し、罪を着せようとする。それでも彼女は言う。「人は皆特別なのです！」――

『フリーク』は、チャップリンの自伝のようにも思える。〈国家〉や〈宗教〉をめぐって、ますます混迷を深める二一世紀に生きる私たちにとって、「フリーク」の発したメッセージ――すなわち、異なったものへの寛容さを持つこと、人は皆特別であること、そしてど

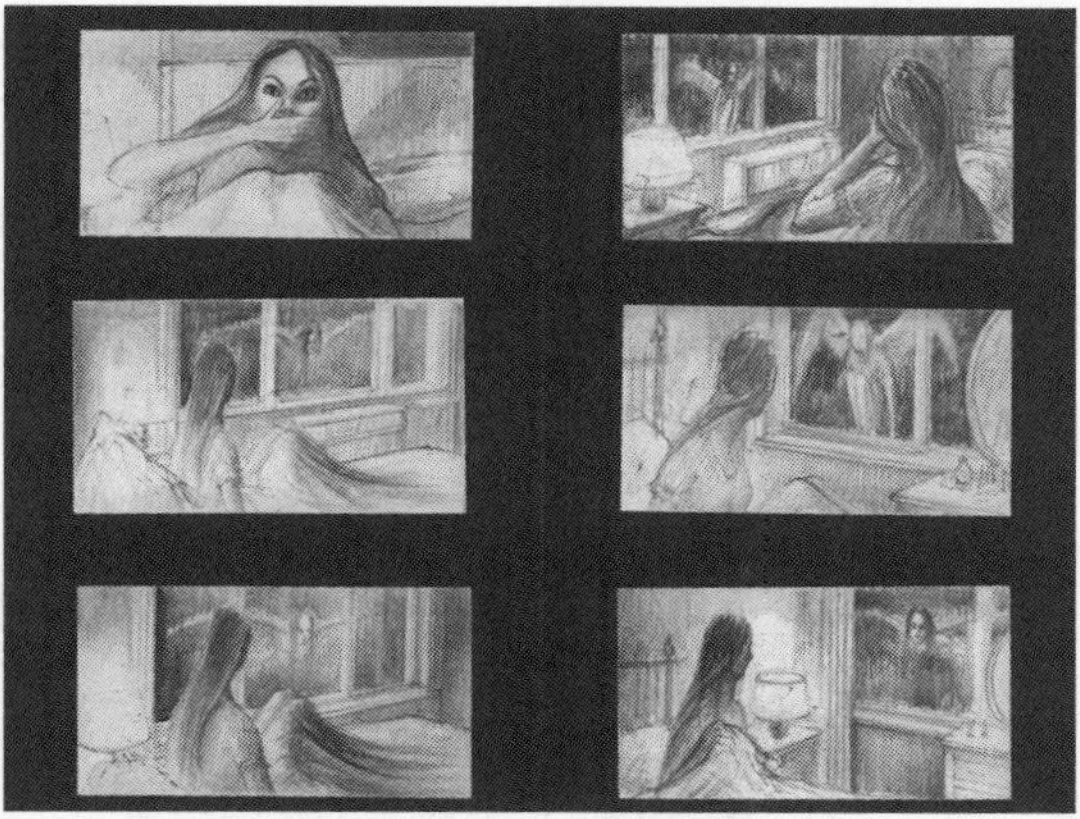

『フリーク』デザイン画

『フリークス』リハーサル。サラファに扮した三女ヴィクトリア

んな困難の中でも自由を希求すること——それらは力強い導きとなるだろう。

チャップリンはこの作品を製作できずに力尽きた。だが、彼の魂は翼を得て、『独裁者』のラストの演説のセリフ「人間の魂には翼が与えられていた」の言葉の通り、今も羽ばたいている。

『フリーク』リハーサル風景。左から２人目がチャップリン

一九七七年のクリスマスの日に、チャップリンはその生涯の歩みを止めた。だが、放浪紳士チャーリーは、いまだラストシーンを迎えることなく、放浪し続ける。彼の残した傑作群は、いまだ閉じることなく、現代を生きる私たちに大いなる未完のテーマとして開かれているのだ。

あとがき

小学校四年生の時に、ＮＨＫの「世界名画劇場」で初めて『独裁者』を見た。映画は見たことがなかったけど、チャップリンという名前だけは知っていたので、興味本位でテレビをつけた。当時は地上波でクラシック映画をやっていたので、筆者のような貧乏な家庭でも最良の文化に触れることができたいい時代だった。

塹壕《ざんごう》のシーンや、コインの入ったプディングを食べるシーンに爆笑し、ヒトラーを模した鬼気迫る演技に戦慄を覚えた。そして、ラストの演説が終わった時は、涙が止まらなかった。笑わせる映画、泣かせる映画、社会に対する深い眼差しを持つ映画はそれぞれあるが、すべてが盛り込まれた作品があるなんてすごいと思った。大人になってこの話をすると、よく「小さい時に『独裁者』のような難しい映画が理解できましたね」と言われるが、小さい子供から老人まで、誰もが理解できて楽しめるのがチャップリンのすごさだ。

以来、小さい頃はテレビでチャップリンの放送があるのを楽しみにしていた。今振り返ると、あの時にチャップリンに出会ったことも、チャップリンを通じて、他の映画、音楽、演劇、文学などいろんなことに興味を持つことができたのも、幸せなことだったと思う。

本書は入門書である。入門書には、「読者が何かを始めるきっかけになる」という大切な役割がある。本書を書き終えたものとして、願うことはただひとつ——読者の皆さんが、小学校四年生のときの筆者のように、チャップリンの映画に出会って魅力を発見してほしい、それだけだ。そして、筆者も皆さんと一緒に、それこそ放浪紳士チャーリーのように自由な足取りで、新しい世界に向かって歩んでいきたいと思っている。

悲しいことに、世界はますます混迷を深めている。頻発するテロや人種の対立、不寛容な指導者たちの登場を指して、新たな戦前を危惧する声もある。

そんな時代だからこそ、あくまで自由なチャーリーと、悲しい時は一緒に泣いて、どん底にいる時でも笑顔を忘れないでいたい。そして、社会の不条理に抗して闘うことのできる唯一の武器とは、あの愛に満ちた笑いであるということを思い出したい。——そう、今こそ私たちには、チャップリンの、あの温もりのあるユーモアがどうしても必要なのだ。

二〇一七年三月一三日

京都・洛北にて　大野裕之

謝辞

本書は多くのチャップリン研究者・関係者のおかげで一冊の本にしていただいた。

まずは、チャップリン家の貴重な資料を見ることを許可くださったチャップリンご遺族の方々とアソシアシオン・チャップリンのケイト・ギヨンヴァー、アーノルド・ロザーノの両氏、なにより父チャップリンの書斎を見せてくれたマイケル、お父様についてたくさんのことを教えてくれたジョゼフィン、ヴィクトリア、ユージーン、および喜劇王の孫のチャーリー・シストヴァリス、ジェイムズ・ティエレー、オレリア・チャップリンの皆さんに深く感謝する。『ライムライト』のヒロイン、クレア・ブルームさんから、撮影中のチャップリンの様子を詳しく聞かせてもらったのも他では得られない情報だった。

チャップリン研究の第一人者であるデイヴィッド・ロビンソンとの対話なしには本書はおろか現代のチャップリン研究はあり得ない。チャップリン家アーカイヴのキュレーターのエヴリン・ルティ＝グラフ（当時）は連日のリサーチ作業におつきあいいただいた。イタリアのチネテカ・ディ・ボローニャのチェチリア・チェンチャレーリ、英国映画協会のブライオニー・ディクソン、ニューヨーク市立図書館のスティーヴ・マッサは貴重な資料をまとめてくれた。これらの資料庫でリサーチをともにしたのはアメリカでのチャップリン研究の第一人者フーマン・メーランだ。フーマンとの議論がなければ本書はあり得なかった。イギリスではグレン・ミッチェルも交えて議論を重ねた。

さらに、アカデミー功労賞の受賞者でもある映画史家ケヴィン・ブラウンローをはじめ、アメリカの大家チャールズ・メイランド、フランク・シャイド、兄シドニーの専門家でもあるリサ・スタイン、ドイツの研究者ウーリッヒ・ルーデル、ノーバート・アピングから教えを受けた。

NGフィルムの研究は、英国映画協会（BFI）での研究に基づくものである。BFIのキャスリン・ディクソン、スティーヴ・トラヴェイの両氏にお世話になった。

本書の成立については、「書き下ろし」とうたうべきか、「初出一覧」をつけるべきか迷うところがある。

そもそもは、以前にNHK出版から出していただいた新書『チャップリン再入門』（二〇〇五年）の改訂版を出しませんかという中公文庫の福岡貴善さんに導かれて始まったプロジェクトだった。

しかし、一二年のあいだに研究は進み、『再入門』を読み直すとそのほとんどの部分が使えないことがわかった。その間、高野虎市については、『チャップリンの影　日本人秘書・高野虎市』（講談社）、チャップリンとヒトラーの闘いについては『チャップリンとヒトラー　メディアとイメージの世界大戦』（岩波書店）を出版した。また、二〇〇九年のＤＶＤボックス・セット「チャーリー・チャップリン　メモリアル・エディション」（角川書店）、二〇一二年のチャップリン初期作全作品ＤＶＤボックス・セット「チャップリン・ザ・ルーツ」（ハピネット）、二〇一六年八月から毎月二号ずつ発刊の「チャップリン公式ＤＶＤ全集」（アシェット）、さらには二〇一六年一二月に発売された「チャップリン　Blu-ray BOX」それぞれに詳細なブックレットを執筆した。他にも、折に触れて書いた文章もある。

加えて、二〇一〇年には、オハイオ州立大学でのチャップリン国際会議で基調講演およびパネル・ディスカッションに参加し、二〇一四年にはボローニャ映画祭で開催された、放浪紳士のキャラクター登場一〇〇周年記念の国際会議にて、講演をさせていただく機会を得た。

本書は、それら今まで書いてきた文章や講演原稿を一貫した流れに再構成してまとめ、さらに大幅に加筆・修正したものである。それゆえに、書き下ろしと言うのも、単に今までの文章を収めたものと言うのもしっくりこない。これまでのチャップリン研究の、ささやかながら現時点での集大成的な一冊になっているとすれば嬉しく思う。

前述の通り、執筆や講演の機会を与えてくださった皆様に深く感謝する。そして、それらを一冊の本にするために導いてくれたのは中公文庫の福岡貴善さんだ。記して感謝する。

いつもの通り、秀典、暁生、美砂に。祖父母たち大野茂、大野幸枝、岡本ヨシ子、広瀬久枝の思い出に。

もっとチャップリンを知りたい人のためのガイド

チャップリンを観るために

以下にあげる公式版は、それぞれ最新の技術により映像と音声が修復された、現時点での決定版だ。

公式版のＤＶＤセットは、二〇〇九年のＤＶＤボックス・セット「チャーリー・チャップリン　メモリアル・エディション」（角川書店）であるが、現在は廃盤となっている。代わりに、二〇一六年八月から毎月二号ずつ発刊の「チャップリン公式ＤＶＤ全集」（アシェット）が出ている。「チャップリン公式ＤＶＤ全集」をすべて集めると、文字通りチャップリンの全作品が揃うことになる。

二〇一二年に発売されたチャップリン初期作全作品ＤＶＤボックス・セット「チャップリン・ザ・ルーツ」（ハピネット）は、一九一四年から一七年までの作品がすべておさめられている。『泥棒を捕まえる人』を世界ではじめて収録したセットとして話題になった。

二〇一六年一二月に発売された「チャップリン　Blu-ray BOX」（ＫＡＤＯＫＡＷＡ）

は、一部4Kのデジタル修復素材をおさめた現時点で世界最高峰の Blu-ray セットだ。美しく蘇ったチャップリンをぜひ堪能してほしい。

チャップリンのDVDソフト類は他にも何種類か出回っているようだが、廉価版ではなく公式版をご覧になることをお勧めする。廉価版は何のマスター素材を使っているのかわからないもので、画質も悪く、代表作については音楽の権利が取れないので既存の音楽に差し替えている版もある。そもそもチャップリン家の公認を得ておらず、違法素材である。

一九一八年以降の代表作の上映権は、二〇一七年現在KADOKAWAが持っている。一九一四年から一七年までの初期作の上映会を行ないたいときは、日本チャップリン協会に問い合わせていただければ、美しい修復素材を紹介・提供できる。なお、ヨーロッパで流行しているオーケストラ・ライヴ付きの上映は、日本では京都市交響楽団が多く手がけている。伝統的な弁士付の上映も各地で行なわれている。近年は、初期作品に人気声優が声をあてる声優口演も人気だ。こちらは、声優事務所「ムーブマン」にご連絡いただきたい。チャップリンをめぐる様々なイヴェントはこれからも増えそうだ。

チャップリンのキャラクターを使ってグッズ制作やCMへの起用など、商品開発・展開をする権利は、二〇一七年より日本チャップリン協会がチャップリン家と契約をかわした。全世界に愛されるチャーリーのキャラクターを、新しい時代に展開していくことができればと願っている。もし読者の皆さんが楽しいアイディアをお持ちなら、一度日本チャップリン協会に問い合わせてほしい。（日本チャップリン協会　info@chaplinjapan.com）

チャップリンを読むために

日本語で読める主要な文献として、まずはチャップリンが書いた二つの書物をぜひお読みいただきたい。

チャールズ・チャップリン著　中野好夫訳『チャップリン自伝　上・下』新潮文庫、一九八一年

チャールズ・チャップリン／デイヴィッド・ロビンソン著　大野裕之監修　上岡伸雄・南條竹則訳『小説ライムライト　チャップリンの映画世界』集英社、二〇一七年

伝記の決定版は、

デイヴィッド・ロビンソン著　宮本高春・高田恵子訳『チャップリン　上・下』文藝春秋、一九九三年

他に、テーマにあわせて、

大野裕之著『チャップリン・未公開ＮＧフィルムの全貌』ＮＨＫ出版、二〇〇七年

同著『チャップリンの影　日本人秘書・高野虎市』講談社、二〇〇九年
同著『チャップリンとヒトラー　メディアとイメージの世界大戦』岩波書店、二〇一五年
同著『ディズニーとチャップリン　エンタメビジネスを生んだ巨人』光文社新書、二〇二一年
山口淑子・大野裕之著『チャップリンの日本』日本チャップリン協会、二〇〇六年
デイヴィッド・ロビンソン、チェチリア・チェンチャレーリ著、大野裕之編『チャップリンと戦争』日本チャップリン協会、二〇〇七年

本書の参考文献リストは、すべて記せばおびただしいものになるので省略する。いずれにせよ、すでにある文献よりも、以下の一次資料を主要参考資料としている。

チャップリン家所蔵　約一万ページの未公開資料（脚本・メモ・手紙・撮影日誌・裁判記録その他）
チャップリン家所蔵　撮影所の広報担当が集めた北米・南米・ヨーロッパ・アラブ諸国・オセアニア・インド・東南アジア・中国・南アフリカ・日本での「チャップリン」という言葉が出てくるすべての新聞記事のスクラップ・ブック
英国映画協会所蔵　チャップリンのNGフィルム全四〇〇巻

『一日の行楽』A Day's Pleasure
1921年
『キッド』The Kid
『のらくら』The Idle Class
1922年
『給料日』Pay Day
1923年
『偽牧師』The Pilgrim

ユナイテッド・アーティスツ時代
1923年
『巴里の女性』A Woman of Paris
1925年
『黄金狂時代』The Gold Rush
1928年
『サーカス』The Circus
1931年
『街の灯』City Lights
1936年
『モダン・タイムス』Modern Times
1940年
『独裁者』The Great Dictator
1947年
『殺人狂時代』Monsieur Verdoux
1952年
『ライムライト』Limelight

イギリスでの作品
1957年
『ニューヨークの王様』A King in New York
1967年
『伯爵夫人』A Countess from Hong Kong

『チャップリンの船乗り生活』Shanghaied
『チャップリンの寄席見物』A Night in the Show

1916年

『チャップリンの改悟』Police
『チャップリンのカルメン』Charlie Chaplin's Burlesque on Carmen（エッサネイ退社後、本人の承諾なく改変・追加撮影された。）
『三つ巴事件』Triple Trouble（エッサネイ退社後、本人の承諾なく編集・製作されたもの。公開は1918年）

ミューチュアル時代

1916年

『チャップリンの替玉』The Floorwalker
『チャップリンの消防士』The Fireman
『チャップリンの放浪者』The Vagabond
『午前一時』ONE A.M.
『チャップリンの伯爵』The Count
『チャップリンの質屋』The Pawnshop
『チャップリンの舞台裏』Behind the Screen
『チャップリンのスケート』The Rink

1917年

『チャップリンの勇敢』Easy Street
『チャップリンの霊泉』The Cure
『チャップリンの移民』The Immigrant
『チャップリンの冒険』The Adventurer

ファースト・ナショナル時代

1918年

『犬の生活』A Dog's Life
『担へ銃』Shoulder Arms
『公債』The Bond

1919年

『サニーサイド』Sunnyside

『ノックアウト』The Knockout
『メイベルの多忙な一日』Mabel's Busy Day
『メイベルの結婚生活』Mabel's Married Life
『笑いのガス』Laughing Gas
『チャップリンの道具方』The Property Man
『チャップリンの画工』The Face on the Barroom Floor
『リクリエーション』Recreation
『男か女か』The Masquerader
『チャップリンの新しい仕事』His New Profession
『両夫婦』The Rounders
『新米用務員』The New Janitor
『恋の痛手』Those Love Pangs
『チャップリンとパン屋』Dough and Dynamite
『アルコール自動車競走の巻』Gentlemen of Nerve
『アルコール先生ピアノの巻』His Musical Career
『他人のコート』His Trysting Places
『夫婦交換騒動』Getting Acquainted
『アルコール先生原始時代の巻』His Prehistoric Past
『醜女の深情』Tillie's Punctured Romance

エッサネイ時代
1915年
『チャップリンの役者』His New Job
『アルコール夜通し転宅』A Night Out
『チャップリンの拳闘』The Champion
『アルコール先生公園の巻』In the Park
『チャップリンの駆落』A Jitney Elopement
『チャップリンの失恋』The Tramp
『アルコール先生海岸の巻』By the Sea
『彼の更生』His Regeneration
『チャップリンの仕事』Work
『チャップリンの女装』A Woman
『チャップリンの掃除番』The Bank

フィルモグラフィ──チャップリン出演の劇映画全タイトル

チャップリンは『恋の20分』以降自ら監督・脚本を担当し始め、ファースト・ナショナル時代以降は製作にも携わった。1919年にユナイテッド・アーティスツを設立して自ら配給も行い、『街の灯』以降は作曲を手がけている。映画史上稀に見るワンマンの完璧主義者と呼ばれるゆえんである。

83本の出演作のうち、『彼女の友人は詐欺師』のみフィルムが存在しない。また、『三つ巴事件』はエッサネイ退社後に本人の承諾なく『改悟』などの断片を使用し、また追加撮影したフィルムも使って編集されたものである。

1914年　キーストン時代

『成功争い』Making a Living
『ヴェニスの子供自動車競走』Kid Auto Races at Venice, Cal.
『メイベルのおかしな災難』Mabel's Strange Predicament
『泥棒を捕まえる人』A Thief Catcher
『夕立』Between Showers
『チャップリンの活動狂』A Film Johnnie
『タンゴのもつれ』Tango Tangles
『アルコール先生お好みの気晴し』His Favorite Pastime
『痛ましの恋』Cruel, Cruel Love
『幻燈会』The Star Boarder
『メイベルの身替り運転』Mabel at the Wheel
『恋の20分』Twenty Minutes of Love
『チャップリンの総理大臣』Caught in a Cabaret
『雨に降られて』Caught in the Rain
『多忙な一日』A Busy Day
『命取りの木槌』The Fatal Mallet
『彼女の友人は詐欺師』Her Friend the Bandit　（唯一現存しない作品）

写真クレジット

© Roy Export S.A.S.　口絵1下, 口絵3, 39, 44, 70, 75上, 77上, 83, 87, 94上, 119, 126, 133, 136, 140, 144, 147上, 153, 162, 165, 170, 172, 181, 184, 188, 191, 198, 204, 206, 208, 240, 247, 254, 264, 266, 276, 281, 293 296, 308, 311, 317, 322, 333, 337
© Roy Export Company Limited, scan courtesy Cineteca di Bologna. 口絵4, 17, 24上, 26, 27, 36, 41, 78, 112, 178, 196, 237, 249, 259, 260, 275, 283, 291, 299, 302, 305, 342, 347, 349, 366
© Roy Export Company Limited, 大久保俊一コレクション　口絵1上, 345
David Robinson Collection　24下, 30, 32, 34, 350, 351
提供：日本チャップリン協会／大野裕之　口絵2, 71, 75中下, 77下, 80, 81, 89、94下, 99, 101, 107, 131, 147下, 159, 185, 201, 216下, 232, 300, 319, 339, 341,
提供：日本チャップリン協会／松田集　227, 229
提供：日本チャップリン協会／ユリコ・ナダオカ　14, 65, 137, 193, 213, 216上, 218, 221,
提供：柊家　219

中公文庫

チャップリン
——作品《さくひん》とその生涯《しょうがい》

2017年4月25日　初版発行
2023年1月30日　再版発行

著　者　大《おお》野《の》　裕《ひろ》之《ゆき》

発行者　安部　順一

発行所　中央公論新社
〒100-8152　東京都千代田区大手町1-7-1
電話　販売 03-5299-1730　編集 03-5299-1890
URL https://www.chuko.co.jp/

ＤＴＰ　ハンズ・ミケ
印　刷　三晃印刷
製　本　小泉製本

Published by CHUOKORON-SHINSHA, INC.
Printed in Japan　ISBN978-4-12-206401-0 C1174

中公文庫既刊より

各書目の下段の数字はISBNコードです。978－4－12が省略してあります。

か-56-12
昭和怪優伝　帰ってきた昭和脇役名画館
鹿島　茂
荒木一郎、岸田森、川地民夫、成田三樹夫……。今なお眼に焼き付いて離れない昭和の怪優十二人を、映画狂・鹿島茂が語り尽くす！　全邦画ファン、刮目せよ！
205850-7

さ-68-1
ビートルズの真実
里中哲彦
遠山修司
ポピュラー音楽史上最高のグループ。いま聴いても、最高にポップで、ロックで、リリカル。四人の真の姿を探り、魅力を解剖する。全曲リスト付。
206056-2

さ-68-2
ビートルズを聴こう　公式録音全213曲完全ガイド
里中哲彦
遠山修司
不滅の楽曲にさまざまな角度からアプローチ。誰がどのように書き、どう演奏されたのか。また、歌詞の真意とは。曲が与えたインパクトや影響も紹介します。
206111-8

な-59-1
遺し書き　仲代達矢自伝
仲代達矢
「陰気は私のコンプレックスだった」。貧しさと飢えの中で育ち、敗戦で人間不信に陥った少年は、ある女性と出会い名優への道を歩み出す。渾身の自伝。
205344-1

ま-46-1
完本　麿赤兒自伝　憂き世戯れて候ふ
麿　赤兒
舞踏集団「大駱駝艦」を率いその芸術表現を高く評価される世界的舞踏家・麿赤兒。70年代のアングラ時代から現在まで波瀾万丈の半生を綴った熱気溢れる自伝。
206446-1

む-26-1
女の足指と電話機
虫明亜呂無
三島由紀夫、寺山修司らに絶賛された虫明亜呂無。女性の生き方や感受性、美意識を映画や文芸を手がかりに読み解く珠玉のエッセイ集。編集・高崎俊夫
206317-4

よ-64-1
評伝　ナンシー関　「心に一人のナンシーを」
横田増生
異能の消しゴム版画家・ナンシー関の傑作評伝が待望の復刊。リリー・フランキー、宮部みゆきなど多彩なインタビューでその生涯に迫る。〈解説〉与那原恵
207214-5